从零开始学
K线炒股

典型形态与买卖点分析

第2版

孟庆宇 ◎ 编著

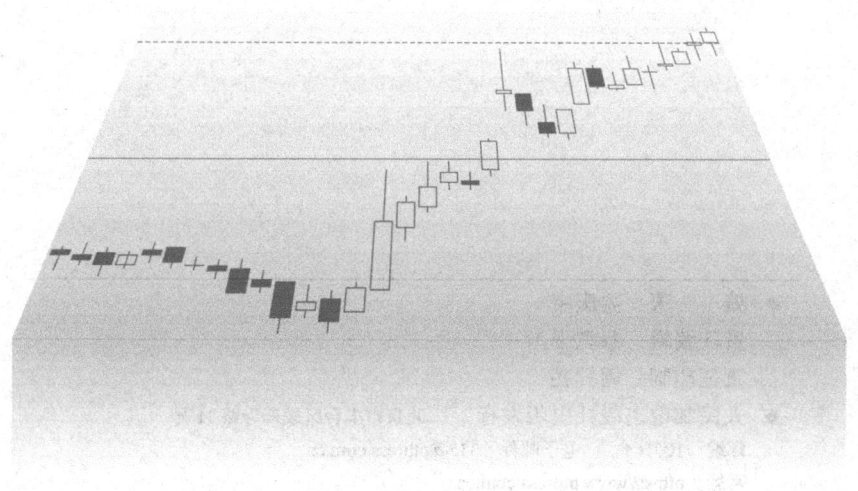

人民邮电出版社

北京

图书在版编目（CIP）数据

从零开始学K线炒股：典型形态与买卖点分析 / 孟庆宇编著. -- 2版. -- 北京：人民邮电出版社，2020.12（2022.5重印）
ISBN 978-7-115-54686-9

Ⅰ. ①从… Ⅱ. ①孟… Ⅲ. ①股票投资－基本知识 Ⅳ. ①F830.91

中国版本图书馆CIP数据核字(2020)第164933号

内 容 提 要

本书以K线分析方法为重点，图文并茂，语言通俗地向投资者普及K线的分析方法。书中首先介绍了K线的基本分析方法，其次介绍了K线与移动平均线、成交量、MACD、分时图、道氏理论、艾略特波浪理论、缠论结合的综合分析方法，最后介绍了利用K线追踪主力的交易技巧。通过不同的实例，本书对每种K线形态及其组合的买入点和卖出点都进行了充分的讲解。

本书实用性强，既是新投资者的入市宝典，又能为资深投资者提供炒股实用技术；本书案例精简，投资者既可以在上下班路上快速阅览，又可以在工作之余通过丰富的案例进行学习。通过阅读本书，投资者将会对中国股市拥有更深入的体验并获得更多宝贵的经验。

◆ 编　著　孟庆宇
  责任编辑　恭竟平
  责任印制　周昇亮

◆ 人民邮电出版社出版发行　北京市丰台区成寿寺路11号
  邮编　100164　电子邮件　315@ptpress.com.cn
  网址　https://www.ptpress.com.cn
  涿州市京南印刷厂印刷

◆ 开本：700×1000　1/16
  印张：17　　2020年12月第2版
  字数：278千字　2022年5月河北第5次印刷

定价：59.80 元

读者服务热线：(010)81055296　印装质量热线：(010)81055316
反盗版热线：(010)81055315
广告经营许可证：京东市监广登字 20170147 号

都说炒股风险很大,这一点都不夸张,尤其是对于散户、新投资者来说,炒股时往往面临着高风险。在这种情况下,他们如何成为盈利者呢?

笔者炒股也有十多年的时间了,平时聊天的时候,经常有投资者问我下面的问题:

"我的股票突然涨停了,要不要立刻卖出去?

手中有两只股票,一只涨一只跌,应该如何操作?

邻居说主力在……,我要跟一下吗?"

…………

笔者应该怎么回答?其实没法回答,每只股票都有自己的走势,不能光看一时、一天的情况,要结合各种指标反复推演才能给出判断。某些发达国家的股市有几百年的历史,已经总结出了上百种技术分析方法,比如道氏理论、艾略特波浪理论等,而这些理论都是基于K线发展起来的。所以说,K线是技术分析的基石,利用好K线也就掌握了技术分析的关键。

本书特色

从零开始:本书内容完全从零开始,讲解细致,即使刚接触K线的新投资者也可以轻松看懂。

直奔主题:本书对K线的介绍不是泛泛之谈,而是把市场上纷繁复杂的各种理论的核心本质和知识点梳理出来,使投资者能在短时间内抓住核心知识并轻松掌握和运用。

图解实战:针对每一种K线形态,本书都给出了对应的A股市场案例,全书共包括两百多个K线实战分析,具有很强的指导价值。

分享经验:作者有十多年的炒股经验,经历了5次股市大跌,对股市有深刻的认识。

本书内容

本书分为上篇、下篇和增值学习篇（附赠资源，可在封面勒口处扫码获取），3篇内容共21章，每章都采用"理论＋案例"的讲解形式，各章之间联系比较少，读者无须依次学习，可以直接阅读感兴趣的章节而不会影响学习效果。各篇的内容分布如下。

上篇：从零开始学K线，包括第1章至第9章，首先讲解K线的基础知识，然后介绍K线的各种形态及其买卖点分析。

下篇：K线与其他指标配合，包括第10章至第17章，讲解K线与移动平均线、成交量、MACD、分时图等八大指标的配合分析方法，这是本书的核心，只有通过不同的指标综合判断，投资者才能得出准确的股价走势。

增值学习篇：K线与主力，讲解如何通过K线判断主力动向，包括建仓、拉升、震仓、出货4个阶段的K线特点。

本书读者对象

- 股市初学者
- 资深股市投资者
- 股市分析师
- 股市研究人员

本书技术知识全面、实例精彩、指导性强，力求指导投资者掌握K线的各方面技术分析方法。本书可以作为新投资者的入门教材，也可以帮助有一定基础的投资者提高技能，同时对资深投资者也有一定的启发意义。

上篇

从零开始学K线

第1章 新投资者学K线　3

1.1　什么是K线　4

1.2　从时间维度看K线　6

1.3　从实体维度看K线　10

1.4　从影线维度看K线　11

第2章 解析K线的关键数据　13

2.1　K线实体蕴藏的规律　14
　　2.1.1　4种不同的K线实体　14
　　2.1.2　K线阴阳的涨跌性　17

2.2　开盘价和收盘价的规律　18
　　2.2.1　开盘价和昨日收盘价的比较　19
　　2.2.2　开、收盘价和大盘指数的比较　21
　　2.2.3　开盘价和收盘价的比较　24

2.3　上、下影线蕴藏的规律　26
　　2.3.1　上影线的意义　26
　　2.3.2　下影线的意义　30

第3章 投资生涯的开始　34

3.1　建立自己的投资系统　35

· I ·

3.2 心态决定成败   38

第4章 单根K线的7个买入点   39

4.1 趋势底部的买点   40
　　4.1.1 底部十字星   40
　　4.1.2 锤子线   41
　　4.1.3 倒锤子线   43

4.2 整理阶段的买点   44
　　4.2.1 大阴K线整理   44
　　4.2.2 小K线整理   46

4.3 突破位的买点   47
　　4.3.1 资金密集区突破K线的买点   48
　　4.3.2 脊位突破K线的买点   49

第5章 单根K线的7个卖出点   51

5.1 趋势顶部的卖点   52
　　5.1.1 顶部十字星   52
　　5.1.2 流星线   53
　　5.1.3 上吊线   55

5.2 出货位的卖点   56
　　5.2.1 大阴K线出货   56
　　5.2.2 小K线出货   58

5.3 突破位的卖点   59
　　5.3.1 资金密集区突破K线的卖点   60
　　5.3.2 前期底部突破K线的卖点   61

第 6 章　多根 K 线的 14 个买入点　63

6.1　底部反转的 K 线组合　64
6.1.1　早晨之星　64
6.1.2　看涨吞没形态　66
6.1.3　看涨孕线　68
6.1.4　看涨待入形态　69
6.1.5　看涨切入形态　71
6.1.6　看涨插入形态　72
6.1.7　看涨刺透形态　74
6.1.8　看涨反扑形态　75

6.2　上升中途的 K 线组合　77
6.2.1　三个白兵形态　78
6.2.2　上升三角形　79
6.2.3　对称三角形的突破买点　81
6.2.4　矩形整理形态的突破买点　82
6.2.5　下倾楔形　83
6.2.6　上升旗形　85

第 7 章　多根 K 线的 16 个卖出点　87

7.1　顶部反转的 K 线组合　88
7.1.1　黄昏之星　88
7.1.2　看跌吞没形态　90
7.1.3　看跌孕线　92
7.1.4　看跌待入形态　93
7.1.5　看跌切入形态　94
7.1.6　看跌插入形态　96
7.1.7　看跌刺透形态　97
7.1.8　看跌反扑形态　99

7.2 下降中途的K线组合　　100
7.2.1 三只乌鸦形态　101
7.2.2 下跌三角形　102
7.2.3 扩散三角形　104
7.2.4 对称三角形的突破卖点　105
7.2.5 菱形整理形态的突破卖点　107
7.2.6 矩形整理形态的突破卖点　108
7.2.7 上倾楔形的卖点　110
7.2.8 下跌旗形　111

第8章　底部反转形态的5个买入点　　114

8.1 V形底　115

8.2 双重底　116

8.3 头肩底　117

8.4 三重底　119

8.5 圆形底　120

第9章　顶部反转形态的5个卖出点　　123

9.1 倒V形顶　124

9.2 双重顶　125

9.3 头肩顶　127

9.4 三重顶　128

9.5 圆形顶　130

下篇
K线与其他指标配合

第10章 K线与移动平均线配合 135

10.1 移动平均线的分类 136
10.1.1 短期移动平均线　136
10.1.2 中长期移动平均线　137

10.2 移动平均线的买点 139
10.2.1 低位移动平均线的黄金交叉　139
10.2.2 上涨中途移动平均线的多头排列　140
10.2.3 低位移动平均线的重叠收敛　142

10.3 移动平均线的卖点 143
10.3.1 高位移动平均线的死亡交叉　144
10.3.2 下降中途移动平均线的空头排列　145
10.3.3 高位移动平均线的过分发散　147

第11章 K线与成交量配合 149

11.1 成交量的两种形态 150
11.1.1 缩量　150
11.1.2 放量　151

11.2 K线与成交量的买点 153
11.2.1 低位量增价涨　153
11.2.2 上涨中途缩量回调　154
11.2.3 上涨中途量缩价涨　156

11.3 K线与成交量的卖点 158
11.3.1 高位量增价平　158
11.3.2 高位量增价跌　160

第12章 K线与MACD指标配合 163

12.1 MACD指标的基本概念 164
12.1.1 MACD指标的构成 164
12.1.2 MACD指标的基本应用原则 165

12.2 MACD指标的买点 167
12.2.1 MACD黄金交叉 167
12.2.2 MACD柱状线的买点 169
12.2.3 低位MACD指标与股价运行趋势形成的底背离 171

12.3 MACD指标的卖点 174
12.3.1 MACD死亡交叉 174
12.3.2 MACD柱状线的卖点 177
12.3.3 高位MACD指标与股价运行趋势形成的顶背离 178

第13章 K线与分时图配合 182

13.1 分时图的基础知识 183
13.1.1 股价与均价线 183
13.1.2 内外盘 185
13.1.3 量比和换手率 187
13.1.4 成交明细 188

13.2 K线与分时图配合的买点 190
13.2.1 个股分时走势强于大盘走势 190
13.2.2 低位早盘快速拉涨 192
13.2.3 上涨中途股价稳站均价线 193

13.3 K线与分时图配合的卖点 195
13.3.1 个股分时走势弱于大盘走势 195
13.3.2 高位盘内快速跳水 197
13.3.3 下降中途股价被均价线压制 198

第14章 道氏理论 200

14.1 道氏理论的精髓 201
14.1.1 主要趋势 201
14.1.2 次要趋势 205
14.1.3 日间趋势 207

14.2 道氏理论的买入点 207
14.2.1 牛市主要趋势的起点 207
14.2.2 牛市次要趋势的终点 209

14.3 道氏理论的卖出点 211
14.3.1 熊市主要趋势的起点 212
14.3.2 熊市次要趋势的终点 214

第15章 艾略特波浪理论 217

15.1 基本概念 218
15.1.1 推进浪和调整浪 218
15.1.2 更大级别的波浪 220

15.2 各浪的特点 222

15.3 推进浪的变化 223
15.3.1 推进浪的延长浪 223
15.3.2 楔形5浪 224
15.3.3 失败5浪 225

15.4 调整浪的变化 226
15.4.1 锯齿形调整浪 226
15.4.2 平台形调整浪 228
15.4.3 双三浪和三三浪调整 230

15.5 各浪之间的数学关系 231

第16章 缠论 232

16.1 缠论的核心 233
16.1.1 由分型到笔再到线段 233
16.1.2 定义中枢和分析走势 236
16.1.3 区间套理论 237

16.2 缠论的买点 239
16.2.1 不创新低的买点 239
16.2.2 不破前中枢的买点 239

16.3 缠论的卖点 240
16.3.1 不创新高的卖点 240
16.3.2 不破前中枢的卖点 241

第17章 涨停板的处理 242

17.1 涨停板的几个要点 243

17.2 涨停板的分类 245
17.2.1 开板的涨停板 245
17.2.2 不开板的涨停板 249

17.3 涨停板的买点 251
17.3.1 开板后出现强势盘整 251
17.3.2 无明显利好、处于回调后的低点 252
17.3.3 突破盘整区的涨停 254

17.4 涨停板的卖点 256
17.4.1 开板涨停板不断开板 256
17.4.2 涨停板小量封盘 258

上篇

从零开始学 K 线

第 1 章

新投资者学 K 线

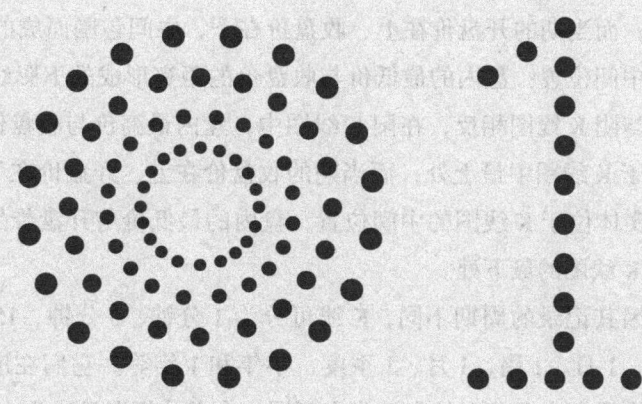

股票市场是资本博弈的集中地，任何人初入这个市场，都将以相同的身份在市场中扮演着相似的角色。股市中有句名言：这是一个有钱的人来赚取经验，有经验的人来赚取金钱的地方。作为投资者，我们必须在市场中不断地提高自己的投资水平，这样才能有较大的可能性在股市中赚取自己想要的财富。本章作为初始章节，将深入浅出地介绍K线的基础知识，引导投资者逐步走上精彩的投资道路。

1.1 什么是K线

【形态概述】

K线图又称蜡烛图，起源于18世纪初的日本，起初用于记录米市的价格波动，后被引入资本市场，因其形似蜡烛而得名。其寓意深刻，被广泛运用于股票技术分析。K线图一般由上影线、实体和下影线3部分构成。K线有阴阳之分，代表着跌与涨，故而阴K线图和阳K线图在构成上也有所差异。

在阴K线图中，盘内最高价与开盘价的距离形成上影线，处于K线图中最上处；而当期的开盘价在上、收盘价在下，中间包围而成的K线实体位于K线图的中间位置；盘内的最低价与收盘价的距离形成的下影线位于K线图的最下处。与阴K线图相反，在阳K线图中，盘内最高价与收盘价的距离形成的上影线处于K线图中最上处；而当期的收盘价在上、开盘价在下，中间包围而成的K线实体位于K线图的中间位置，盘内的最低价与开盘价的距离形成的下影线位于K线图的最下处。

因其记录的周期不同，K线可分为1分钟、5分钟、15分钟、30分钟、60分钟、1日、1周、1月、1季度、半年和1年等。它们在形体上没有变化，但在各自周期中所蕴含的意义略有不同，本书分析以日线为主。图1.1所示为阴K线、阳K线的示意图。

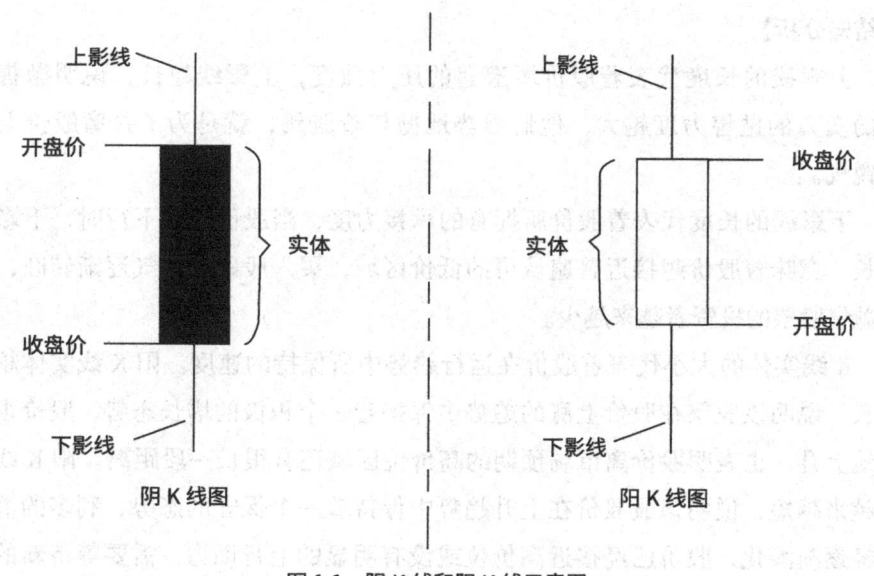

图 1.1　阴 K 线和阳 K 线示意图

【K 线实战】

图 1.2 所示为上海证券交易所综合股价指数（以下简称"上证指数"）日 K 线图，其中的阳 K 线和阴 K 线在长期的走势中此起彼伏，在涨跌中各自有着形象的表达情境。也正是因为 K 线图在涨跌情境中意义简明，才深受投资者欢迎，被广泛运用于股票市场、期货市场中。

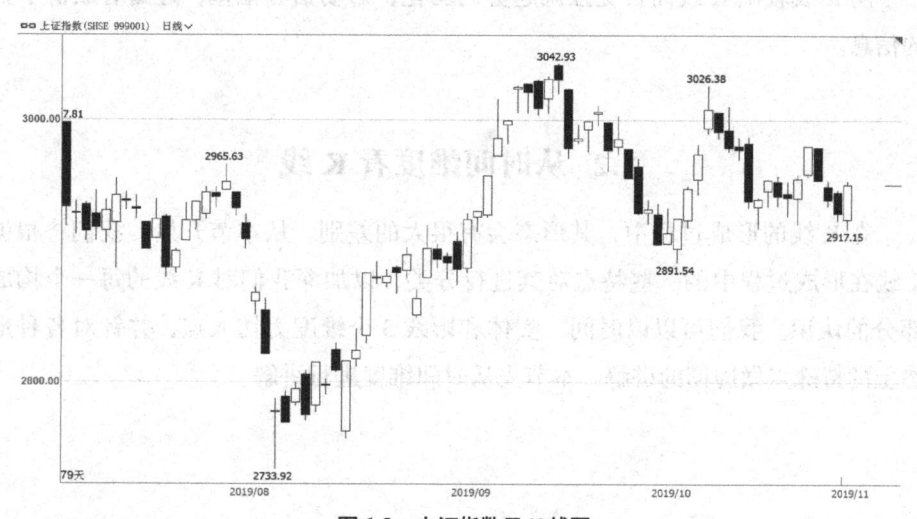

图 1.2　上证指数日 K 线图

【结构分析】

上影线的长度代表着股价所遭遇的压力强度，上影线越长，说明抛售股票的卖方的抛售力度越大，他们强势地抛售着股票，就是为了打磨股价上涨的锐气。

下影线的长度代表着股价所拥有的承接力度，当股价不断下行时，下影线越长，意味着股价越接近普遍认可的低价区域，买入股票的人气逐渐转旺，继续抛售股票的投资者越来越少。

K线实体的大小代表着股价在运行趋势中所保持的速度。阳K线实体越来越长，说明该股票在股价上涨的趋势中保持着一个积极的增长态势，股价很急切地上升，也表明股价离市场预期的高价位区域还有很长一段距离。阳K线实体越来越短，说明该股股价在上升趋势中保持着一个保守的态势，利多的消息已经逐渐淡化，股价已经接近高价位或没有明显的上行助力，需要等待新的信息对其产生影响。阴K线实体越来越长，说明该股票在股价下行的趋势中保持着一个强烈的下降态势，股价很迅速地下降，也表明股价离市场预期的低价位区域还有很长一段距离。阴K线实体越来越短，说明该股股价在下降趋势中保持着一个保守的态势，利空的消息已经逐渐淡化，股价已经接近低价位或没有明显的下行助力，需要等待新的信息对其产生影响。

阳K线较阴K线而言更强调趋势的强化，市场信心偏好，利于股价上行。

阴K线较阳K线而言更强调趋势的弱化，市场信心偏差，透露着股价下行的信息。

1.2 从时间维度看K线

在K线的形成过程中，其形态会有很大的差别。从本节开始，我们将根据K线在形成过程中的一些特点对其进行分类，以加深我们对K线的每一个构成部分的认识。我们可以以时间、实体和影线3个维度为切入点，并针对各种形态上的特殊点做透彻的讲解。本节先从时间维度进行讲解。

【形态概述】

按照所记录的周期不同，K线可分为1分钟、5分钟、15分钟、30分钟、60分钟、1日、1周、1月、1季度、半年和1年等。我们以月K线、周K线、日K线、60分钟K线和30分钟K线作为主要的解读对象。

【月K线举例】

月K线是以当月第一个交易日的开盘价为月开盘价，同月的最后一个交易日的收盘价为月收盘价而绘制的K线。图1.3所示为上证指数月K线图。

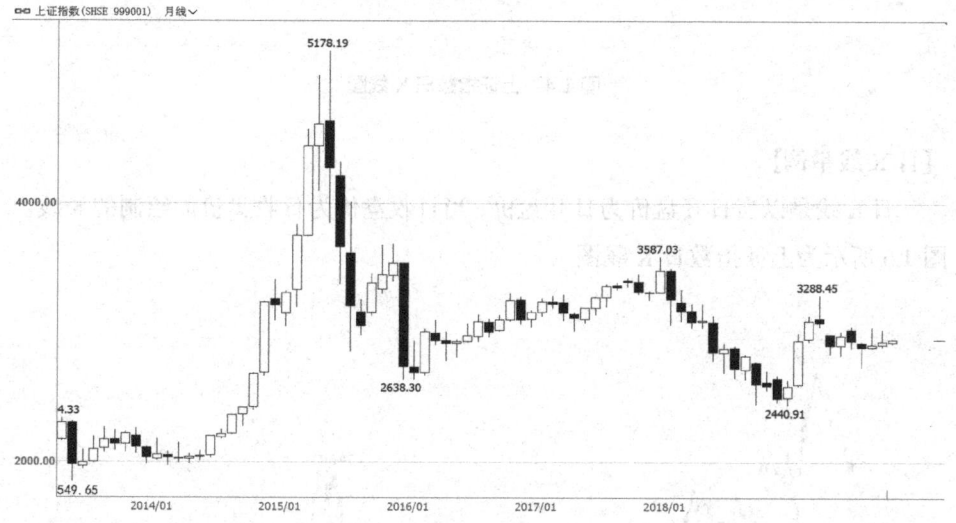

图1.3　上证指数月K线图

【周K线举例】

周K线是以周一的开盘价为周开盘价，同一周的周五收盘价为周收盘价而绘制的K线。相对于经常出现突破后回抽的日K线而言，周K线在技术意义上更具信任价值。图1.4所示为上证指数周K线图。

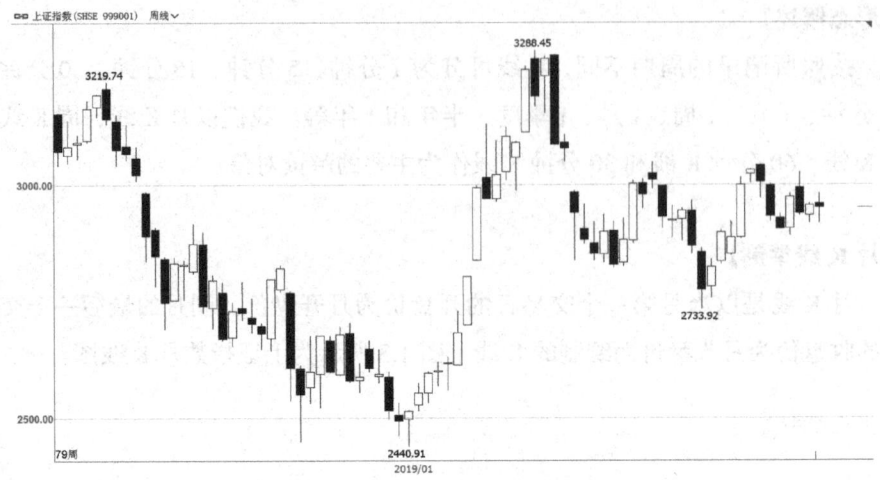

图 1.4　上证指数周 K 线图

【日 K 线举例】

日 K 线是以当日开盘价为日开盘价，当日收盘价为日收盘价而绘制的 K 线。图 1.5 所示为上证指数日 K 线图。

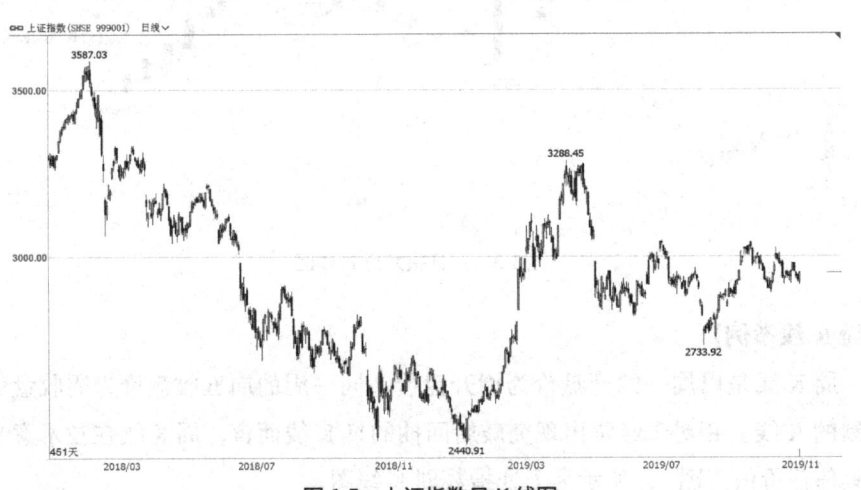

图 1.5　上证指数日 K 线图

【60 分钟 K 线举例】

60 分钟 K 线是以开市期间每小时开市的第一笔价格作为开盘价，该小时的最后一笔价格作为收盘价而绘制的 K 线。60 分钟 K 线适合作为短期投资者的短线投资参考，它对市场的反应比日 K 线更为灵敏。图 1.6 所示为上证指数 60 分钟 K 线图。

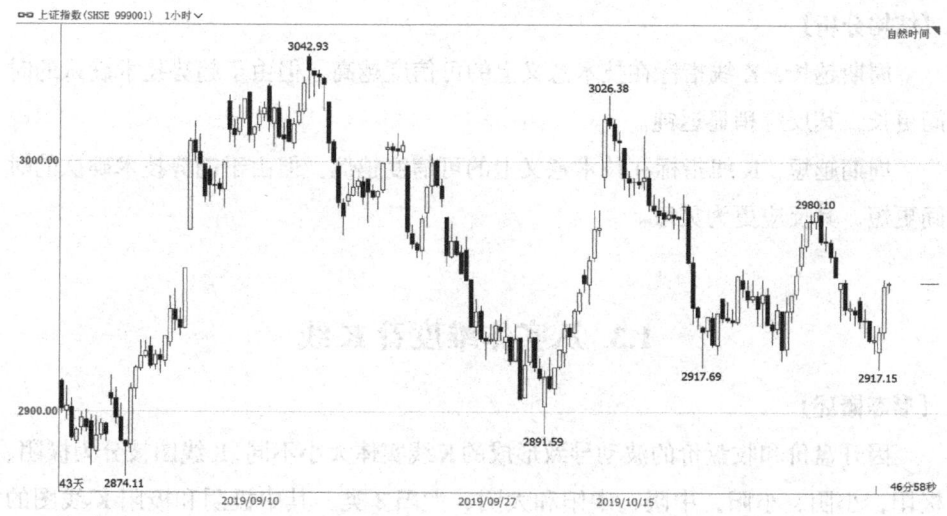

图 1.6　上证指数 60 分钟 K 线图

【30 分钟 K 线举例】

30 分钟 K 线是以开市期间每 0.5 小时开市的第一笔价格作为开盘价，该 0.5 小时的最后一笔价格作为收盘价而绘制的 K 线，它比 60 分钟 K 线更为灵敏。图 1.7 所示为上证指数 30 分钟 K 线图。

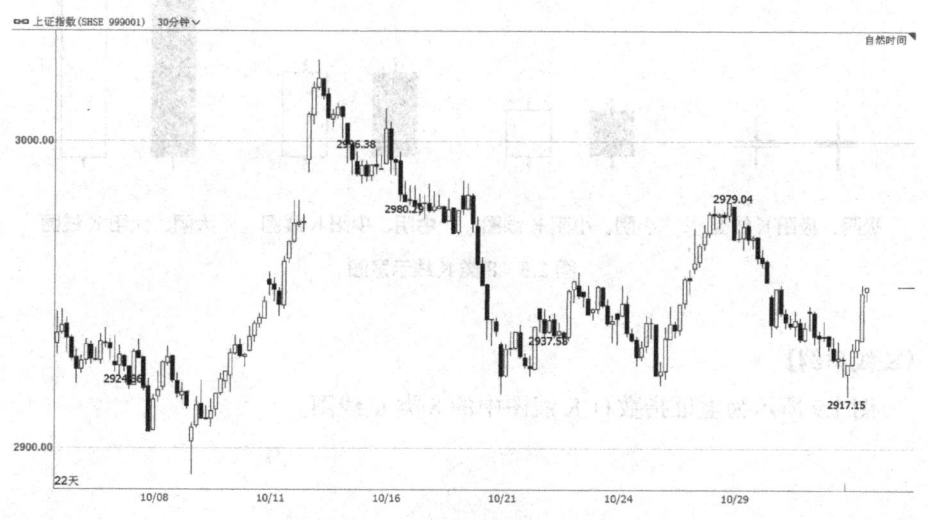

图 1.7　上证指数 30 分钟 K 线图

【结构分析】

周期越长，K 线指标在技术意义上的可信度越高，但由于趋势技术确认的时间更长，其反应稍显迟钝。

周期越短，K 线指标在技术意义上的可信度越低，但由于趋势技术确认的时间更短，其反应更为灵敏。

1.3　从实体维度看 K 线

【形态概述】

因开盘价和收盘价的波动导致形成的 K 线实体大小不同，K 线图被分为极阴、极阳、小阴、小阳、中阴、中阳和大阴、大阳 8 类。其中极阴和极阳 K 线图的 K 线实体所含涨跌幅度在 0.5% 左右，小阴和小阳 K 线图的 K 线实体所含涨跌幅度在 0.6%~1.5%，中阴和中阳 K 线图的 K 线实体所含涨跌幅度在 1.6%~3.5%，大阴和大阳 K 线图的 K 线实体所含涨跌幅度在 3.6% 以上。图 1.8 所示为 8 类 K 线示意图。

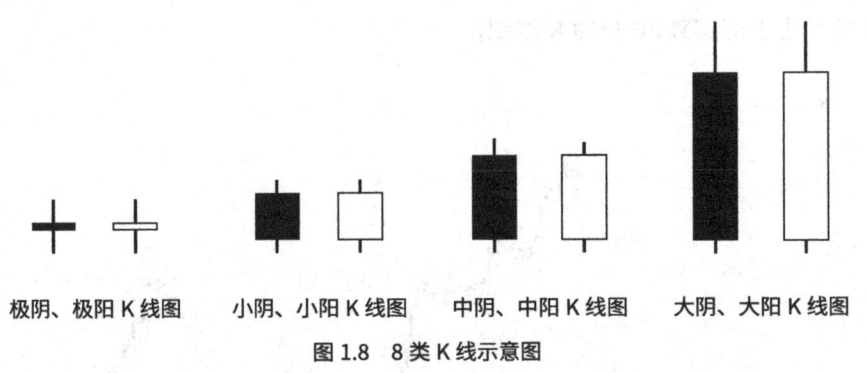

图 1.8　8 类 K 线示意图

【K 线举例】

图 1.9 所示为上证指数日 K 线图中的 8 类 K 线图。

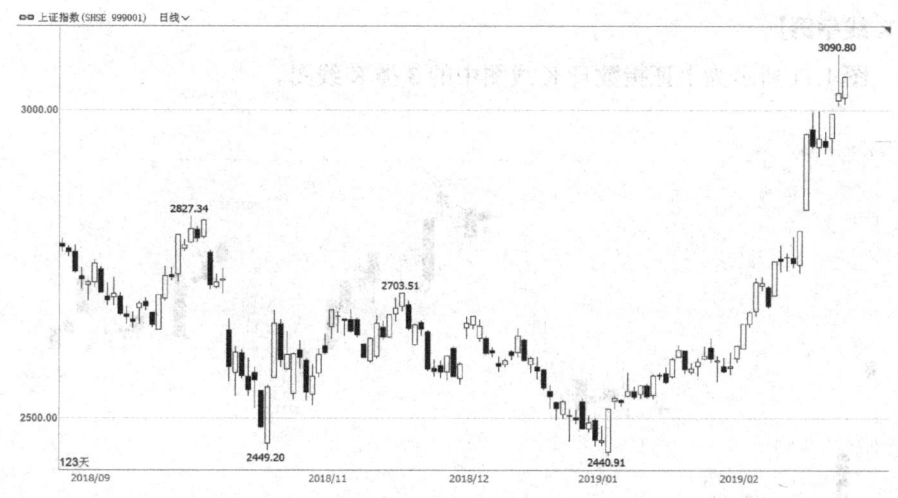

图 1.9　上证指数日 K 线图

【结构分析】

K 线实体越长，代表的趋势性越强。例如，在上涨中出现大阳线，表示上涨趋势强劲；在上涨中出现短小的小阳线时，则表明上涨的力度减弱。

1.4　从影线维度看 K 线

【形态概述】

因股价在盘内波动的大小不同，高出或低出 K 线实体部分的影线长短不一。按照影线长度的不同，K 线图被分为 3 类：长影线 K 线图、普通影线 K 线图和无影线 K 线图。长影线 K 线图具体分为长上影线 K 线图、长下影线 K 线图和长上下影线 K 线图；无影线 K 线图分为无上影线 K 线图、无下影线 K 线图和无上下影线 K 线图。图 1.10 所示为 3 类 K 线的示意图。

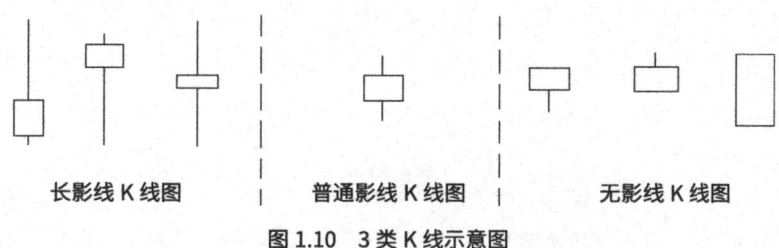

图 1.10　3 类 K 线示意图

【K 线举例】

图 1.11 所示为上证指数日 K 线图中的 3 类 K 线图。

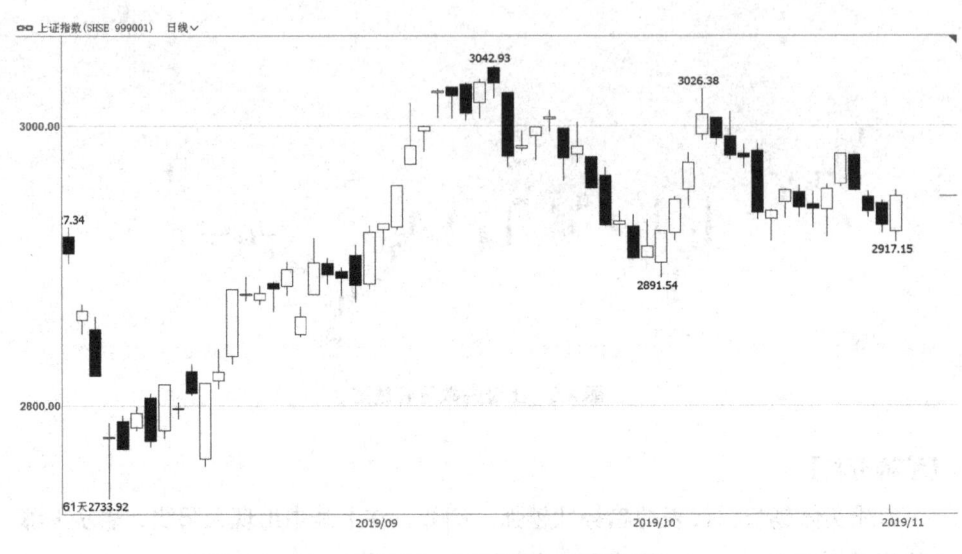

图 1.11　上证指数日 K 线图

【结构分析】

上影线越长,说明股价上方的抛压越重,股价下行的压力越大;上影线越短,说明股价上方的抛压越轻,股价下行的压力越小。

下影线越长,说明股价下方承接的力量越强,股价上行的动力越大;下影线越短,说明股价下方承接的力量越弱,股价上行的动力越小。

第 2 章

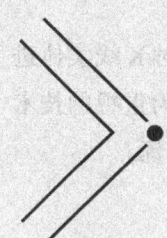
解析 K 线的关键数据

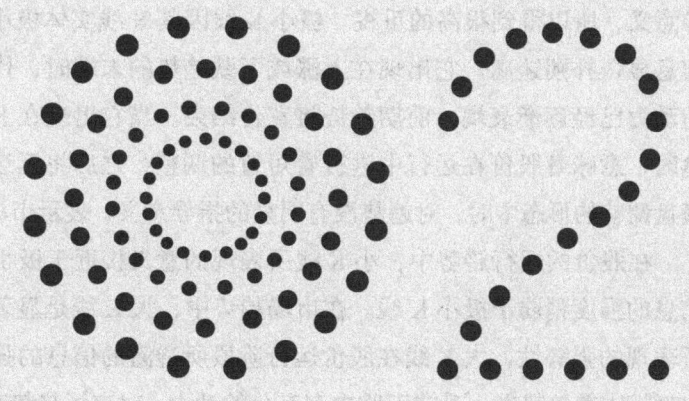

K线在实战指导中具有复杂的战略意义。针对几个简单的K线组成部分，本章将做出深层次的探讨，其中涉及K线实体大小变化、K线阴阳涨跌和K线上下影线所产生的系列变化。深入研究K线指标的意义，理解K线在股价运行趋势中所透露的信息，可以更便捷地帮助投资者提高自身的炒股实力。

2.1 K线实体蕴藏的规律

针对K线实体，我们在第1章做了概述，因此本节将更多地对K线实体进行应用技巧上的深刻分析。K线实体的变化在K线中一向是被广为重视的技术参照之一，其大小和重心移动会帮助投资者更透彻地理解K线的内涵。

2.1.1 4种不同的K线实体

【形态概述】

按照大小的不同，K线实体被划分为极小K线、小K线、中K线和大K线4类。把握K线实体的窍门，可以更好地帮助投资者在资本市场获利。极小K线是K线实体最小、接近于无的K线图，因为它对股价的运行趋势有着尤为重要的指导意义，所以得到很高的重视。极小K线因其K线实体极小，在趋势中透露的信息显得扑朔迷离。它出现在上涨或下跌趋势的末端时，代表着股价趋势延续的动力已经逐渐衰竭，前期趋势将宣告结束。当它出现在上涨或下跌趋势的中途时，意味着股价在运行中进行着短暂的调整，之后将延续走势。当它出现在横盘调整的形态中时，对趋势没有明显的指导意义，表示市场趋势的不确定性。

在股价的运行趋势中，小K线所表现的意义接近于极小K线，但它所透露信息的强度稍弱于极小K线。在市场趋势中，大K线是显著的K线形态，因其所表现的强势性，大K线在股价运行阶段所透露的信息的强度较高。大K线的出现标志着趋势在上升或下跌中有充分的动力，对市场趋势有强大的认可作用。中K线在股价运行的趋势中所表现的意义接近于大K线，但它所透露信息的强度稍弱于大K线。图2.1所示为4类K线的示意图。

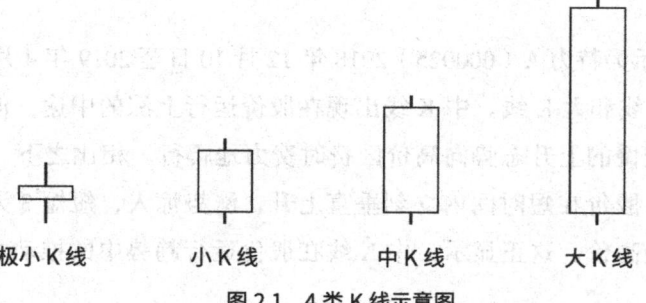

图 2.1　4 类 K 线示意图

【K 线实战】

图 2.2 所示为全新好（000007）2019 年 6 月 21 日至 11 月 1 日日 K 线图中的极小 K 线和小 K 线。在前期趋势的末端出现极小 K 线后，翌日股价就开始了不断高爬的涨势，显示了极小 K 线在趋势上的突出指导意义。相比后期出现的小 K 线，在前期下跌趋势接近末端的时候，股价虽结束了弱势的格局，但股价的运行趋势在短时间内并未发生绝对反转，而是在低位震荡了一段时间后才开始走向上升，这正显示小 K 线对趋势的指导性明显弱于极小 K 线。

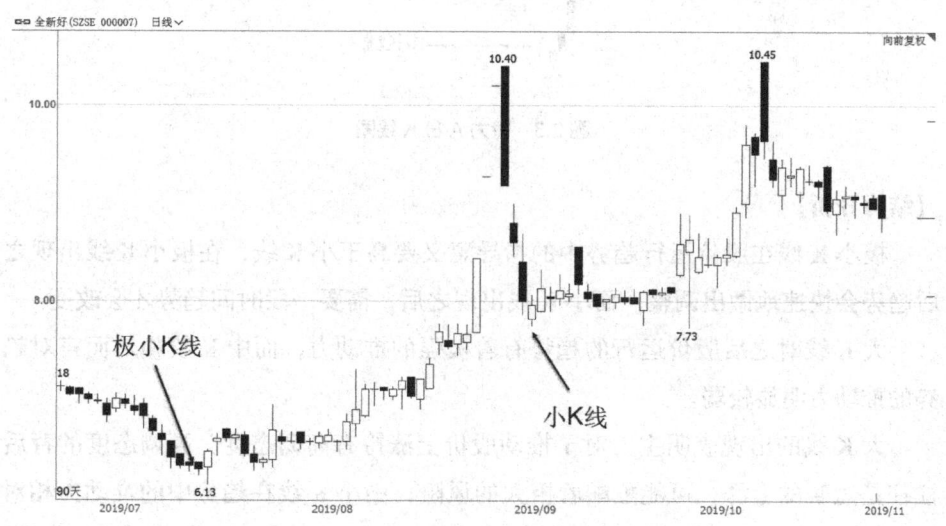

图 2.2　全新好日 K 线图

【K线实战】

图2.3所示为特力A（000025）2018年12月10日至2019年4月24日日K线图中的中K线和大K线。中K线出现在股价运行上涨的中途，但之后的股价依然是以缓慢的上升态势向高价区费时费力地爬行。相比之下，大K线在后期出现后，股价在短时间内立刻垂直上升，涨势惊人，短短3天便创下了几个月内的最高价。这正显示，中K线在股价运行趋势中的推动力明显弱于大K线。

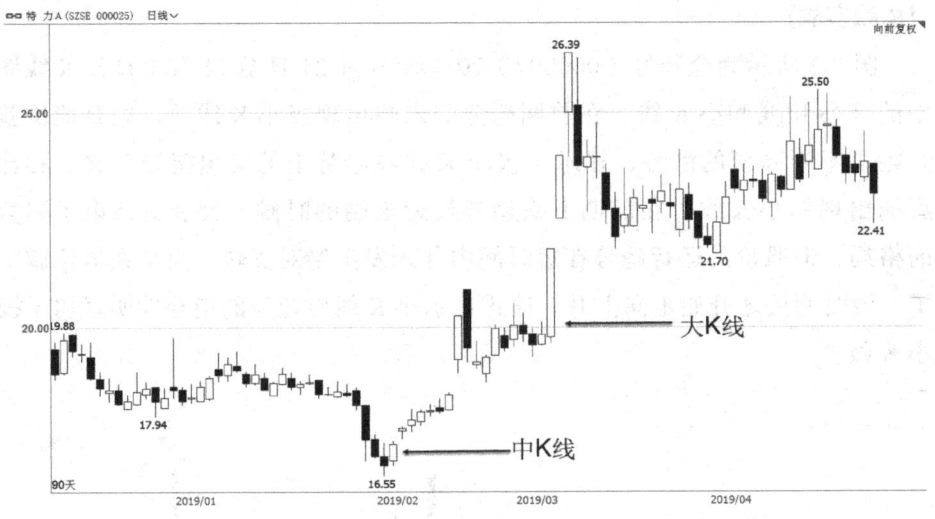

图2.3　特力A日K线图

【结构分析】

极小K线在股价运行趋势中的指导意义要高于小K线，在极小K线出现之后趋势会快速地做出调整，而小K线出现之后，需要一段时间趋势才会改变。

大K线对之后股价运行的趋势有着极强的推动力，而中K线相对而言对趋势的推动力明显较弱。

大K线的出现表明主力对于推动股价上涨持有高调态度，高调态度的背后往往是短暂的上涨，可能酝酿着极大的风险；中小K线在趋势中的推动力相对较小，对影响趋势运行的作用小，但其后期股价运行的趋势会更为稳健，对散户的资金具有更安全的意义。

2.1.2 K线阴阳的涨跌性

【形态概述】

K线因其阴阳涨跌性的不同，被分为星线、阳K线和阴K线。星线在股价的运行趋势中，因其位置不同，所表现的指导意义略有不同。星线出现在上涨或下跌趋势的末端时，表现的是前期股价运行的趋势接近尾声，后期股价趋势将进行新的调整。当它出现在股价上升或下跌的中途时，表现的是股价在趋势不变的前提下，需要利用时间差进行短暂的调整，后期股价运行的趋势将延续前期惯有的趋势。当它出现在横盘调整的弱势格局时，不具备明显的指导意义。

阳K线出现在股价上涨的趋势中时，表现的是股价上涨的动力性，表明股价将继续维持上涨的态势。当它出现在股价下跌的趋势中时，扮演的很有可能是短暂的反弹角色，表明股价只是进行一个暂时的整歇。当它出现在股价下降趋势的末端时，说明股价下降的动力已经衰竭，推动股价上行的动力跃跃欲试，它以最快的速度表现着多头上攻的欲望。阴K线和阳K线所表现的意义相反，当它出现在股价下跌的趋势中时，表现的是股价下跌的动力性，表明股价将继续维持下跌的态势。当它出现在股价上升的趋势中时，扮演的很有可能是短暂的调整角色，表明股价只是进行一个暂时的整歇。当它出现在股价上升趋势的末端时，说明股价上升的动力已经衰竭，推动股价下行的动力跃跃欲试，它以最快的速度表现着空头下攻的欲望。图2.4所示为3类K线的示意图。

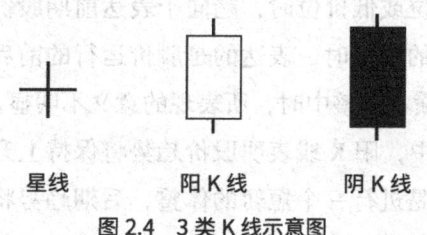

图2.4 3类K线示意图

【K线实战】

图2.5所示为飞亚达A（000026）2019年7月29日至9月25日日K线图中的星线、阳K线和阴K线。该星线出现在股价上升趋势的中途，意味着短暂的休整后，股价将保持前期的上升态势继续上涨。在当期的形态图中，后期趋势也确实维持着同前期相同的涨势，证实了星线在股价运行趋势中的指导意义。该阳K线出现在前期股价下降趋势的末端，随后股价展开了一波气势如虹的上

涨行情，股价节节攀高，也证实了阳 K 线在股价运行趋势中的指导意义。该阴 K 线处在股价下降趋势的中途，表明股价有继续加强的下行趋势。在该阴 K 线的作用力下，后期股价下行趋势不改，证实了阴 K 线在股价运行趋势中的指导意义。

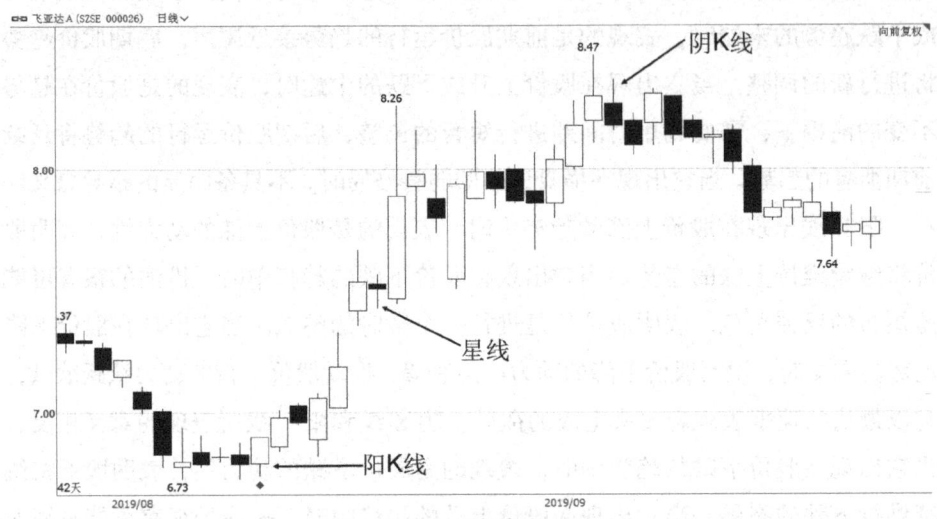

图 2.5　飞亚达 A 日 K 线图

【结构分析】

　　星线在股价运行中具有独特的意义，根据所处位置的不同，其意义也不尽相同：当它处在高价位或低价位时，趋向于表达前期股价运行趋势的结束；当它处在股价运行趋势的中途时，表达的是股价运行的前后一致性，股价只是暂时休整；当它出现在横盘调整中时，所表现的意义不明显。

　　在股价上行趋势中，阳 K 线表明股价趋势将保持上升；当它出现在下行趋势中时，表明股价只是进行一个短暂的休整，后期趋势将同之前的趋势保持一致；当它出现在下行趋势的末端时，表明股价将进行强有力的反弹，后期股价运行的趋势将做出调整。

2.2　开盘价和收盘价的规律

　　在 K 线指标中，开盘价和收盘价的表现力无疑是最强的。投资者们有很多利用开盘价和收盘价进行 K 线分析的技巧。在股市中，我们也经常把开盘价和收盘价看作一天中主力的最终意图。所以,掌握开盘价和收盘价的规律可以帮助投资者更全面地认识K线。

2.2.1 开盘价和昨日收盘价的比较

【形态概述】

开盘价一般情况下是指开市一天连续竞价的第一笔成交价格,收盘价一般指开市当天收市前的最后一笔成交价格。开盘价和昨日收盘价的比较,可以分为以下3类。

开盘价高于昨日(上个交易日)的收盘价,称之为高开,表示开市当天,股价开盘就有很大的买盘涌入,使得股价被不断抬升。高开一般出现在股市行情很好的时候,或者有突发利好消息对股价有抬升作用的时候。

开盘价等于昨日的收盘价,称之为平开,表示开市当天,股价开盘时和昨日收盘时保持着相近的人气,股价表现得很普通。

开盘价低于昨日的收盘价,称之为低开,表示开市当天,股价开盘便急速下跌,很多卖盘涌入,使得股价被不断打压。低开一般出现在股市行情不好的时候,或者有突发的利空消息对股价产生压制作用时。图2.6所示为3类情形下的K线示意图。

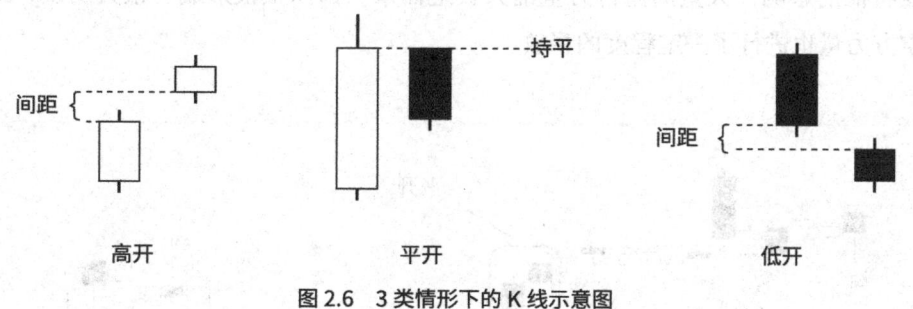

图2.6　3类情形下的K线示意图

【K线实战】

图2.7所示为中国宝安(000009)2020年1月3日至3月4日日K线图中的高开K线图。该K线图由前一个交易日的底部星K线和后一个交易日的高开小阳线结合而成,股价以高开快速拉起,显示主力有做多的决心。但在实际的拉升过程中多头上攻力度不足,后一个交易日只是形成一个小阳线,因而涨势也必然有限。

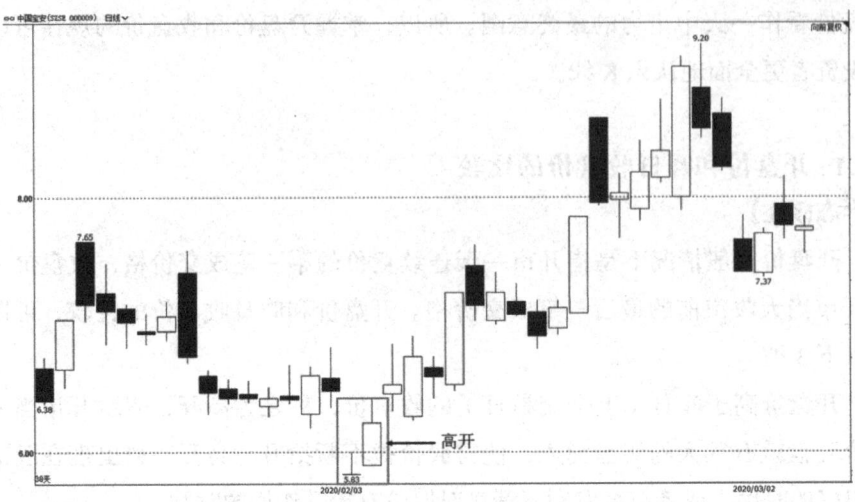

图 2.7 中国宝安日 K 线图

【K 线实战】

图 2.8 所示为中洲控股（000042）2019 年 7 月 15 日至 8 月 26 日日 K 线图中的平开 K 线图。图中的图形由前一个交易日的小阴线转化为大阴线，显示了主力在前一个交易日多空徘徊后，开始选择行走方向。由于早盘平开、买力疲弱特征的影响，大量的抛售力量铺天盖地而来，因而很快形成一根大阴线，对空方力量也进行了一定程度的释放。

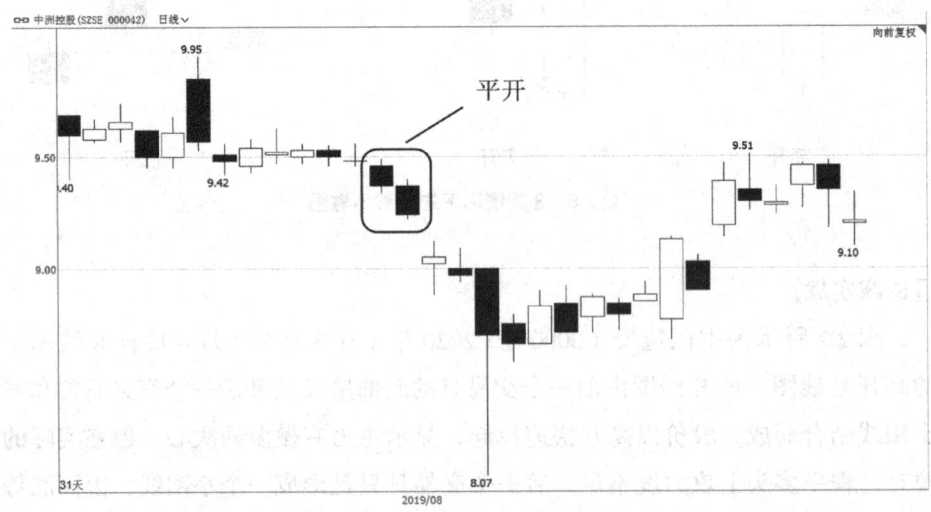

图 2.8 中洲控股日 K 线图

【K线实战】

图2.9所示为深天马A（000050）2019年9月4日至11月1日日K线图中的低开K线图。从形成的图形结构可以看出，在前一个交易日对获利盘进行平仓的力量下，市场以中阴线的图形释放空头。但随着后一个交易日的跳空低开低走，大量的多方放弃阵营转为空方，加大了股价的下行力度，因而也转变了股价的行走方向。

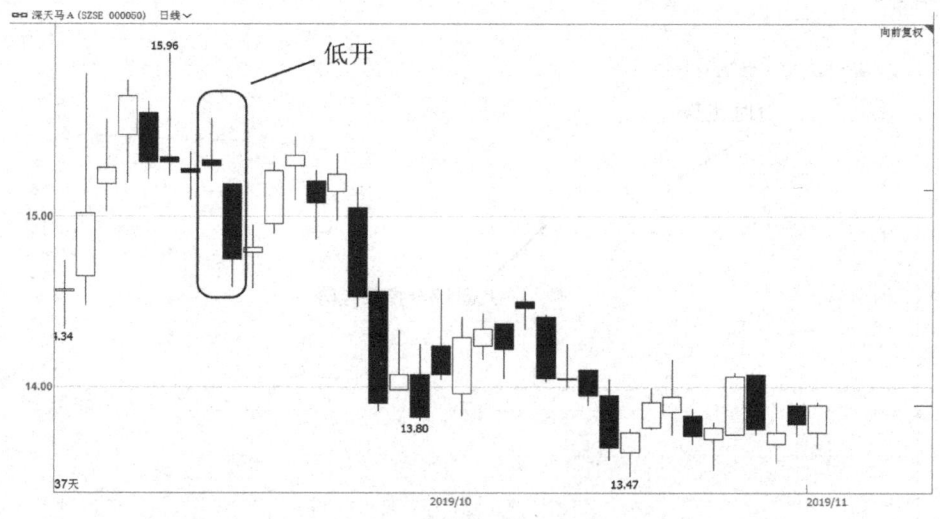

图2.9 深天马A日K线图

【结构分析】

高开分为两类情况：第一种为有准备的高开，集合竞价量会比较小；第二种为没有准备的高开，属于市场有强烈的突发利好，使得股票供不应求，集合竞价量会很大。

低开的出现可能是延续前日走势，也可能是突发的市场或个股的利空消息。

2.2.2 开、收盘价和大盘指数的比较

【形态概述】

个股开、收盘价与大盘指数的比较一般分为4类：个股开、收盘价均高于大盘指数；个股开盘价高于大盘指数，个股收盘价低于大盘指数；个股开盘价低于大盘指数，个股收盘价高于大盘指数；个股开、收盘价均低于

大盘指数。

【K线实战】

图 2.10 所示为招商银行（600036）2019 年 11 月 1 日的分时图，从分时图中我们可以发现，该股的分时走势明显强于上证综合指数，个股开、收盘价均在上证综合指数之上，表明该股当前受到了市场较强的关注，股票供不应求。

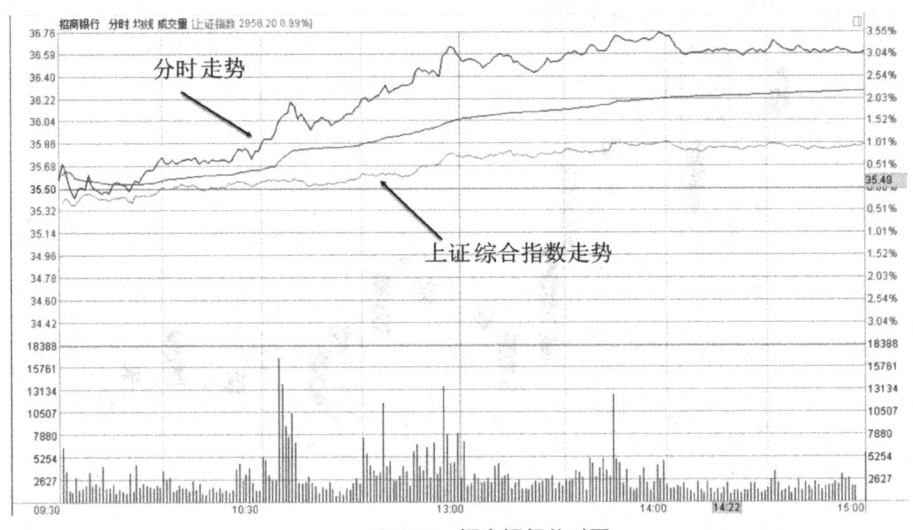

图 2.10　招商银行分时图

【K线实战】

图 2.11 所示为神州泰岳（300002）2020 年 4 月 23 日的分时图，从分时图中我们可以发现，该股的早盘开盘价高于创业板指数。但之后的分时走势一直围绕着创业板指数上下波动，并在尾盘跳水下行，最终该股收盘价低于创业板指数，显示了该股在当前的势头略弱于创业板指数。

第 2 章 解析 K 线的关键数据

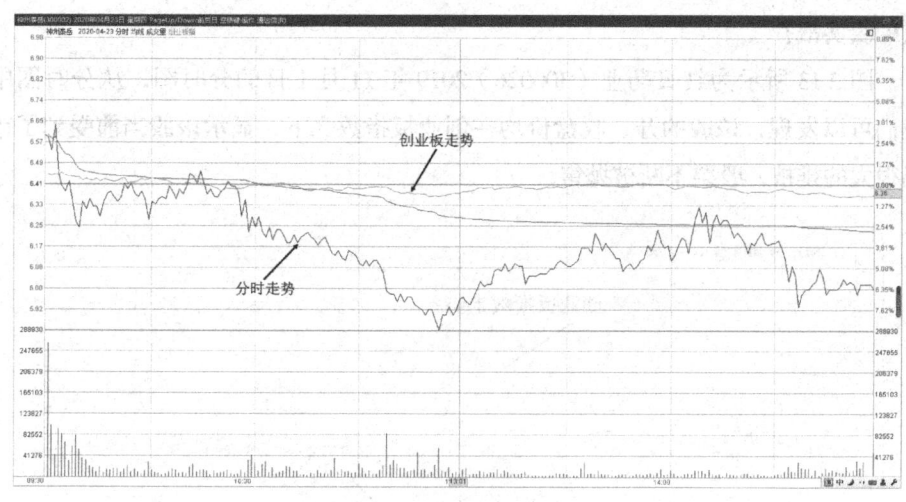

图 2.11 神州泰岳分时图

【K 线实战】

图 2.12 所示为乐普医疗（300003）2020 年 6 月 12 日的分时图，从分时图中我们可以发现，该股的早盘开盘价低于创业板指数，但之后的分时走势突然拉升上行，最终该股收盘价高于创业板指数，显示该股在当前的势头略强于创业板指数。

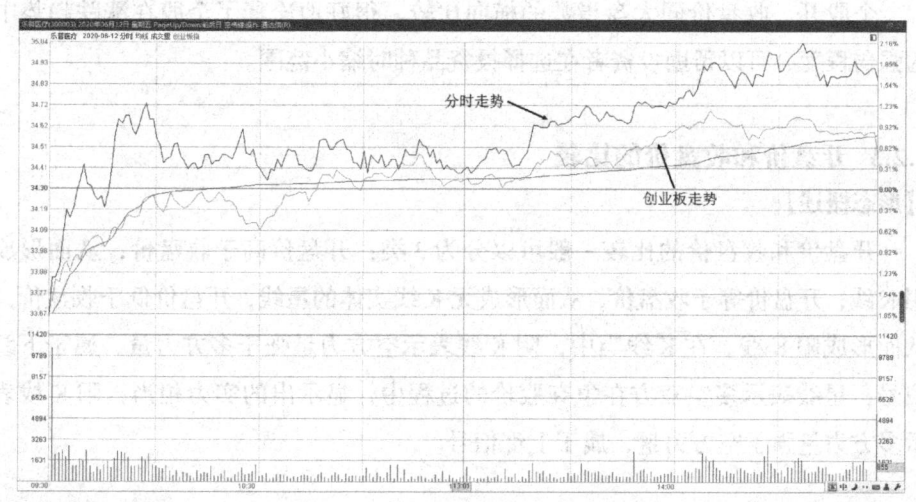

图 2.12 乐普医疗分时图

【K线实战】

图 2.13 所示为红日药业（300026）2019 年 11 月 1 日的分时图，从分时图中我们可以发现，该股的开、收盘价均在创业板指数之下，显示该股当前受到了市场很大的排挤，股票不断被抛售。

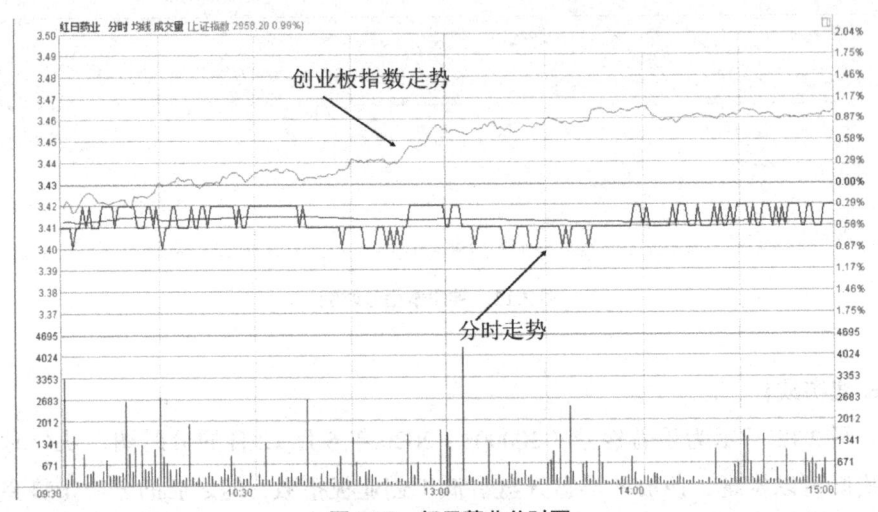

图 2.13　红日药业分时图

【结构分析】

个股开、收盘价同大盘指数的横向比较，很好地诠释了个股在涨跌趋势中的强弱程度，可以帮助投资者在选择投资品种时缩小范围。

2.2.3　开盘价和收盘价的比较

【形态概述】

开盘价和收盘价的比较一般可以分为 3 类：开盘价高于收盘价，从而形成阴 K 线；开盘价等于收盘价，从而形成无 K 线实体的星线；开盘价低于收盘价，从而形成阳 K 线。在 K 线当中，阴 K 线表示空方力量强于多方力量，属于下跌信号；星线表示多空双方在争夺股价的过程中，显示出的实力相当；阳 K 线表示多方力量强于空方力量，属于上涨信号。

【K 线实战】

图 2.14 所示为华能国际（600011）2019 年 7 月 17 日的阴 K 线分时图。

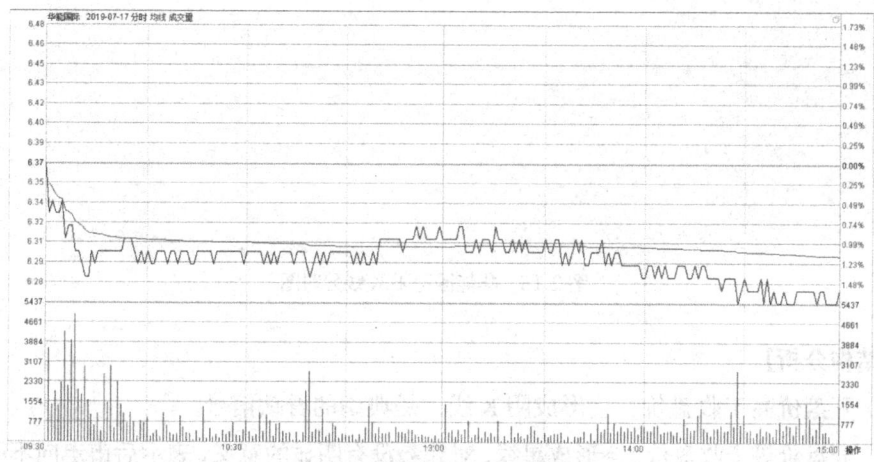

图 2.14　华能国际阴 K 线分时图

【K 线实战】

图 2.15 所示为华能国际（600011）2019 年 6 月 20 日的星线分时图。

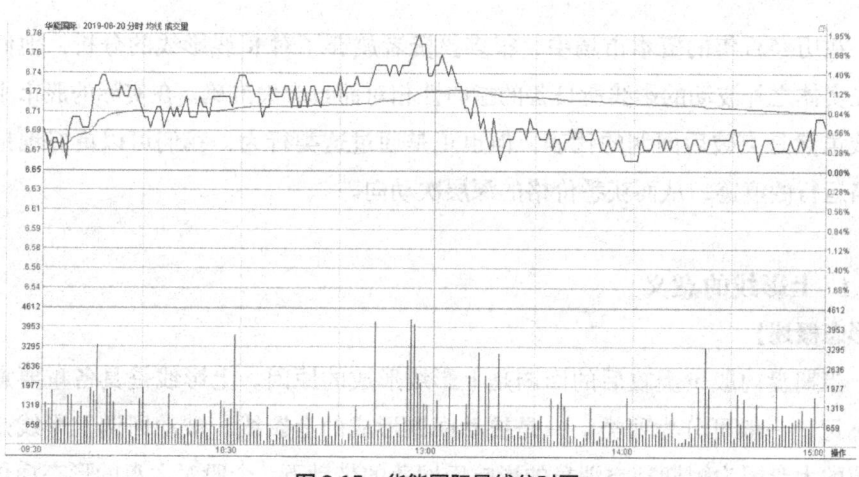

图 2.15　华能国际星线分时图

【K 线实战】

图 2.16 所示为华能国际（600011）2019 年 5 月 7 日的阳 K 线分时图。

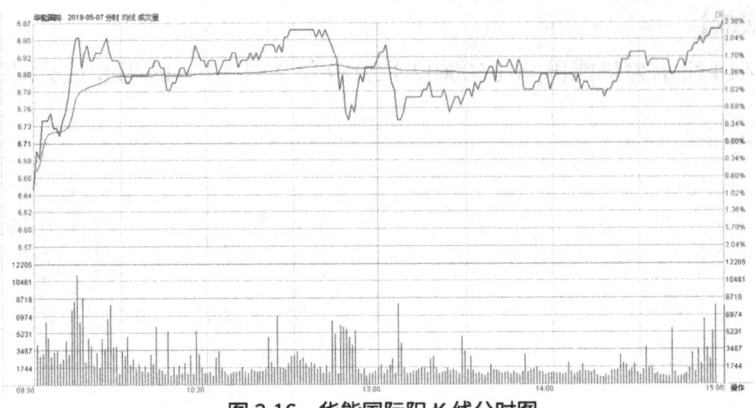

图 2.16 华能国际阳 K 线分时图

【结构分析】

开盘价高于收盘价，会形成阴 K 线，是典型的看跌信号。

开盘价等于收盘价，会形成星线，对趋势没有明显的意义，表示后市走向不明。

开盘价低于收盘价，会形成阳 K 线，是典型的看涨信号。

2.3 上、下影线蕴藏的规律

在历经百年的资本市场中，很多投资者放弃了对 K 线影线的分析，他们认为在实体之外波动的影线所具备的指向性相对而言有失准确。在实际的股市中，影线虽然是突破后回调的代表，但也正是通过这类行为，我们可以更好地把握价格运行的痕迹，从而获悉价格的深层次动向。

2.3.1 上影线的意义

【形态概述】

当期盘内股价上攻后的回调是上影线形成的原因。上影线是具备重要意义的标记，一般可分为两类。一是被动回调形成的上影线。被动回调上影线是在相应的大盘因为短期利空消息的影响而回落的带动下，个股对大盘的形态模仿，这种形态的形成一般可以掩饰股价当前的战略思想，很具隐蔽性。二是主动回调形成的上影线。主动回调上影线又可以分为出货上影线、试探上影线和股性上影线。所谓出货上影线，一般出现在快速上涨之后的行情中，一般情况下，大涨过后的上影线通常都是卖压强劲的表现。所谓试探上影线，一般出现在震荡行情的下方，股价时而上攻，但遭遇震荡区间后上攻无果，所以留了上影线，其意为试探震荡区间的压力强弱。所谓股性上影线，是指某些股票的走势偏爱日线上下震荡，几乎大部分走势图中的任何位置都会出现这样的上影线，它就像股票的性格一样。图 2.17 所示为 3 类主动回调上影线。

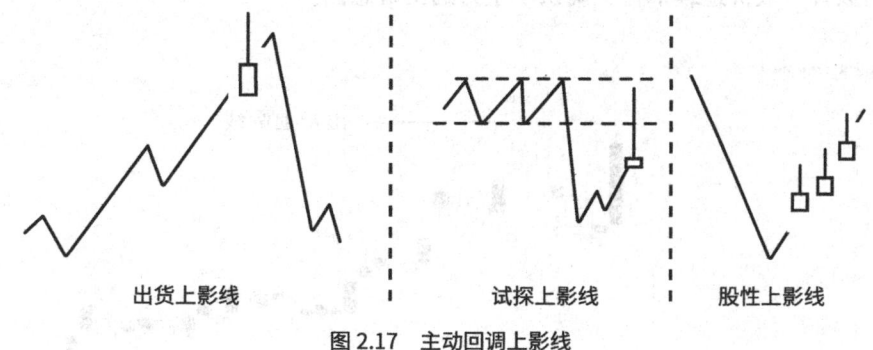

图 2.17　主动回调上影线

【K 线实战】

图 2.18 所示为中原高速（600020）2019 年 7 月 8 日形成的被动回调上影线及上证指数的分时图。早盘中，中原高速在低调横盘准备一个小时后突然发力，开始上攻股价，但随着当日大盘指数在多次攻击移动平均线无果后，确认了大盘的弱势格局，随后大盘指数逐渐下行，中原高速也见机行事，避免在弱势时过分暴露，随大盘一起跳水下行以掩饰该股的动机。

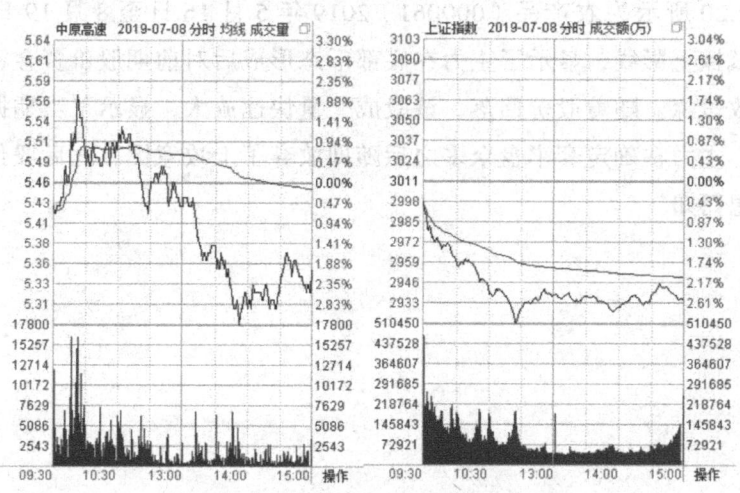

图 2.18　中原高速和上证指数的分时图

【K线实战】

图 2.19 所示为深赛格（000058）2019 年 8 月 8 日至 11 月 1 日日 K 线图中的出货上影线，在前期近一个月的拉升趋势之后，该股股价创造了近期最高位，获利盘逐渐增多。随着高位的形成，该日出现的出货上影线显示了抛压盘的强大，之后数日，股价连续下行，确认了主力的出货意图。

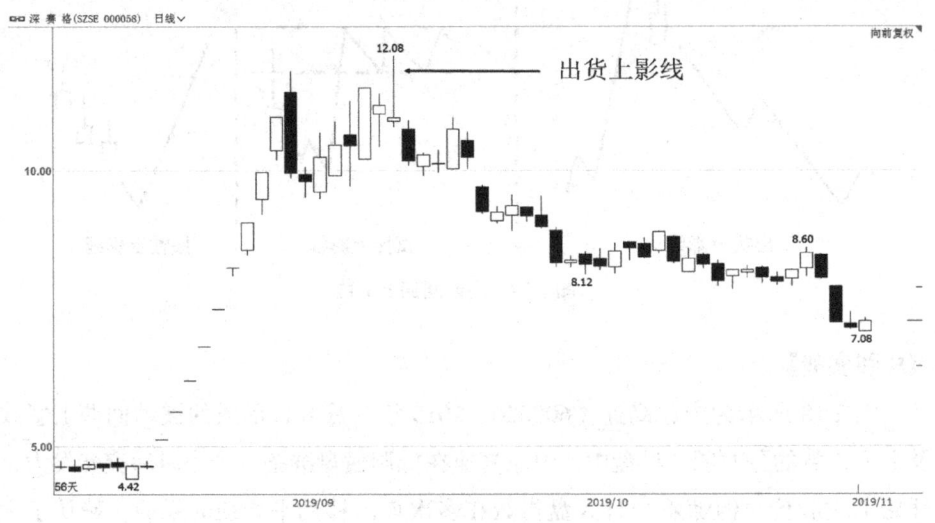

图 2.19 深赛格日 K 线图

【K线实战】

图 2.20 所示为农产品（000061）2019 年 5 月 16 日至 8 月 19 日日 K 线图中的试探上影线，显示了主力在底部形态形成后对前期股价资金密集区进行的上攻试探。随着股价回落，该股成交量快速放大，显示了当期抛压盘仍然很大，主力在确定套牢盘众多之后随即放弃了上攻意图，之后股价的运行趋势可想而知。

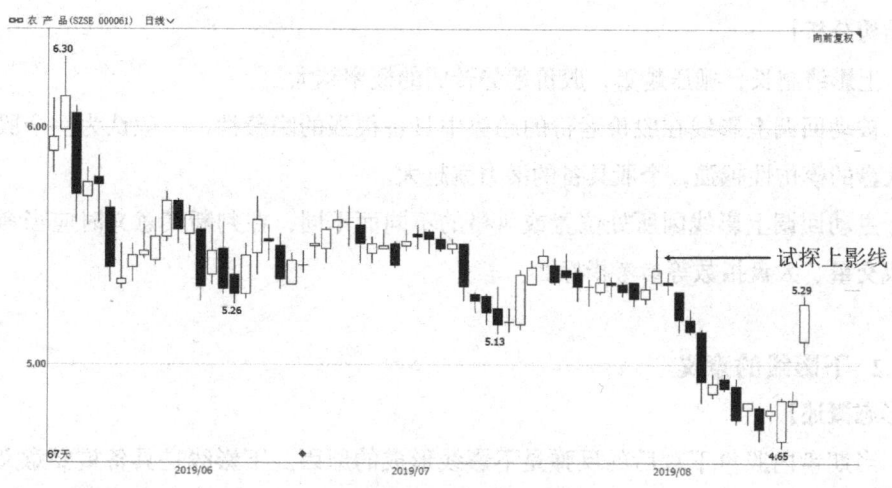

图 2.20　农产品日 K 线图

【K 线实战】

　　图 2.21 所示为天健集团（000090）2019 年 1 月 15 日至 3 月 7 日日 K 线图中的股性上影线。从该股的 K 线图中可以看出，该股习惯性地制造上影线形态，因而在此类个股中不应仅凭上影线去判断股价未来走势。

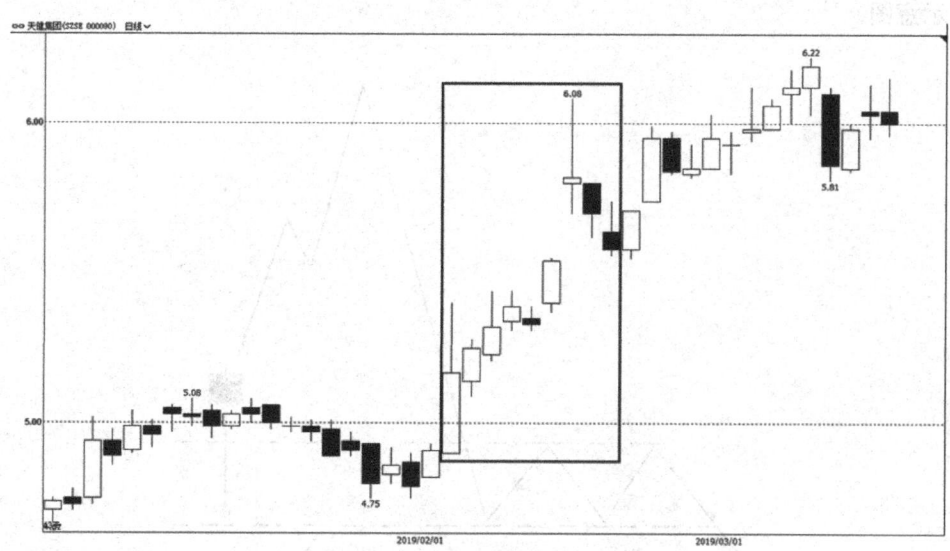

图 2.21　天健集团日 K 线图

【结构分析】

上影线越长,抛压越重,股价趋势转弱的概率越大。

被动回调上影线在股价运行的趋势中具备很强的隐蔽性,一般认为,个股对大盘的模仿性越强,个股具备的潜力就越大。

主动回调上影线因所处位置或风格的不同而不同,在判断其意义时应当考虑成交量、大盘指数等参考指标。

2.3.2 下影线的意义

【形态概述】

当期盘内股价下攻后的反弹是下影线形成的原因。下影线是具备重要意义的标记,一般可分为两类。一是被动反弹下影线,因短期利多消息的影响,个股模仿大盘的反弹而产生,此种形态通常会掩饰个股的意图。二是主动反弹下影线,又可以分为吸筹下影线和试探下影线。吸筹下影线一般出现在股价的低位,此时主力一般会在大盘疲弱时随势下跌,然后在股价回升时进行扫货。试探下影线一般出现在下跌的中途或者是关键支撑位的下沿附近,主力以下探支撑位观察跟风盘和抛压盘的实力然后进行调整。图2.22所示为支撑位的试探下影线示意图。

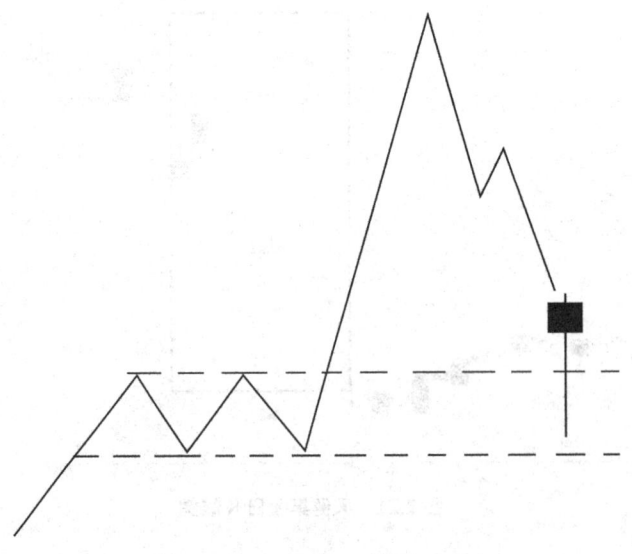

图2.22 支撑位的试探下影线示意图

【K线实战】

图 2.23 所示为东风汽车（600006）和上证指数在 2019 年 8 月 6 日的分时图，表现出主力为模仿大盘而掩饰股价趋势的意图。

图 2.23 东风汽车和上证指数的分时图

【K线实战】

图 2.24 所示为生物股份（600201）和上证指数在 2019 年 9 月 17 日的分时图，该股前期模仿大盘横盘和下行走势，整个模仿形态相似度很高。但见大盘指数尾盘依旧不起时，该股放弃继续模仿的姿态，在午后下探低点后开始回升。虽然大盘弱势格局的影线无法吸引人气，也没有成功突破均价线的阻力位，但这一拉升行为已经暴露了主力拉升股价的强烈意图。盘内这种主动拉升而形成的下影线，一般是主力借机吸筹的手段，同时也可能是主力为稳住持有者心态而进行的护盘行为。如果主力将拉升行为继续延后并接近尾盘，则将会更倾向于吸筹行为。

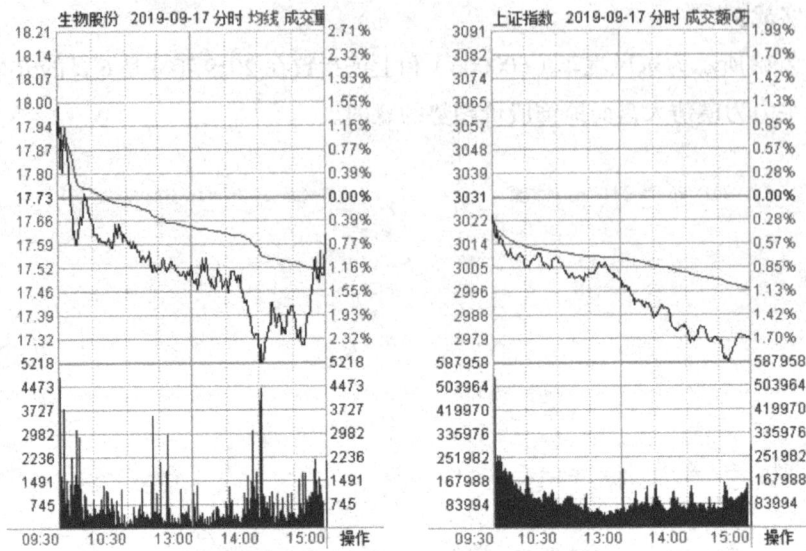

图 2.24　生物股份和上证指数的分时图

【K 线实战】

图 2.25 所示为神州数码（000034）2019 年 1 月 24 日至 10 月 9 日日 K 线图中的试探支撑位。该支撑位是因早期的跳空窗口而形成，后期股价又在此形成阶段性底部，使其成为资金密集的成本区域。在多日股价下探支撑位后确认了支撑盘的实力，因而上行决心得到加强，市场逐渐转强。

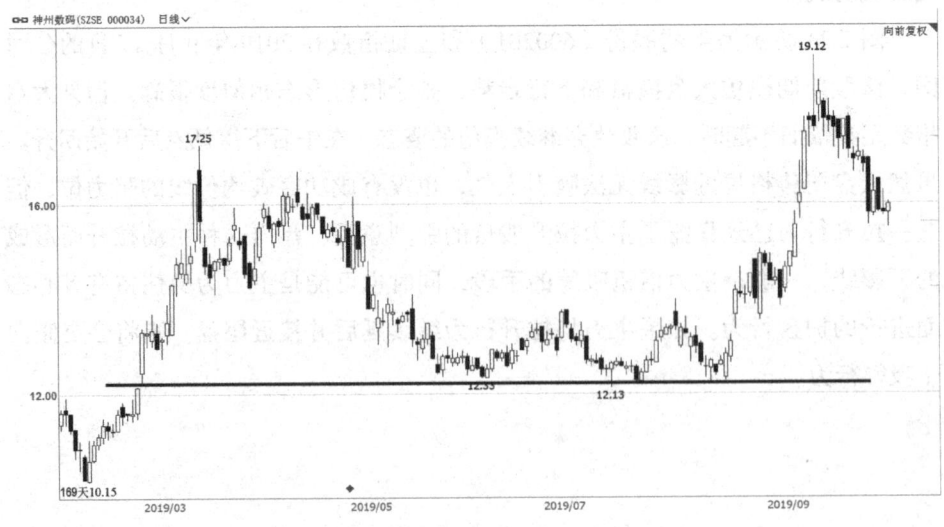

图 2.25　神州数码日 K 线图

【结构分析】

　　下影线越长，承接盘越强，股价趋势转强的概率越大。

　　被动反弹下影线在股价运行的趋势中具备很强的隐蔽性，一般认为，个股对大盘的模仿性越强，个股具备的潜力就越大。

　　主动反弹下影线因所处位置或风格的不同而不同，在判断其意义时应当考虑成交量、大盘指数等参考指标。

第 3 章

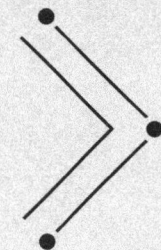

投资生涯的开始

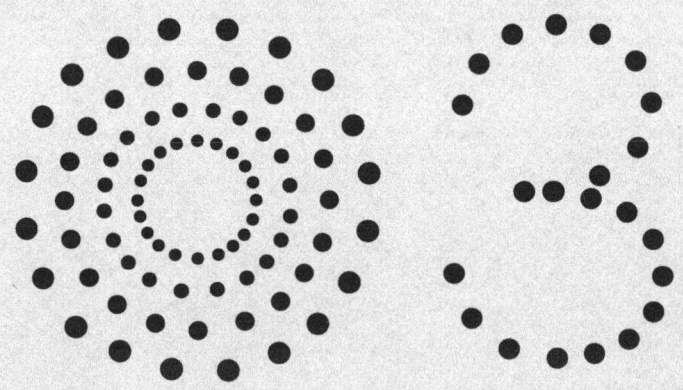

从这一章开始，本书将详细阐述众多股市经典理论。也许你还未意识到本书的价值，但是当你怀抱着理论去市场中试验数次之后，再回顾此书就会发现它给你带来的诸多惊喜。

3.1 建立自己的投资系统

股市有风险，入市需谨慎。

在股市之中，投资分析主要分为四大流派：技术指标分析流派、基本面分析流派、量化经济模型研究流派和心理分析流派。技术指标分析流派在众人眼中是被批判得较厉害的流派，但其魅力实在不可否认。基本面分析流派在市场经济逐渐发展的今天逐渐成为主流，但有时也被理解为少数人利用的工具。量化经济模型研究流派一般存在于理论研究界，真正实在的操作法则并不被重视。心理分析流派作为四大流派中的后起之秀，不可否认地解读着股市中的羊群效应。

我们要不断地充实自己，加强自身的深层次学习，帮助自己更加理性地认识资本市场，成为少数的胜者。

建立投资系统时的综合分析如下。

（1）判断大盘，大盘强势时才选择操作。图 3.1 所示为上证指数 2018 年 11 月 12 日至 2019 年 4 月 16 日走势，从中可以清晰地看到，K 线是判断大盘趋势的重要指标。股市处于上升行情时，盈利的可能性最高，其他时间都应规避风险。

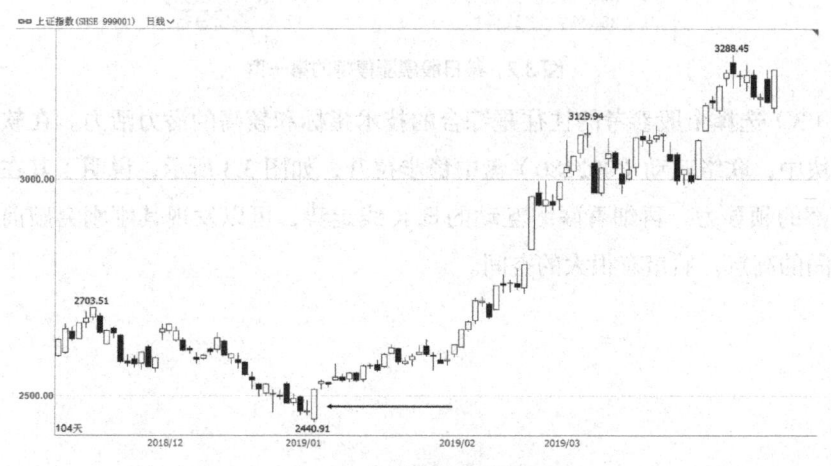

图 3.1　对大盘格局的判断

（2）判断板块，大盘转好时往往会有主力板块冲锋陷阵。图3.2所示为某日股票涨停榜的第一页，可以看到，整体上涨同时攻入涨停榜的板块往往是具备参与价值的板块，所以此时要做的是在板块内部进行筛选，选择合适的目标进行买进即可。

	代码	名称	涨幅%↓	现价	细分行业
1	002418	康盛股份	10.16	2.71	机械基件
2	600615	丰华股份	10.05	10.29	小金属
3	300240	飞力达	10.05	8.98	仓储物流
4	002488	金固股份	10.04	8.55	汽车配件
5	000673	当代东方	10.03	3.18	影视音像
6	002719	麦趣尔	10.03	12.07	乳制品
7	300235	方直科技	10.03	12.40	软件服务
8	300612	宣亚国际	10.03	21.29	广告包装
9	002675	东诚药业	10.02	14.71	化学制药
10	300429	强力新材	10.02	15.15	化工原料
11	002571	德力股份	10.02	5.16	玻璃
12	300072	三聚环保	10.02	5.93	环境保护
13	600216	浙江医药	10.02	12.52	化学制药
14	002799	环球印务	10.01	17.80	广告包装
15	002577	雷柏科技	10.01	10.33	电脑设备
16	600093	易见股份	10.00	18.92	仓储物流
17	002865	钧达股份	10.00	20.57	汽车配件
18	002280	联络互动	10.00	4.07	软件服务
19	300598	诚迈科技	10.00	79.76	软件服务
20	002552	宝鼎科技	9.99	21.24	机械基件
21	002791	坚朗五金	9.99	29.52	其他建材
22	603825	华扬联众	9.98	13.33	互联网
23	002035	华帝股份	9.98	11.90	家用电器
24	002351	漫步者	9.98	11.35	电脑设备
25	300250	初灵信息	9.97	13.57	软件服务
26	300493	润欣科技	9.94	7.96	通信设备

图3.2　某日股票涨停榜的第一页

（3）选择个股参考的往往是综合的技术指标和较高的潜力活力。在软件服务板块中，联络互动（002280）盘中稳步拉升，如图3.3所示，说明了其在该板块内部的领导力。再细看联络互动的日K线走势，可以发现其刚刚突破前期震荡区间的高点，后市有很大的空间。

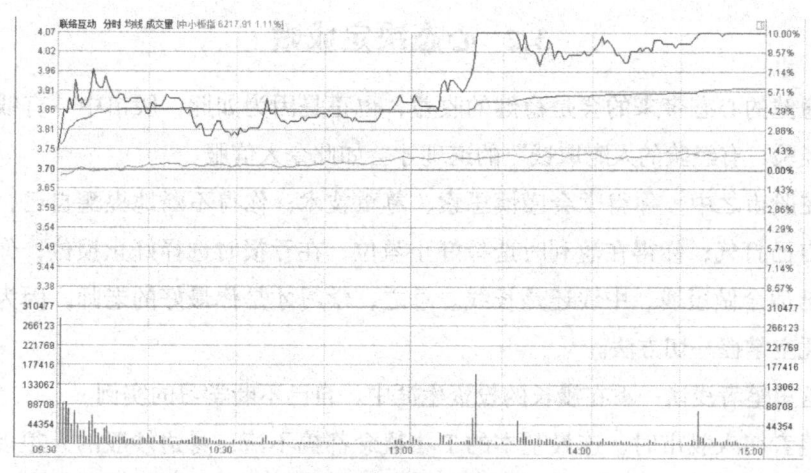

图 3.3　联络互动稳步拉升

（4）于是，选择买进联络互动的决策就产生了，同时，一个简单而实用的操作法则也被创造出来，如图 3.4 所示。在实际运用中，有很多方法都是靠个人总结、实践而成，没有绝对不变的方法。如果投资者希望把利润放大，就需要自身更勤奋地研究，然后加以活用。

我们只是根据某一天的数据简单地给出这套方法，还没有加入其他方面的判断，至于日后所选股票的走势能否一飞冲天，我们也不知道。但建立投资系统的优点在于，我们永远站在概率最大的一方。没有 100% 成功的方法，所以我们还要在此基础上设置止损措施。

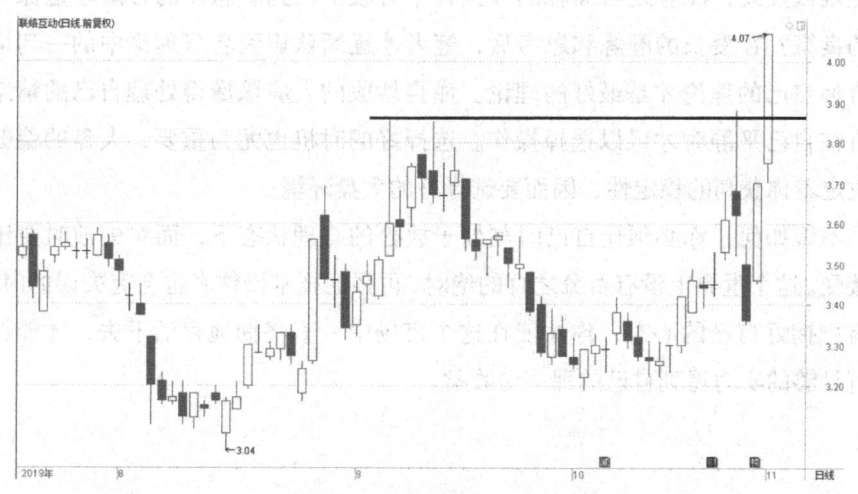

图 3.4　大阳线看多的日 K 线走势

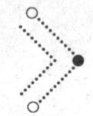

3.2 心态决定成败

稳健的心态带来的会是稳健的收益,也正是因为如此,股市中"有钱的人赚取经验、有经验的人赚取钱"的道理才会如此令人信服。

在股市之中,你得学会谨慎思索、尊重技术;你得不断地提醒自己,不断地给自己打气;你得在盈利时选择好止盈位,在亏损时选择好止损位;你得知道自己适合做短线、中线还是长线。总之,学习才是你最好的老师,因为你不可能凭空掌握一切方法。

这里笔者浅谈一下在漫长的投资生涯中,自己不断学习的实例。

笔者初入股市时,连最基本的 T+1 概念都搞不清,身边炒股的人很多,但真正能说出个所以然的人却并不多。于是,笔者开始了积极的学习,以道氏理论、江恩理论、证券混沌理论、心理分析流派的书籍为主。

在两个月之后,笔者开始了操作,在地产板块和钢铁板块中选择了多只个股,但还是铩羽而归。作为入门者,我们会在乎很多东西,在乎股价是否便宜,在乎佣金是多是少,在乎操作时是否安静无人打扰,在乎电视、报刊的每一个观点,但真正能够信赖的只有自己。便宜的个股一般都是大盘股,并且很多是极不活跃的个股。而佣金的多少其实跟操作的成功没有关系,只要你具备盈利的能力,佣金只会是零头,这一切都是对你自身素质的考验。

之后笔者开始学习追涨理论。事实证明追涨确实赚得更多,但潜藏的风险往往难以发现,深套之后面临的亏损将不可收拾。到底怎样的方法才是保证收益的良策?在漫长的磨炼和思考后,笔者才逐渐认识到名家理论中的一句话:适合你自己的理论才是最好的理论。懂得炒股的人应该懂得处理自己的情绪,只有在自己平静时才可以选择操作。选择好的时机也尤为重要,大盘的稳健往往决定着你获利的稳定性,因而要选择好的大盘环境。

不管如何,你必须让自己时刻处于放松的心理状态下,面对失败时要谦卑地接受。这个世界上没有百分之百绝对,再强的技术操作者也会有失误的时候,只有把握好自己的心态,你才能在这个市场中一直坚韧地存活下去,才能保证你有足够的实力得到自己的那一份收益。

第 4 章

单根 K 线的 7 个买入点

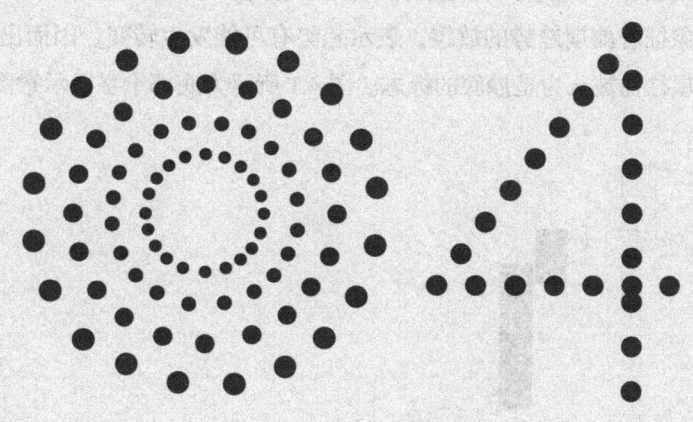

单根 K 线在技术指标中往往透露着多而繁杂、简而单一的信息，很多时候只有对这些众人不以为然的 K 线信息了解透彻之后，才能很好地提高投资的盈利水平。针对这类对趋势有明显意义的买入要求的参数指标，本章将分为 3 个部分予以细致分析，帮助投资者在认识 K 线的基础上增强自身的投资能力，提高投资的成功率。

4.1 趋势底部的买点

在股价行进阶段，部分重要的 K 线指标往往具有很大的指示作用，针对 K 线在下降趋势底部频繁出现的形态特征，我们将严谨地予以分析。本节以底部十字星、锤子线和倒锤子线在趋势底部的反转情景为例，帮助投资者更好地理解市场趋势的动向，认识 K 线指标的深刻意义。

4.1.1 底部十字星

【形态概述】

底部十字星是指出现在趋势底部，表明趋势有反转可能的十字星，而十字星是指没有 K 线实体，开盘价和收盘价相等，又有上下影线的 K 线形态。十字星一般象征着前期趋势的放缓，表示趋势有可能发生转变，因而出现在趋势底部的十字星往往被认为是抄底的标志。图 4.1 所示为底部十字星示意图。

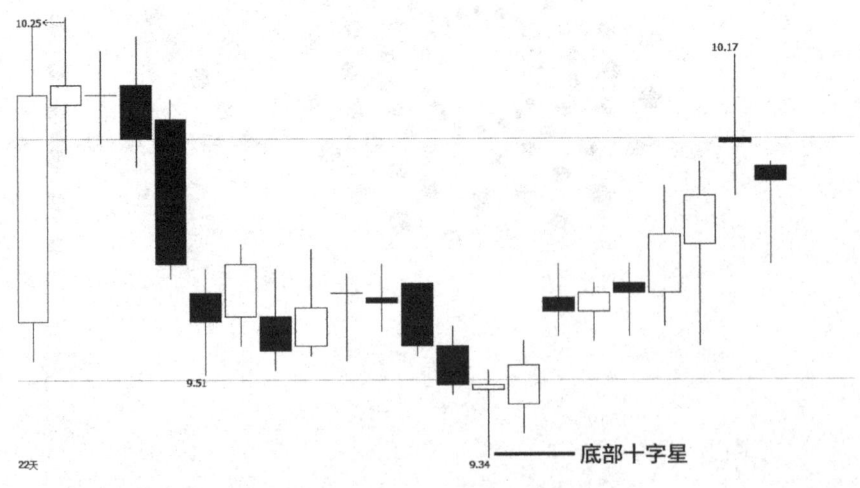

图 4.1　底部十字星示意图

【K 线实战】

图 4.2 所示为皖通科技（002331）2019 年 6 月 27 日至 9 月 24 日日 K 线图，前期该股股价在短期的下挫后出现了一个底部十字星。这个底部十字星出现后，股价短期下跌的趋势出现了一个快速的 V 形反转，因而底部十字星常常被认为是一个抄底反转的上佳买点，投资者在遇到时应注意把握。

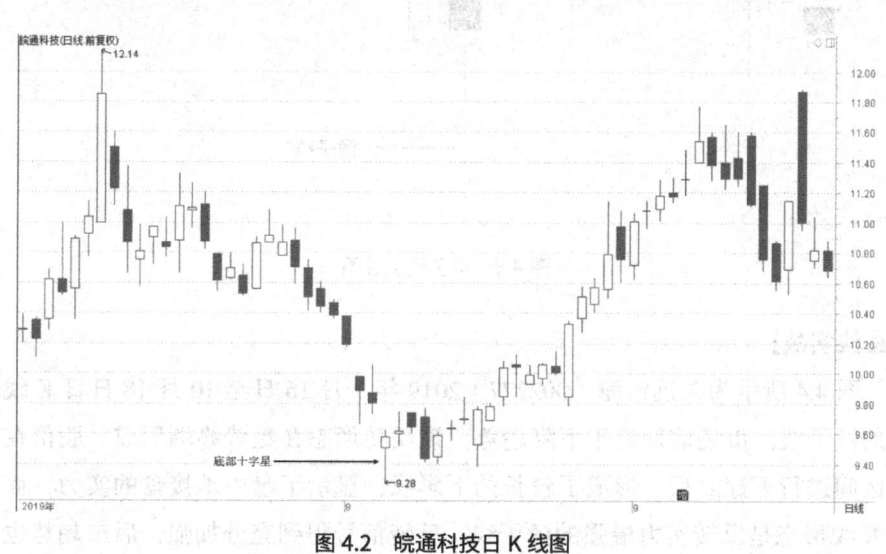

图 4.2　皖通科技日 K 线图

【结构分析】

底部十字星的出现往往意味着前期股价下行趋势的放缓，股价趋势随时都有反转的可能。

底部十字星下影线越长，股价趋势反转的力度也越强，因而买点越好。

底部十字星伴随的成交量越低，股价趋势反转的可能性就越大。

4.1.2　锤子线

【形态概述】

锤子线是 K 线实体较小而下影线较长，超过 K 线实体长度的两倍且上影线非常短甚至没有的 K 线形态，常常出现在下降趋势的终端，表明趋势反转的可能。根据阴阳涨跌的不同，锤子线可分为阳线锤子线和阴线锤子线，阳线锤子线在底部产生的反转作用力强于阴线锤子线。图 4.3 所示为锤子线示意图。

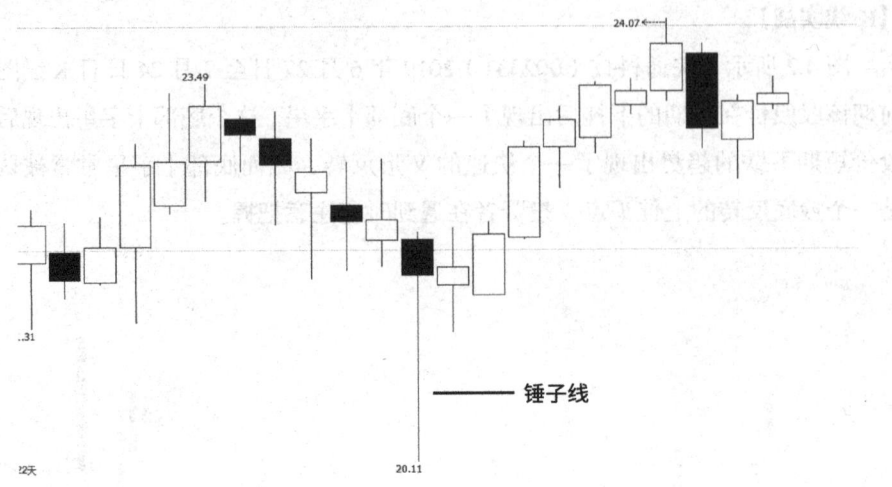

图 4.3　锤子线示意图

【K 线实战】

图 4.4 所示为久远银海（002777）2019 年 7 月 16 日至 10 月 18 日日 K 线图中的锤子线。市场前期处于下降趋势，该反转形态在趋势终端形成。股价在低价区间进行下探之后，形成了较长的下影线，显示了盘中承接盘的实力，而且该 K 线形态是反转实力最强的锤子线，反转信号得到充分加强，后市趋势也得到有效反转。

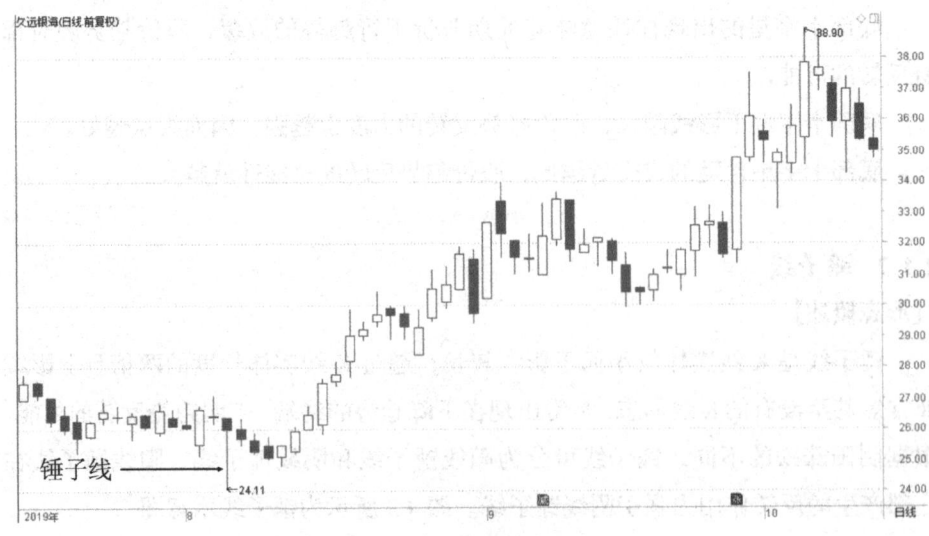

图 4.4　久远银海日 K 线

【结构分析】

阴线锤子线对下降趋势的反转实力弱于阳线锤子线。两类锤子线均是下影线越长，反转力度越大。

出现锤子线后，其后阳K线重心上移对反转趋势的确认值得重视。

4.1.3 倒锤子线

【形态概述】

倒锤子线是K线实体较小而上影线较长，超过K线实体长度的两倍且几乎没有下影线的K线形态，常常出现在下降趋势的终端，表明趋势可能出现反转。根据阴阳涨跌的不同，倒锤子线可分为阳线倒锤子线和阴线倒锤子线，阳线倒锤子线在底部的作用力强于阴线倒锤子线。图4.5所示为倒锤子线示意图。

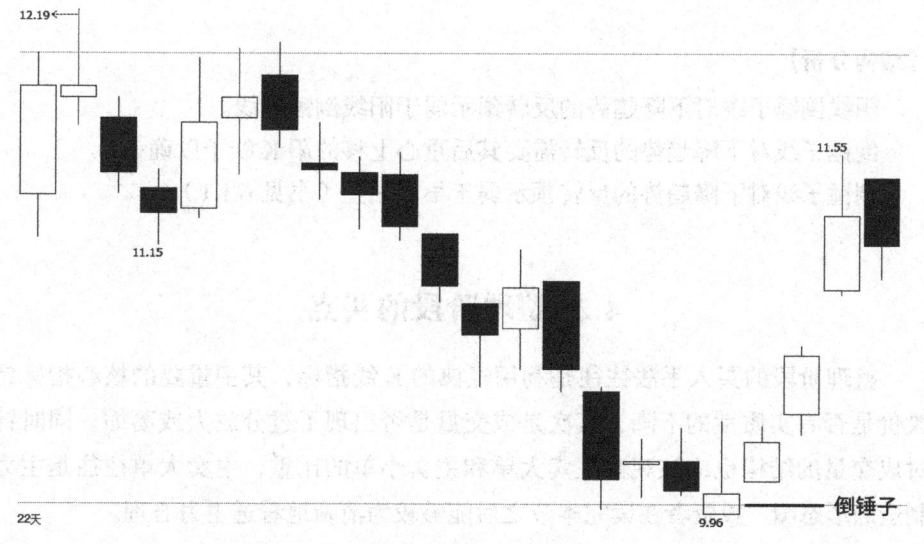

图4.5 倒锤子线示意图

【K线实战】

图4.6所示为梅安森（300275）2018年11月13日至2019年4月17日日K线图中的倒锤子线。前期市场在一个大阴线的下降趋势中探得低点，倒锤子线在低价区试图对上方抛压继续试探但遭到回击，次日重心上移的中短阳线在下探低点后确认了反转趋势，后市也形成了四连阳的上攻行情，倒锤子线成功预示了下降趋势的反转。

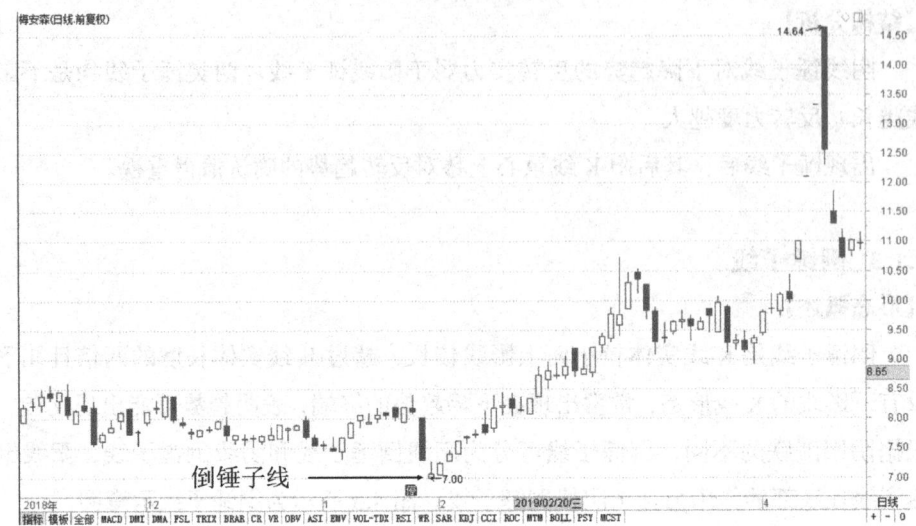

图 4.6 梅安森日 K 线图

【结构分析】

阴线倒锤子线对下降趋势的反转预示弱于阳线倒锤子线。

倒锤子线对下降趋势的反转需要其后重心上移的阳 K 线予以确认。

倒锤子线对下降趋势的反转预示弱于早晨之星（书见 6.1.1）。

4.2 整理阶段的买点

整理阶段的买入手法往往是利用经典的 K 线指标，其中重要的核心指标是股价是否有实质性的下降，其次是成交量是否出现了过分放大或萎缩。同时针对成交量的结构也应该观察主卖大单和主卖小单的比重，主卖大单往往是主力制造的形态图。投资者在读完本节之后能够较为清晰地看透主力心理。

4.2.1 大阴 K 线整理

【形态概述】

大阴 K 线整理是指股价在上涨途中突发地出现一根大阴线（长阴线），为股价的涨势制造了不确定性，使得部分不坚定的获利盘恐慌涌出，之后股市将延续前期走势继续抬升。这一举动往往要借助主力制造的反技术指标手段，通过进一步垫高跟风盘成本，减少高位获利盘的涌出数量。图 4.7 所示为大阴 K 线整理示意图。

第 4 章 单根 K 线的 7 个买入点

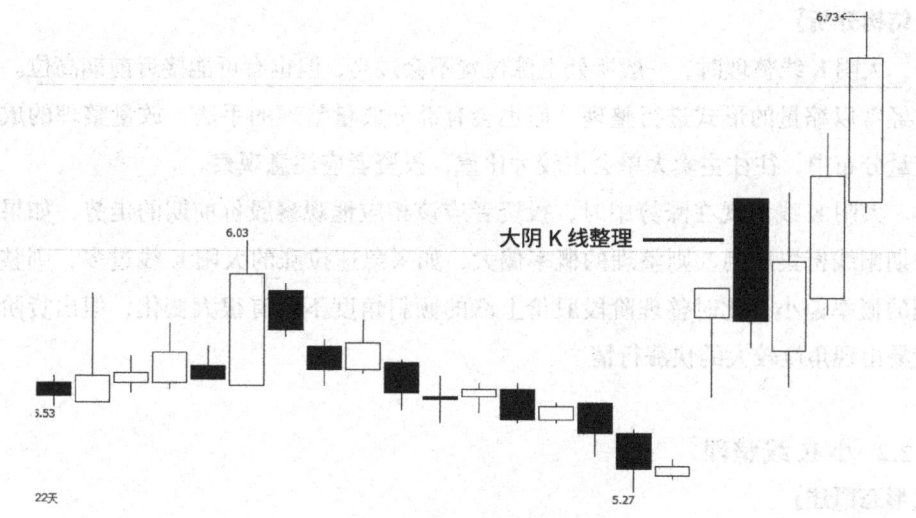

图 4.7　大阴 K 线整理示意图

【K 线实战】

图 4.8 所示为北信源（300352）2019 年 7 月 10 日至 9 月 26 日日 K 线图中的大阴 K 线整理形态。从股价趋势的走向来看，后期多日股价上涨的同时将伴随着成交量的萎缩。

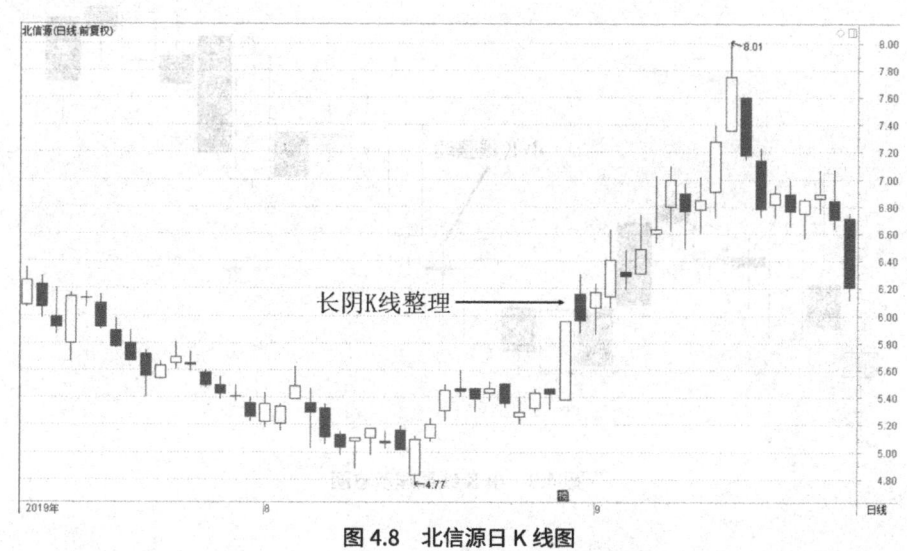

图 4.8　北信源日 K 线图

【结构分析】

大阴 K 线整理时，一般所处上涨位置不会过高，但也有可能接近前期高位。它经常以缩量的形式进行整理，但也会有部分放量整理的手法，放量整理的成交量分布中，往往主卖大单会占较大比重，投资者应注意观察。

大阴 K 线出现在涨势中时，投资者应该相应地观察股价前期的走势，如果前期阳线密集度高，则整理的概率偏大，如果急速拉涨的大阳 K 线过多，则整理的概率偏小，此时整理阶段股价上涨的倾斜角度不会有很大变化，但出货阶段易出现角度较大的快涨行情。

4.2.2 小 K 线整理

【形态概述】

小 K 线整理一般是以极阳极阴线或者星线在趋势上涨的中途作为调整手法而采取的短暂整理，一般容易被投资者误认为是上涨趋势减缓的特征，但因其所处股价位置的不同以及成交量的微小差异，可以被技术派发现。股价后期趋势将延续前期涨势，投资者在遇到之时应该大胆参与。图 4.9 所示为小 K 线整理示意图。

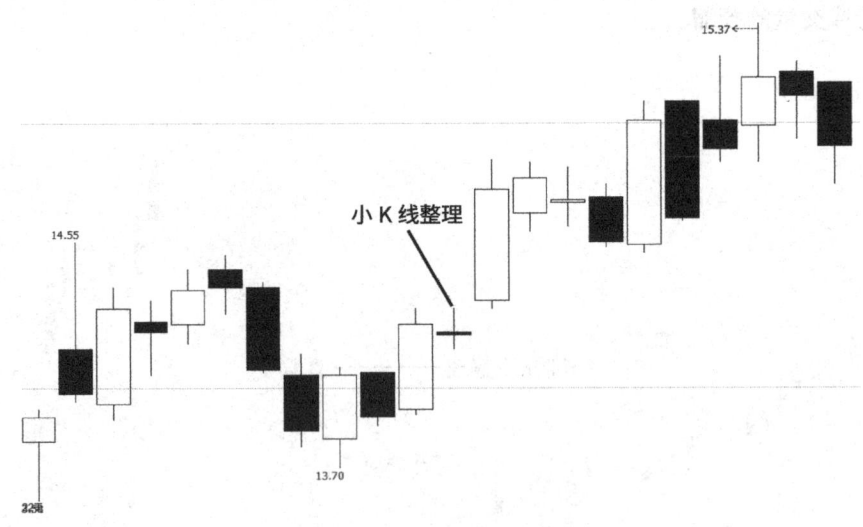

图 4.9　小 K 线整理示意图

【K 线实战】

图 4.10 所示为华凯创意（300592）2019 年 7 月 19 日至 10 月 17 日日 K 线

图中的小 K 线整理形态。在前期股价快速拉涨的行情中，出现的小 K 线以重心持平的状态立于高位，同时成交量的极度萎缩更确定了股价趋势只是暂时的整理行为，后期股价行走趋势将不改前期上行方式，从而确认小 K 线整理形态。投资者在投资过程中应注意观察，并可大胆参与。

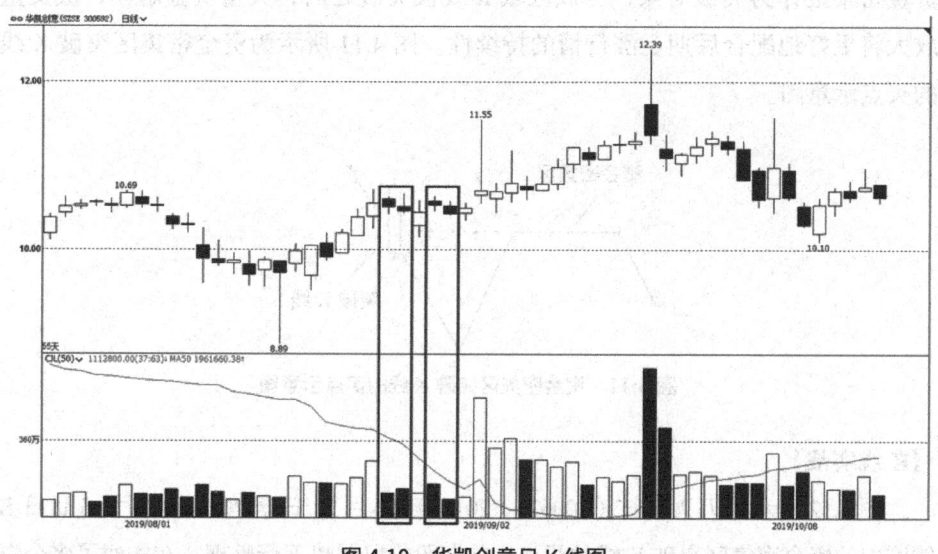

图 4.10 华凯创意日 K 线图

【结构分析】

小 K 线整理往往出现在股价急速拉涨的行情当中，一般是作为大阳 K 线的中转站。

成交量在整理过程中是不可忽视的指标。当成交量萎缩，主卖小单占很大比重时，更倾向于是整理行为；当成交量过分放大，主卖大单比重显著提高时，主力的整理可能性则被加强。

4.3 突破位的买点

K 线对股价关键位进行突破时，往往透露着主力的信息，但过分放大的成交量和大 K 线的含义极有可能与之相反。针对这个环节，本节将更好地帮助投资者认识主力在上涨突破时的心理状态，更好地引导投资者针对格局进行准确判断。

4.3.1 资金密集区突破 K 线的买点

【形态概述】

资金密集区突破 K 线是指在前期股价趋势下降的过程中,有一段长时间横盘的 K 线形态,之后股价继续下跌,在股价实现反转之后开始以前期横盘区的资金密集区作为突破对象,当该区域 K 线被突破之后,大量资金解套,成交量放大将更好地配合后期上涨行情的持续性。图 4.11 所示为资金密集区突破 K 线的买点示意图。

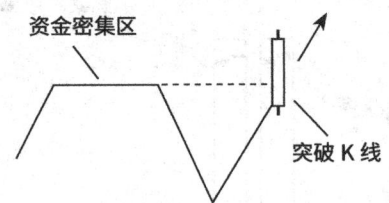

图 4.11　资金密集区突破 K 线的买点示意图

【K 线实战】

图 4.12 所示为万兴科技(300624)2018 年 12 月 21 日至 2019 年 3 月 15 日日 K 线图中的资金密集区突破 K 线的买点。前期股价以弱势下行整理,在构建了多个资金密集区的整理平台之后,空方力量被逐渐释放。之后,在反转行情中出现的大阳线直插整理平台实现了对资金密集区的有效突破。之后股价在高位继续构建平台,为突破下一个阻力平台做准备。当这种突破 K 线形态出现时,投资者应积极关注。

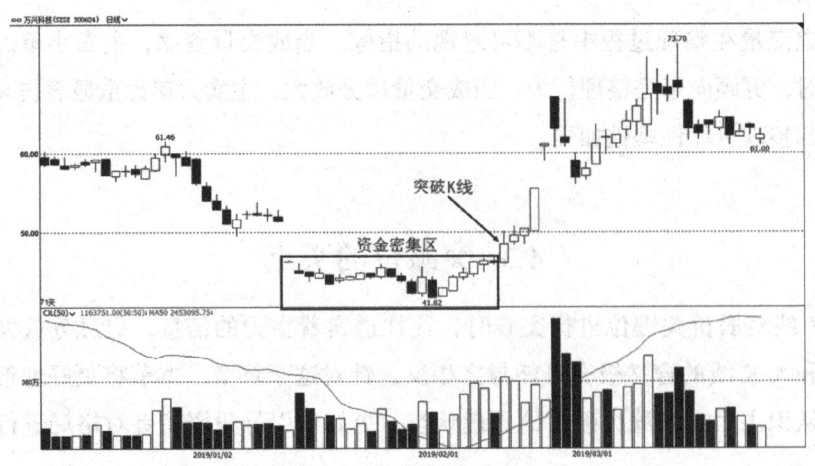

图 4.12　万兴科技日 K 线图

【结构分析】

完全穿透资金密集平台是股价实现上升突破的确认形式，也是一个好的买点。

在突破资金密集平台时，往往需要配合充足的成交量才能提升股价上行的可信度，投资者在观察股价行进时应谨慎。

4.3.2 脊位突破 K 线的买点

【形态概述】

脊位突破 K 线是指在前期趋势出现短期高点之后的快速下跌，而这个短期的高点则被称为脊位。后期股价在探底反转后，需要针对这个短期的高点进行突破，这根突破的 K 线也即为脊位突破 K 线的买点。图 4.13 所示为脊位突破 K 线的买点示意图。

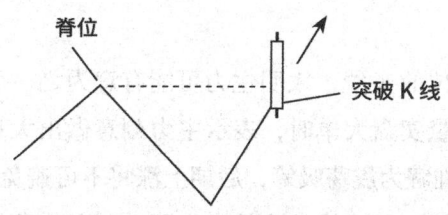

图 4.13 脊位突破 K 线的买点示意图

【K 线实战】

图 4.14 所示为中国宝安（000009）2020 年 1 月 23 日至 3 月 10 日日 K 线图中的脊位突破 K 线的买点。当日在成交量的配合之下股价快速突破脊位，成交量极度放大。从主力心理来看，其后的 K 线往往意味着主力想要吸引更多的买家，希望市场跟风盘不断增大。但从买卖盘的结构来看，主卖大单占很大比重，表明主力是想借突破的机会大量出货，因而就算股价有短暂的突破上涨，长期来看依然有很大的下降可能性，短期投资者可以选择做短线谋利。

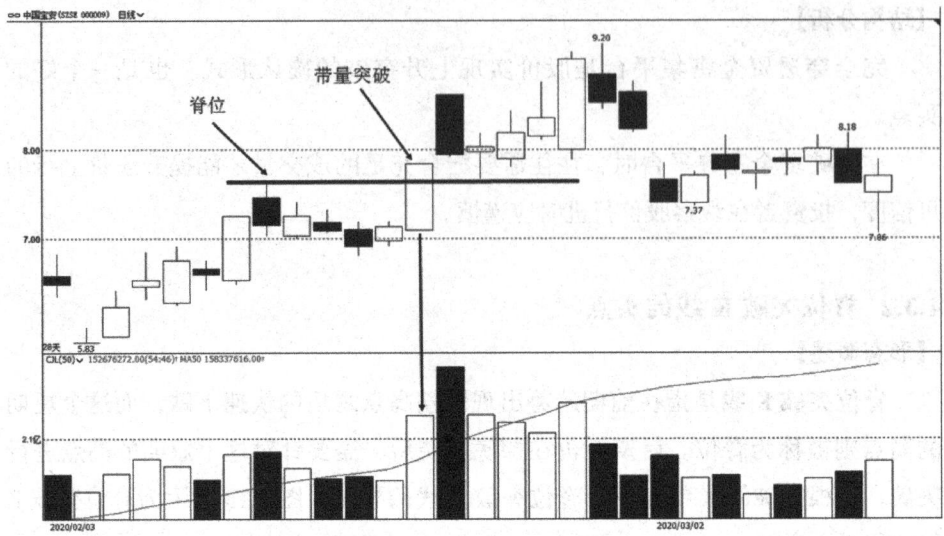

图 4.14 中国宝安日 K 线图

【结构分析】

阴 K 线作为突破位的 K 线，表明主力可能有意为之，可继续观察阴 K 线的买卖盘结构，当有大量卖盘大单时，表示主力刻意做出大量出货的迹象，因而此突破位的脊线可以理解为震荡吸筹，后期上涨将不可避免。

脊位突破时出现的大阳 K 线一改前期小阳 K 线的密集形态，显示了主力之前在小阳 K 线处吸筹的真实性，因而应当予以提防。

第 5 章

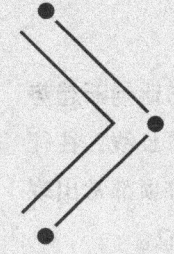

单根 K 线的 7 个卖出点

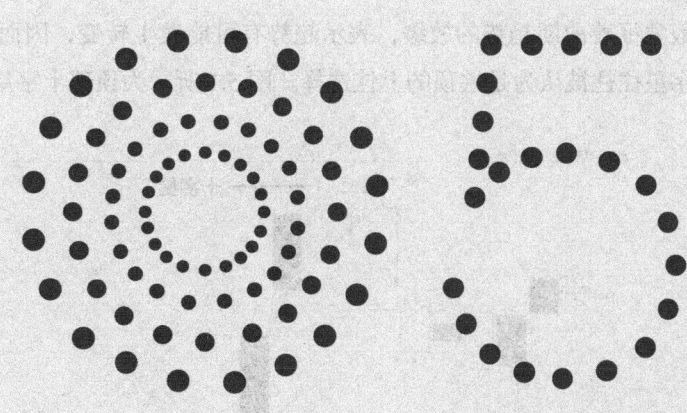

投资者在研究分析股票的时候，不应该只顾及股票的买点，股票的卖点也尤为重要。股票价格上涨的买点信号可以帮助投资者选择良好的时机买进股票，但如果缺乏对股票卖点的分析，往往会导致之前的盈利突然蒸发。本章将介绍单根 K 线在技术分析领域当中经常流入的卖点信息，帮助投资者更好地调整持有股票的时间周期，使得盈利最大化。

5.1 趋势顶部的卖点

趋势顶部往往在趋势完全走完之后才会显得清晰可见。要准确地判断趋势的顶部，其实可以利用广为人知的 K 线信息。例如，在趋势顶部的 K 线，往往会呈现出趋势逐渐弱化且各类指标开始钝化的特征。本节将对趋势顶部常出现的 K 线形态进行总结，帮助投资者更透彻地理解股市当中的博弈信息。

5.1.1 顶部十字星

【形态概述】

顶部十字星是指出现在趋势顶部，表明趋势可能出现反转的十字星。十字星一般象征着前期趋势的放缓，表示趋势有可能发生转变，因而出现在趋势顶部的十字星往往被认为是逃顶的上佳选择。图 5.1 所示为顶部十字星示意图。

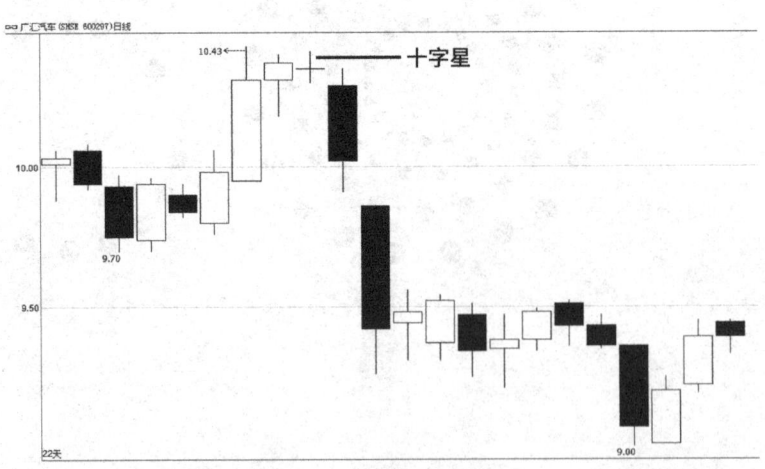

图 5.1　顶部十字星示意图

【K线实战】

图5.2所示为*ST博信（600083）2019年1月22日至7月8日日K线图中的顶部十字星。股价在之前一波短暂的上冲后出现了一个小型的顶部形态，此时股价已经接近历史高位，成交量进一步放大，此时顶部十字星对趋势反转的预示尤为明显。几个交易日后中阴K线出现，股价重心明显下移，后期股价也开始了一波长时段的下跌行情，顶部十字星的实战意义被证实。

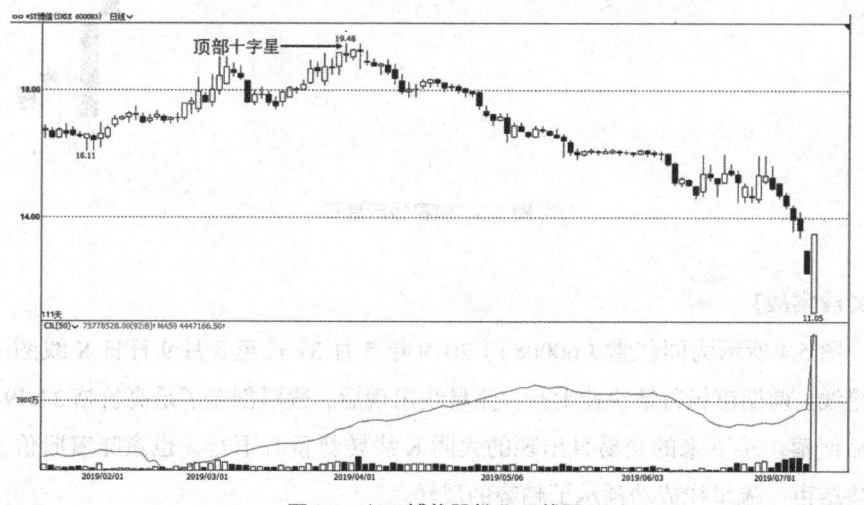

图5.2 *ST博信股份日K线图

【结构分析】

顶部十字星的出现往往意味着前期股价上行趋势的放缓，股价趋势随时都有反转的可能。

顶部十字星上影线越长，对趋势反转的预示作用也越强，因而卖点越好。

顶部十字星伴随的成交量越高，其反转的可能性越大。

5.1.2 流星线

【形态概述】

流星线是实体较小而上影线较长，超过实体长度的两倍且几乎没有下影线的K线形态，常常出现在上升趋势的终端，表明趋势可能出现反转。根据阴阳涨跌的不同，流量线分为阴线流星线和阳线流星线，阴线流星线在顶部产生的反转作用力强于阳线流星线。图5.3所示为流星线示意图。

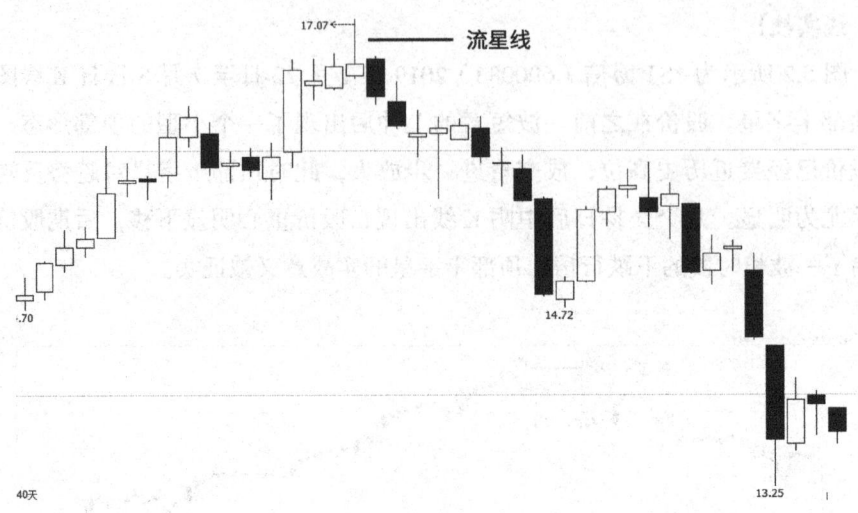

图 5.3 流星线示意图

【K线实战】

图 5.4 所示为同仁堂（600085）2019 年 5 月 31 日至 8 月 9 日日 K 线图中的流星线。前期市场行情快速上行，流星线出现后，股票创造了最高价格 31.49 元，之后回落。接下来的交易日出现的大阴 K 线转势重心下行，也意味着股价上升趋势结束，流星线成功预示了趋势的反转。

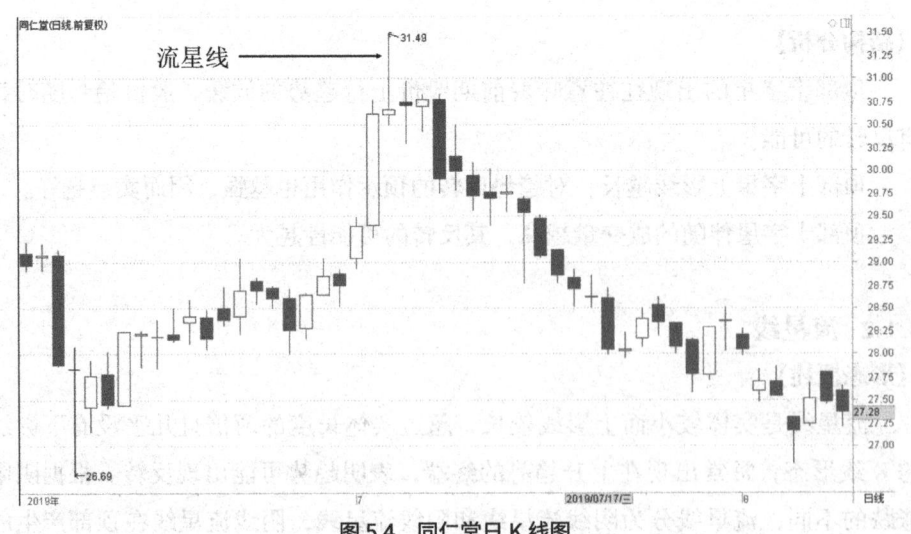

图 5.4 同仁堂日 K 线图

【结构分析】

流星线以多次上探抛压后,在后期阴 K 线重心下移的确认下,具备表明趋势反转的功能,并且期间反转信号会加强。

流星线上影线越长,抛压越重,趋势反转的信号越强。

阴线流星线对上涨趋势的反转实力强于阳线流星线。

流星线对上涨趋势的反转实力弱于黄昏之星(书见 7.1.1)。

5.1.3 上吊线

【形态概述】

上吊线是实体较小而下影线较长,超过实体长度的两倍且几乎没有上影线的 K 线形态,常常出现在上涨趋势的终端,表明趋势可能出现反转。上吊线根据阴阳涨跌的不同分为阳线上吊线和阴线上吊线,阴线上吊线在顶部的作用力强于阳线上吊线。图 5.5 所示为上吊线示意图。

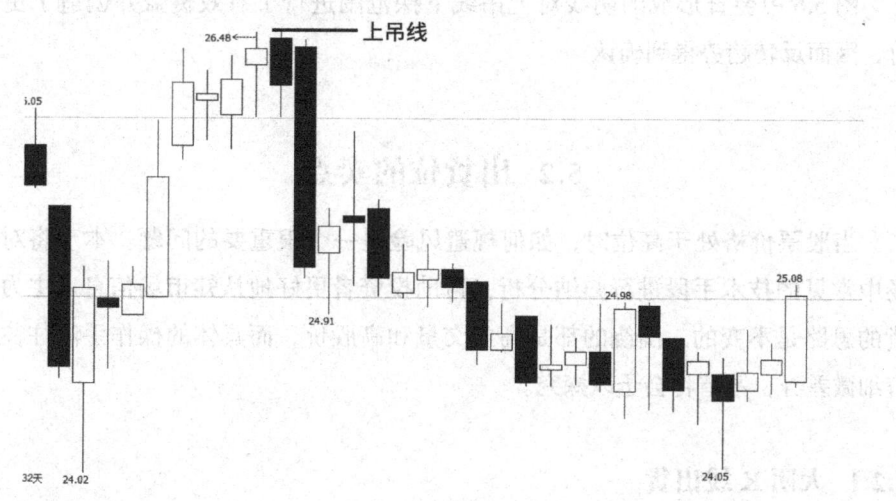

图 5.5　上吊线示意图

【K 线实战】

图 5.6 所示为哈高科(600095)2019 年 8 月 7 日至 11 月 1 日日 K 线图中的上吊线。该 K 线形成之前,市场趋势呈上升态势,一路上行到高点。上吊线出现后,股价创下了近期最高价,但后期市场趋势也因此转变。市场在短暂下跌震荡后,下行趋势不改,上吊线成功预示了趋势的反转。

图 5.6 哈高科日 K 线图

【结构分析】

阴线上吊线对上涨趋势的反转预示强于阳线上吊线。

图 5.6 中翌日形成的阴线对上吊线下探范围进行了有效覆盖并创造了更低价，因而反转趋势得到确认。

5.2 出货位的卖点

当股票价格处于高位时，如何规避风险是一个很重要的问题。本节将对市场中常见的技术手段进行归纳分析，帮助投资者更好地认知市场信息。主力出货的思路是不变的，围绕的都是高成交量和高股价，而具体的操作手法往往会有细微差异，本节将会予以探究。

5.2.1 大阴 K 线出货

【形态概述】

大阴 K 线出货是指股价在上涨终端突然出现一根大阴线，为股价的涨势制造恐慌氛围，使得大量获利盘涌出，之后股市将反转，前期走势开始下行。这一举动往往出现在主力已经大量出货的后期，其所剩筹码已经不多，因而不遮不掩。与此同时，股价被群发性看空，各方获利盘争相涌出，因而股价快速下行，同时成交量快速放大。图 5.7 所示为大阴 K 线出货示意图。

第 5 章 单根 K 线的 7 个卖出点

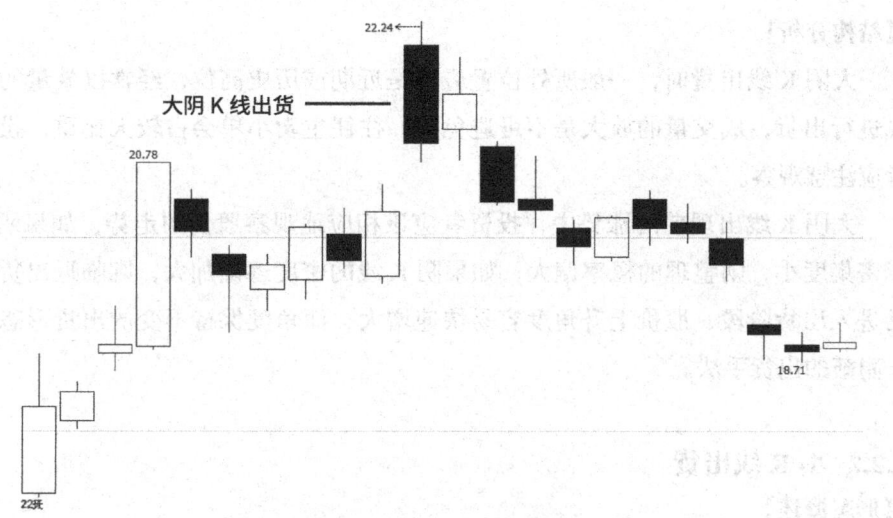

图 5.7 大阴 K 线出货示意图

【K 线实战】

图 5.8 所示为同方股份（600100）2019 年 1 月 18 日至 8 月 15 日日 K 线图中的大阴 K 线出货形态。该股股价在前期一路波折上涨，直到这根大阴 K 线出现，成交量急剧放大，期间以主卖小单为主，盘内分时走势长期下行于均价线之下，显示了股价的弱势形态。翌日出现的阴 K 线重心下移，股价下行趋势就此开始，大阴 K 线预示出货形态的作用得到有效证实。

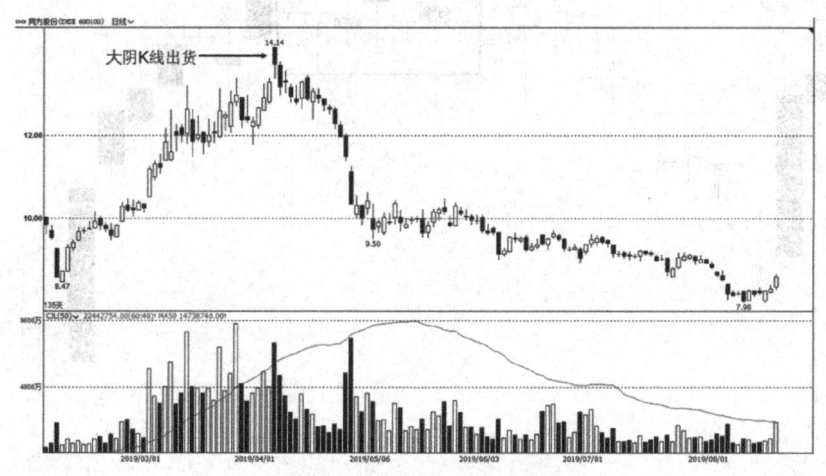

图 5.8 同方股份日 K 线图

【结构分析】

大阴 K 线出货时，一般所处位置应当是近期或历史高位，经常以放量的形式进行出货，成交量的放大是不可避免的，往往主卖小单会占较大比重，投资者应注意观察。

大阴 K 线出现前的涨势中，投资者应该相应地观察股价的走势，如果阴 K 线密集度小，则整理的概率偏大；如果阴 K 线的密度逐渐加大，则临近出货或已进入出货阶段，股价上升角度容易快速增大，而角度保持不变的出货形态属于隐蔽的出货手法。

5.2.2 小 K 线出货

【形态概述】

小 K 线构建顶部一般是以极阳线、极阴线，或者在上涨的最后阶段以类似于调整的角度缓慢震荡下跌，或横盘在高位但成交量却依旧很大，一般容易被投资者误认为是上涨趋势中暂时的整理，但因其所处股价位置的不同以及成交量的差异，可以被技术派发现。此类形态构建后股价后期趋势将发生转变，投资者在遇到时应该尽量规避。图 5.9 所示为小 K 线出货示意图。

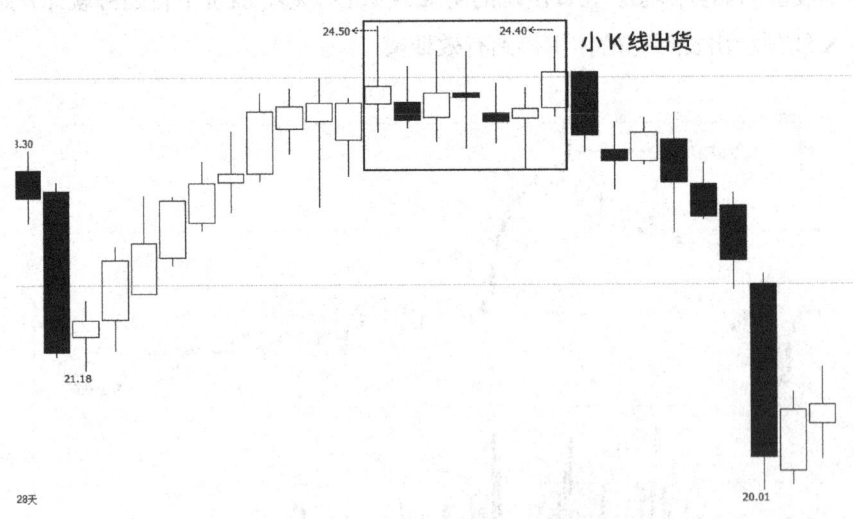

图 5.9　小 K 线出货示意图

【K 线实战】

图 5.10 所示为海联讯（300277）2019 年 3 月 22 日至 5 月 14 日日 K 线图中的小 K 线出货形态。该股前期股价不断攀升，创造了股价的阶段高点。股价上涨途中资金密集度开始不断增加，直至小 K 线出货形态的出现，成交量都保持在放量的阶段。但小 K 线出货形态出现时，成交量却开始萎缩，说明主力出货已经接近尾声，主力所控筹码已经大量减少且成交量更多以主卖小单为主，后期该股股价不断下行，股价趋势出现反转。

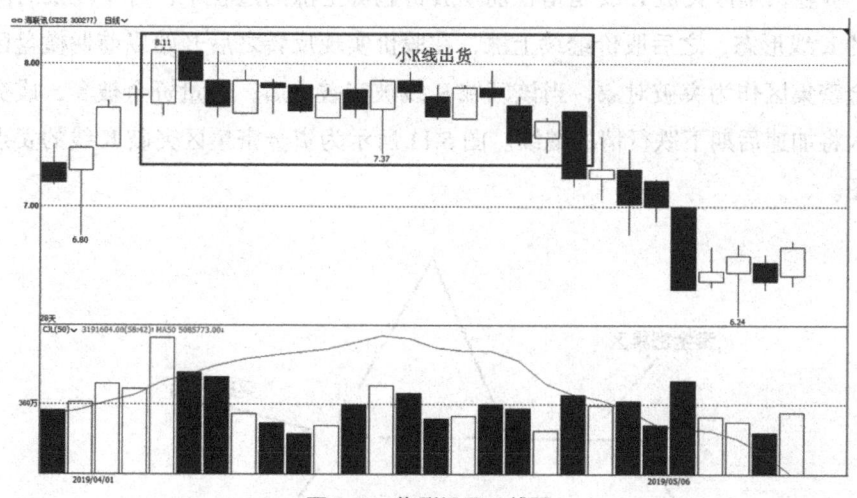

图 5.10 海联讯日 K 线图

【结构分析】

小 K 线出货往往出现在股价拉涨速度趋缓的行情当中，小 K 线以高位横盘调整的手法掩饰主力在高价位大肆出货，成交量很大。

在出货过程中成交量是不可忽视的指标，当成交量萎缩，主卖小单占很大比重时，更多是主力出货的尾声；当成交量过分放大且持续一段时间时，说明主卖大单比重偏大，是主力已经开始出货的特征。

5.3 突破位的卖点

股票在经历了快速下跌后，股价往往会快速地下行，其中的手段和方法虽然尤为复杂，但特点类似。没有主力参与的股票，股价往往总是会缺乏在关键位的支撑或托手。弱市时,任何技术有效位都会显得异常薄弱,当主力仍然愿意在关键技术位去花费时间和精力时,往往就意味着主力对这只股票还有耐心和信心。本节将介绍股价在下行突破时透露的主力信息,帮助投资者在上佳的位置撤出资金,规避股市风险。

5.3.1 资金密集区突破 K 线的卖点

【形态概述】

资金密集区突破 K 线是指在前期股价趋势上涨的过程中,有一段长时间横盘的 K 线形态,之后股价继续上涨,在股价实现反转之后开始以前期横盘区的资金密集区作为突破对象,当该区域 K 线被突破之后,大量资金被套,成交量放大将加速后期下跌行情的继续。图 5.11 所示为资金密集区突破 K 线的卖点示意图。

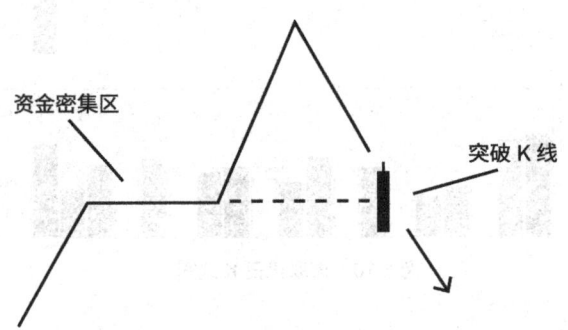

图 5.11 资金密集区突破 K 线的卖点示意图

【K 线实战】

图 5.12 所示为华能国际(600011)日 K 线图中资金密集区向下突破 K 线的卖点。前期股价在上涨途中的调整过程中构建了多个资金密集区的整理平台,之后多方力量进行了短暂的上冲之后,反转行情开始向下对前期的整理平台进行突破。随后重心下移的阴 K 线击穿整理平台,确认了突破形态,短期内股价的下行趋势将没有有效的支撑点,投资者此时应该快速清仓,规避股价继续下行带来的更大风险。

图 5.12　华能国际日 K 线图

【结构分析】

完全穿透资金密集平台是股价实现下行突破的确认标志，也是一个有效的卖点。

在突破资金密集平台时，成交量容易失去可信度，投资者在观察股价行进时应谨慎。

5.3.2　前期底部突破 K 线的卖点

【形态概述】

前期底部突破 K 线，是指在前期趋势出现短期低点之后，股价有一个短期的反弹，之后股价不改下降趋势进一步对股价进行下探，并向下对前期的底部进行有效突破，从而创造近期最低股价。这根向下突破的 K 线也是前期底部突破 K 线的卖点。图 5.13 所示为前期底部突破 K 线的卖点示意图。

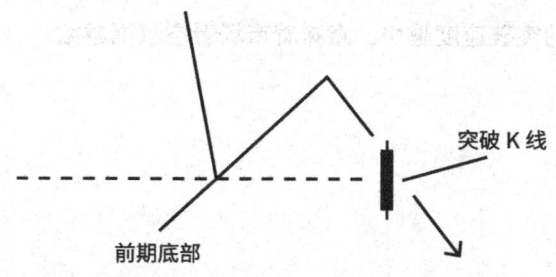

图 5.13　前期底部突破 K 线的卖点示意图

【K线实战】

图5.14所示为上港集团（600018）2019年4月5日至6月12日日K线图中的前期底部突破K线的卖点。前期股价在短期底部构建完成后出现了一个短暂的小反弹，之后股价趋势继续向下并开始调整前期底部低点价位。图中中阴K线向下有效突破后，股价进一步下挫，所以投资者在这根中阴K线突破前期底部最低价位的时候应当及时卖出。

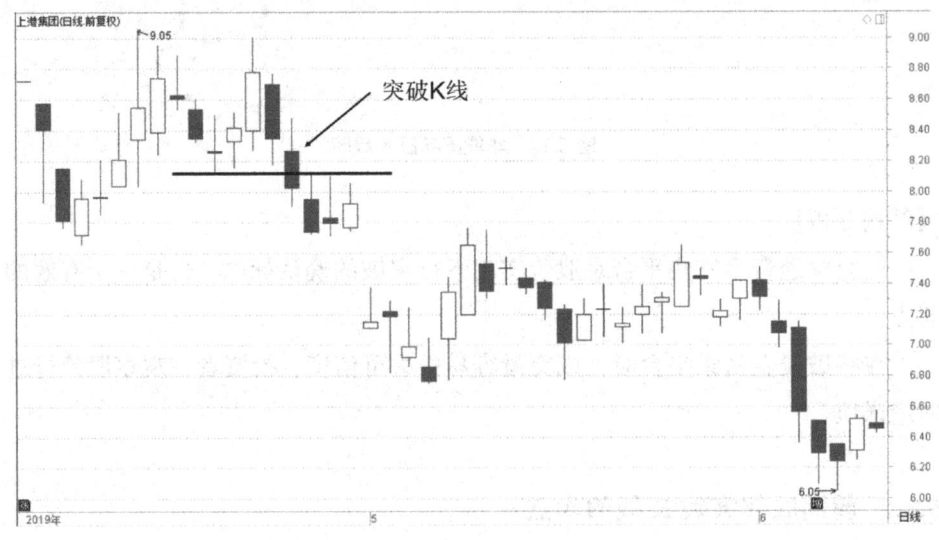

图5.14　上港集团日K线图

【结构分析】

阴K线作为突破位的K线，表明股价有继续看空的氛围。如若继续观察阴K线时的买卖盘结构，当有大量卖盘大单时，表示这是主力刻意做出的短期向下突破行为，当有大量的卖盘小单时，可以确认是市场看空情绪的大量释放。

对前期底部的突破速度越快，意味着市场看空氛围越浓。

第 6 章

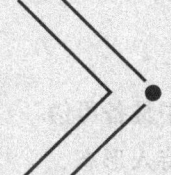

多根 K 线的 14 个买入点

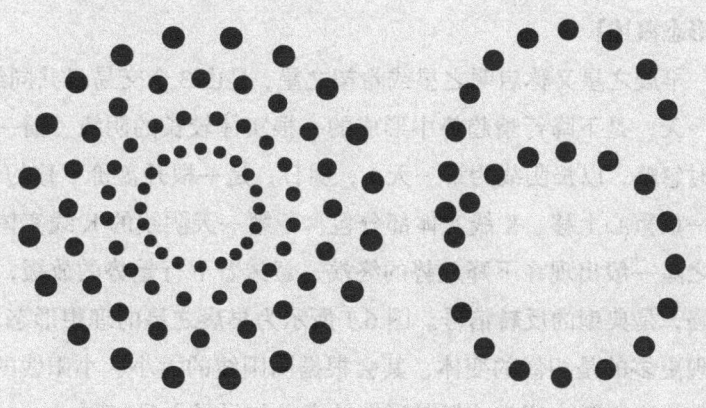

前面我们针对单根 K 线进行了比较深入的探究，并大概介绍了单根 K 线在技术意义上的重要性。但随着股市的发展，股民在技术层面上的水平也得到了不断提高，基础技术分析的指导意义也面临着新的考验，越来越多的突破回抽使指标的有效性越来越差。指标需要共振，也需要信号的不断加强和确认。本章将对单根 K 线在技术领域出现的不足进行更为全面的补充，帮助投资者不断升级技术手段，成功把握住投资契机，成为一名合格的投资者。

6.1 底部反转的 K 线组合

本节将围绕趋势底部的 K 线所构建的形态组合，分析市场行情中具备可信度的反转信息，共包括早晨之星、看涨吞没形态、看涨孕线、看涨待入形态、看涨切入形态、看涨插入形态、看涨刺透形态和看涨反扑形态这 8 种 K 线组合形态，其共同的特点是以 K 线实体的大小和阴阳来看待趋势弱强的转换。在接下来的各小节中，我们将会有更细致的分析，帮助投资者更好地学习。

6.1.1 早晨之星

【形态概述】

早晨之星又称启明之星或希望之星，是由 3 个交易日共同组成的 K 线形态。第一天，是下降行情趋势中形成的一根实体较长的阴线（前一天为长阴线的孕线时忽略，以长阴线为第一天）；翌日，是一根开盘价下移的小阳线；第三天，是一根重心上移、K 线实体部分包含于第一天阴线的 K 线实体内部的阳线。早晨之星一般出现在下降趋势的终端，意味着下行趋势的放缓，上行趋势将逐渐转强，是典型的反转信号。图 6.1 所示为早晨之星的理想形态。在现实股市中，出现更多的是相似的变体，其会根据阴阳线的大小、小阳线的高低、K 线组合的数量进行微小调整，但其形态的意义与早晨之星相同。

第 6 章 多根 K 线的 14 个买入点

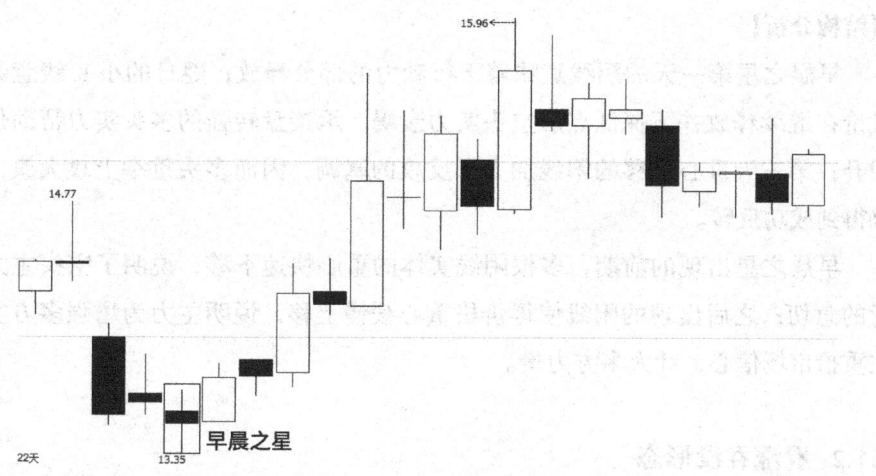

图 6.1 早晨之星示意图

【K 线实战】

图 6.2 所示为中信证券（600030）2018 年 10 月 24 日至 2019 年 3 月 11 日日 K 线图中一个底部反转的早晨之星。前期在连续震荡下跌的弱势行情中，股票价格接连下降，小十字星出现时，股价下探低点 15.53 元，成为趋势的转折点。早晨之星构建完成后，该股成功摆脱弱势。

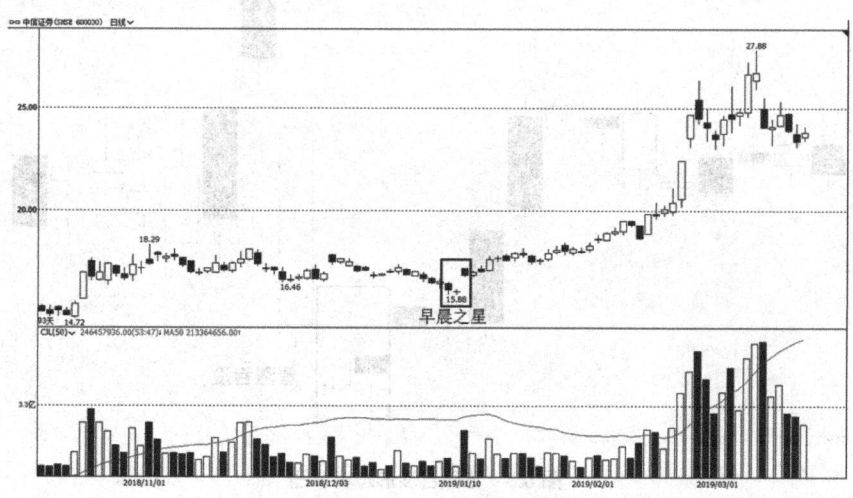

图 6.2 中信证券日 K 线图

【结构分析】

早晨之星第一天的阴线意味着下行动力的部分释放；翌日的小 K 线意味着股价在继续释放并下探低点后空头实力衰竭，承接盘转强的多头实力帮助价格回升；第三天重心上移的阳线加大了反攻的基调，因而多头重举上攻大旗，趋势得到成功反转。

早晨之星出现的前期，多根阴线实体的重心快速下移，说明了空头主力出货的急切；之后出现的阳线使得价格重心缓慢上移，说明主力为增强多方实力在重拾市场信心，壮大多方力量。

6.1.2 看涨吞没形态

【形态概述】

在市场处于下降趋势并接近低价终端的时候，下行动力减弱的阴 K 线被翌日出现的阳 K 线包住，即前者的 K 线实体完全在后者的 K 线实体之内，这样形成的 K 线组合即为看涨吞没形态。它的出现即意味着下降行情的结束。图 6.3 所示为看涨吞没形态示意图。

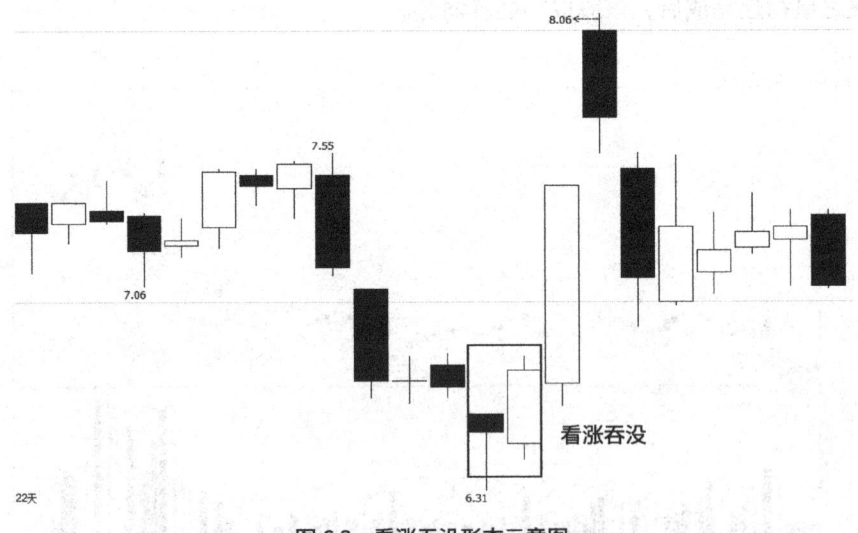

图 6.3　看涨吞没形态示意图

【K线实战】

图 6.4 所示为华润双鹤（600062）2019 年 4 月 4 日至 8 月 29 日日 K 线图中的看涨吞没形态。在前期市场单边的下降行情末端，看涨吞没形态的出现代表之前的市场趋势的结束，并在短时间内出现了反转行情，之后股价不断攀升，表现了看涨吞没形态在下降趋势末端的指导意义。投资者在发现具有该类 K 线形态特征的个股时应大胆买进。

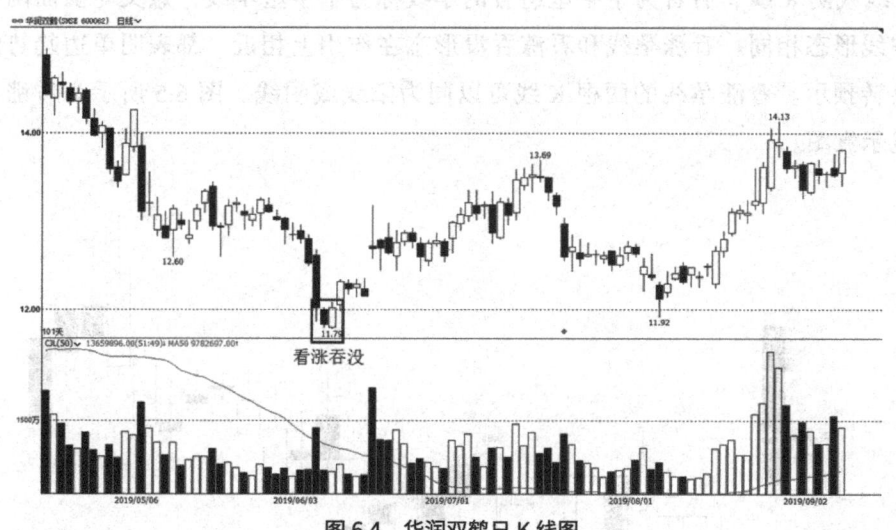

图 6.4　华润双鹤日 K 线图

【结构分析】

在看涨吞没形态中，前者 K 线实体越小，后者 K 线实体越大，该形态的反转预示作用就越强。

在看涨吞没形态出现前，单边下降的行情所花时间越长，跌至的价格越低，该形态的反转预示作用就越强。

在看涨吞没形态的第二根阳线形成时，成交量越大，说明承接盘的实力越强，该形态的反转预示作用就越强。

在看涨吞没形态的变体中，后者的阳线实体向前吞没的阴线实体越多，该形态的反转预示作用就越强。

6.1.3 看涨孕线

【形态概述】

　　看涨孕线的K线组合形态与看涨吞没形态相反,看涨孕线后者的K线实体被完全包在前者的K线实体内部,因其形似孕妇而被称为孕线。前者为阳K线、后者为阴K线的孕线称为阴孕线,常出现在上涨行情的高价区。前者为阴K线、后者为阳K线的孕线称为阳孕线,一般出现在下跌行情的低价区。前者为阳K线或阴K线、后者为十字星组合的孕线称为十字星孕线,意义与前面两者孕线形态相同。看涨孕线和看涨吞没形态在作用上相近,都表明单边趋势的反转预示。看涨孕线的两根K线可以同为阳线或阴线。图6.5所示为看涨孕线示意图。

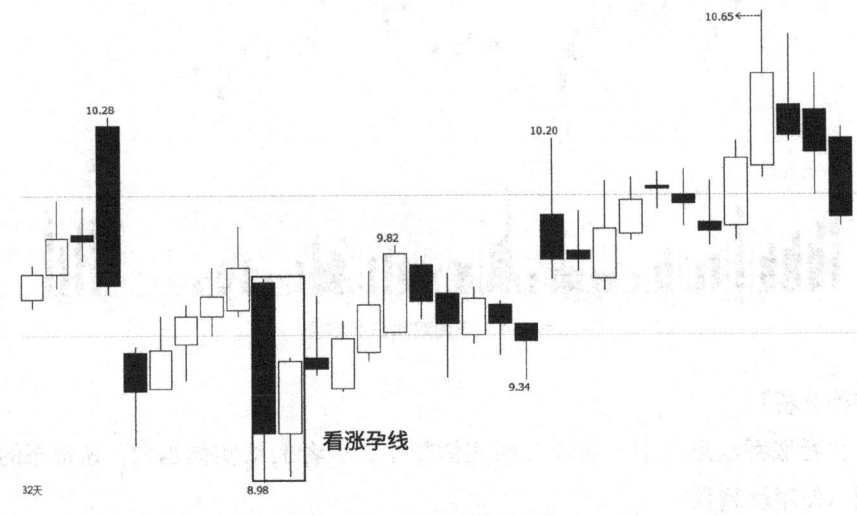

图6.5　看涨孕线示意图

【K线实战】

　　图6.6所示为退市银鸽投资(600069)2019年6月19日至8月7日日K线图中的看涨孕线。前期市场趋势在单边下降至低价区时出现了看涨孕线,使跌势终止,上涨趋势开始由弱转强,各方买盘涌入,后市逐渐明朗,体现了看涨孕线对单边下降趋势的反转预示作用。

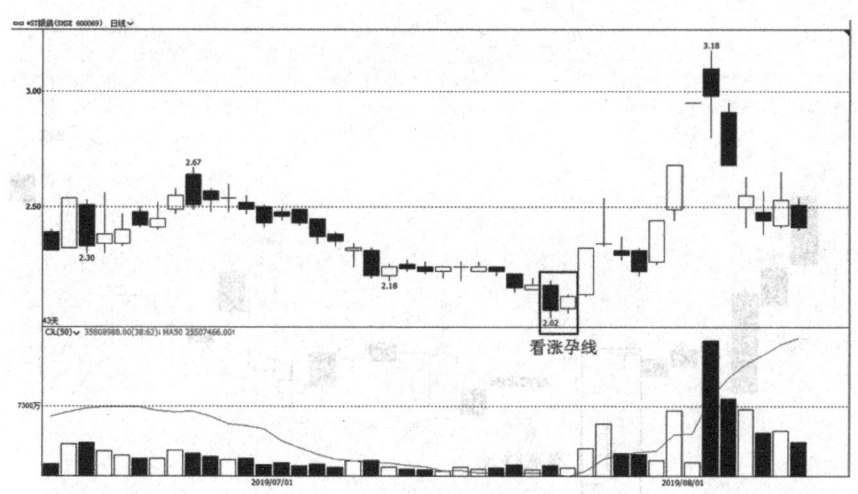

图6.6 退市银鸽投资日K线图

【结构分析】

看涨孕线两根K线的影线越短,它的反转信号越可靠。

第二根K线是阳线的看涨孕线与第二根K线是阴线的看涨孕线相比,传递出的反转信号更强。

6.1.4 看涨待入形态

【形态概述】

看涨待入形态是指第一根阴线的收盘价高于第二根阳线的收盘价(长阴线的孕线忽略),两者的收盘价(K线实体)之间有一个距离。看涨待入形态出现在下降趋势的底部时指导意义明显,主要是表明趋势的反转可能。图6.7所示为看涨待入形态示意图。

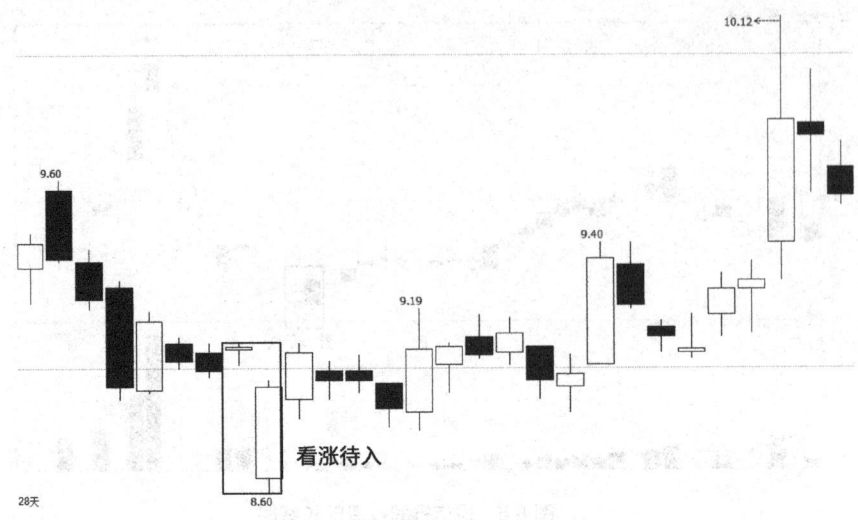

图 6.7 看涨待入形态示意图

【K线实战】

图 6.8 所示为杭钢股份（600126）2019 年 7 月 15 日至 11 月 1 日日 K 线图中的看涨待入形态。在之前市场趋势下行的途中，股票价格接连下降，看涨待入形态在对前日阴 K 线形成一个下行窗口后，自身内部也有一个下行窗口，整个过程对空头能量产生了巨大的消耗，因而对前期下降趋势实现了反转。翌日出现的小阳 K 线对趋势予以确认，后期市场趋势在震荡中上行，说明该形态表明的反转程度与翌日确认的 K 线实体大小及形态有关。

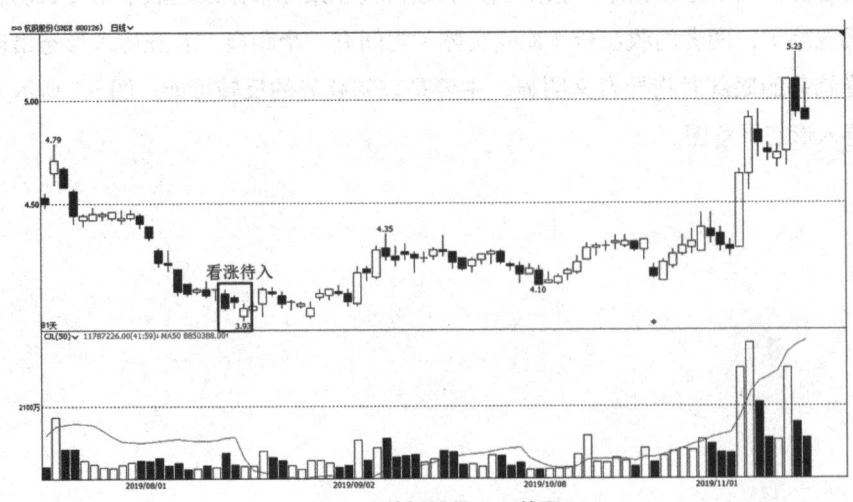

图 6.8 杭钢股份日 K 线图

【结构分析】

看涨待入形态的前一根阴线越短,后一根阳线越长,其反转预示作用就越强。

看涨待入形态两 K 线之间的距离越大,其反转预示作用就越强。

前期市场下行的时间越长,价格跌得越低,该形态的反转预示作用就越强。

翌日 K 线的大小及形态对趋势的确认会影响看涨待入形态的反转预示效果。

6.1.5 看涨切入形态

【形态概述】

看涨切入形态是指前一根阴线的收盘价和后一根阳线的收盘价相等,两者收盘价齐平呈切入状。该形态出现在下降趋势的底部时指导意义明显,意味着趋势即将反转。图 6.9 所示为看涨切入形态示意图。

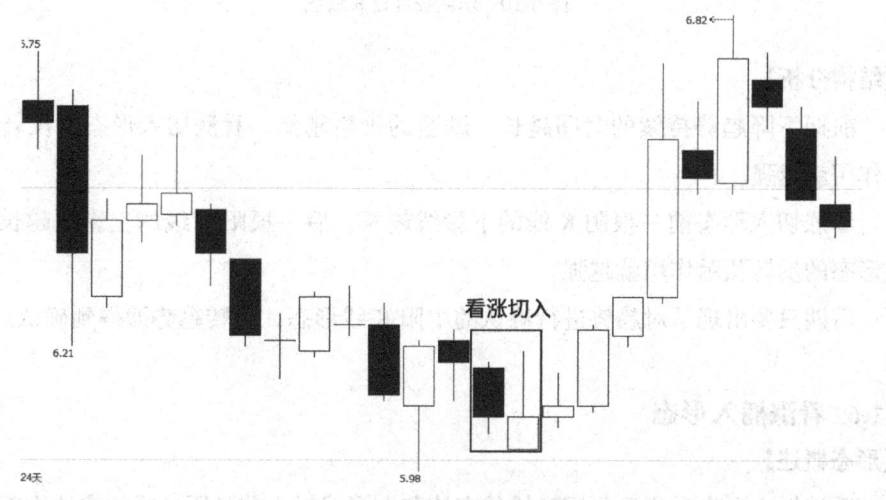

图 6.9　看涨切入形态示意图

【K 线实战】

图 6.10 所示为乐凯胶片(600135)2019 年 7 月 23 日至 9 月 16 日日 K 线图中的看涨切入形态。前期市场震荡下行,看涨切入形态的出现代表了下行行情的结束。翌日出现了小阳星 K 线,并未对看涨切入 K 线给出进一步的确认,直至第三日的中阳线,多头反击出现,对前期的看涨切入形态进行了最终确认,因而趋势反转成立,看涨切入形态也成功地发挥了其预示反转的作用。

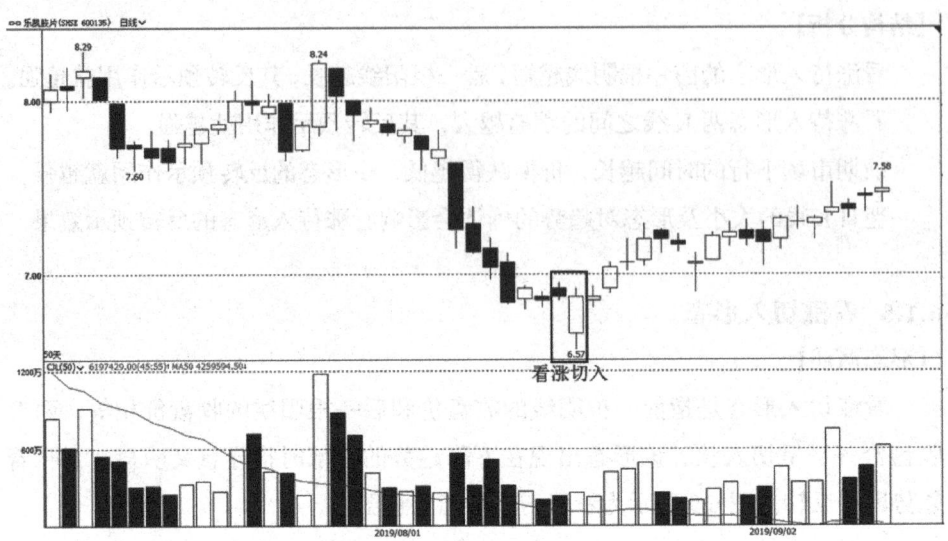

图 6.10　乐凯胶片日 K 线图

【结构分析】

前期下降趋势持续的时间越长，跌至的价格越低，看涨切入形态的反转预示作用就越强。

看涨切入形态前一根阴 K 线的下影线越长，后一根阳 K 线的上影线越长，该形态的反转预示作用就越强。

后期只要出现了对趋势进行确认的中阳 K 线形态，反转趋势即得到确认。

6.1.6　看涨插入形态

【形态概述】

看涨插入形态是指后日阳 K 线的实体和上影线插入前日阴 K 线的实体内部，但不超过前日阴 K 线实体的 1/2 的 K 线组合形态。该形态出现在下降趋势的底部时具有反转意义，出现在其他位置时意义不大。图 6.11 所示为看涨插入形态示意图。

第 6 章 多根 K 线的 14 个买入点

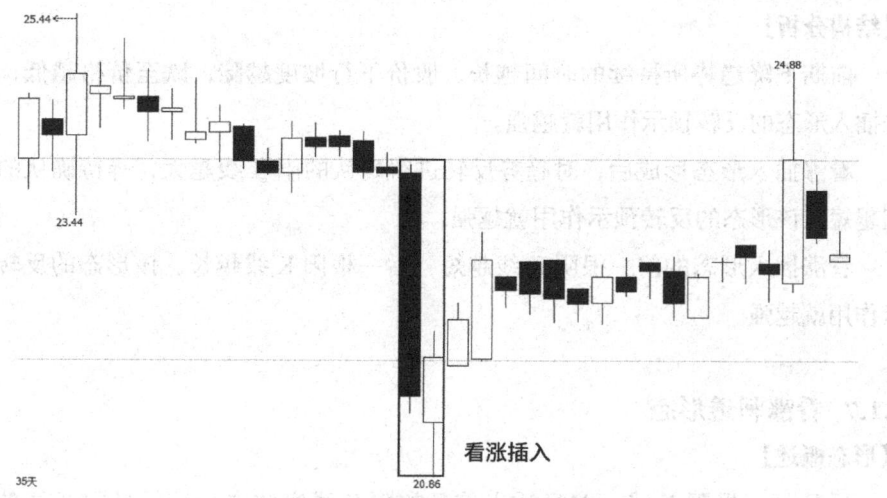

图 6.11 看涨插入形态示意图

【K 线实战】

图 6.12 所示为白云山（600332）2019 年 6 月 26 日至 8 月 27 日日 K 线图中的看涨插入形态。前期市场趋势下行，一路震荡下跌，空头实力较强，看涨插入形态在长期下行后的底部形成，表明了下降趋势的结束。之后市场趋势逐渐开始转好，在震荡中上行，因后期多出现小 K 线形态，所以对趋势的确认性不强，反转实力稍显弱势。

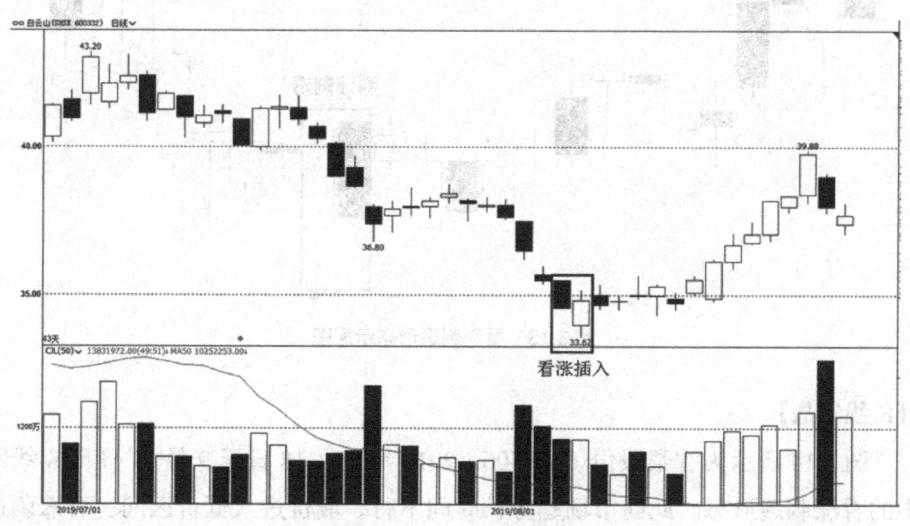

图 6.12 白云山日 K 线图

【结构分析】

前期下降趋势所持续的时间越长,股价下行坡度越陡,跌至价格越低,看涨插入形态的反转预示作用就越强。

看涨插入形态形成后,对趋势反转进行确认的阳 K 线越大,等待确认的时间越短,该形态的反转预示作用就越强。

看涨插入形态的前一根阴 K 线越短,后一根阳 K 线越长,该形态的反转预示作用就越强。

6.1.7 看涨刺透形态

【形态概述】

后日是一根阳 K 线,并且插入前日的阴 K 线实体内,且后日阳 K 线的收盘价高于前日阴 K 线实体 1/2 处的价位,同时后日阳 K 线的开盘价低于前日阴 K 线的收盘价,这样的 K 线组合形态就是看涨刺透形态。看涨刺透形态出现在下降趋势的底部时意味着趋势即将反转。图 6.13 所示为看涨刺透形态示意图。

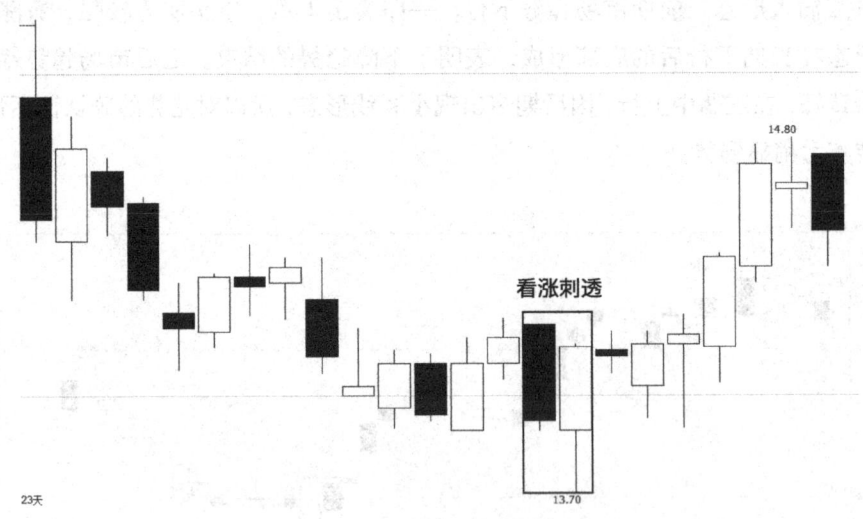

图 6.13　看涨刺透形态示意图

【K 线实战】

图 6.14 所示为香梨股份(600506)2019 年 6 月 18 日至 9 月 11 日日 K 线图中的看涨刺透形态。此前市场趋势长时间下行,股价进入低价区间,看涨刺透

形态的出现表明了前期市场下行趋势的结束。两天后出现的中心上移中阳K线很快对反转趋势进行了确认，加快了趋势反转的强度，后期市场趋势不断上行，成功实现反转。

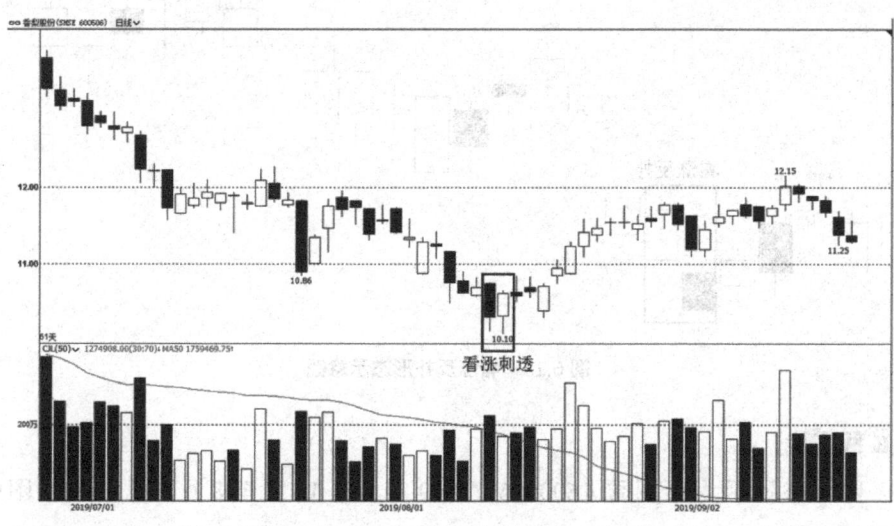

图6.14 香梨股份日K线图

【结构分析】

前期趋势所持续的时间越长，股价下行坡度越陡，跌至价格越低，看涨刺透形态的反转预示作用就越强。

看涨刺透形态形成后，对趋势反转进行确认的阳K线的K线实体越大，等待确认的时间越短，该形态的反转预示作用就越强。

看涨刺透形态的前一根阴K线越短，后一根阳K线越长且插入前一根阴K线实体内部越深，该形态的反转预示作用就越强。

6.1.8 看涨反扑形态

【形态概述】

后日阳K线的开盘价高于前日阴K线的开盘价，两者间形成价格差距，这种K线形态组合就是看涨反扑形态。这种形态一般出现在下行趋势的末端，意味着趋势的反转。图6.15所示为看涨反扑形态示意图。

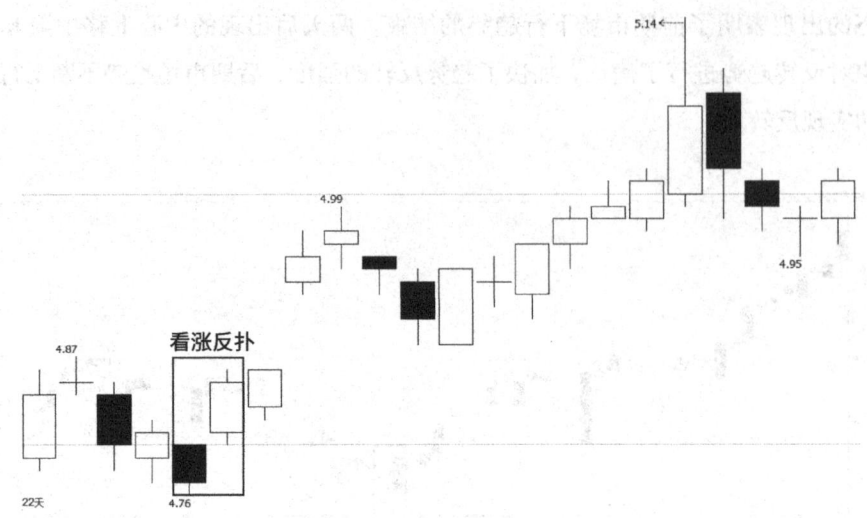

图 6.15 看涨反扑形态示意图

【K线实战】

图 6.16 所示为天下秀（600556）2019 年 5 月 15 日至 8 月 5 日日 K 线图中的看涨反扑形态。前期市场不断下行，而且一度显现疲态，在近期六连阴（包括一根开盘价与收盘价相等的星线）下行释放空头力量后，看涨反扑形态在随后几个交易日形成。因为底部小 K 线数量的增加，该形态可视为看涨反扑形态的变体。因近日多个小 K 线的底部叠加，市场等待信号被加强，该形态以调控的中阳线结合小阴线，属于强势的看涨反扑形态。翌日出现的大阳 K 线对趋势进行了确认，趋势反转信号被急剧放大，后期该股市场趋势必将节节攀升，在高度和涨速上都将有抢眼的表现。

【结构分析】

看涨反扑形态前一根阴 K 线的 K 线实体越小，后一根阳 K 线的 K 线实体越大，该形态对趋势的反转预示作用就越强。

看涨反扑形态中，前后两根 K 线之间的价格间距越大，该形态对趋势的反转预示作用就越强。

看涨反扑形态出现后，后期出现的 K 线对反转趋势的确认越快，该形态对趋势的反转预示作用就越强。

市场前期下跌持续的时间越长，股价下行坡度越陡，股价跌至越低，看涨反扑形态对趋势反转的预示作用就越强,之后的市场趋势上行将越急促,股价将升至越高的位置。

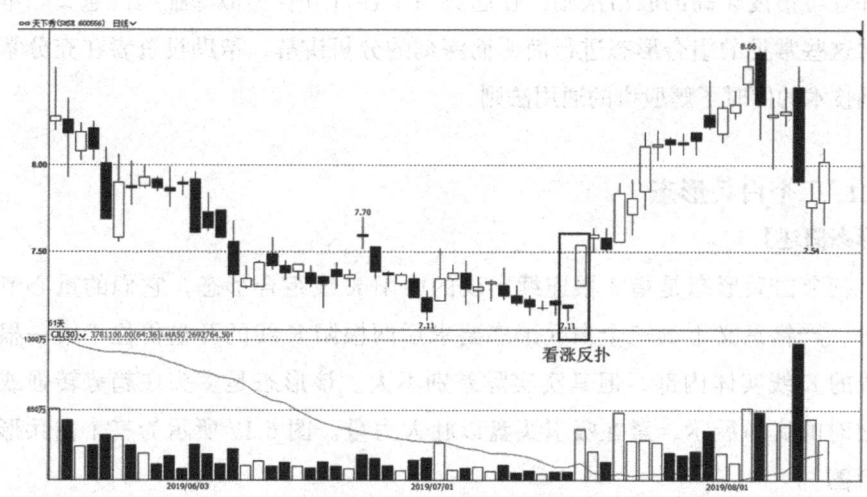

图 6.16 天下秀日 K 线图

【小节分析】

K 线实体的不断缩小,意味着趋势的转弱。在下降行情的终端,阴 K 线的 K 线实体不断缩小,意味着下降趋势的不断弱化;阴 K 线的 K 线实体转为阳 K 线的 K 线实体,也意味着下降趋势的弱化。

K 线实体的不断放大,意味着趋势的转强。在上涨行情的始端,阳 K 线的 K 线实体不断放大,意味着上涨趋势的不断强化;阴 K 线的 K 线实体转为阳 K 线的 K 线实体,也意味着上升趋势的不断强化。

K 线重心下移的速度减缓,意味着下降趋势的减缓。K 线重心上移的速度加快,意味着上升趋势的加速。

趋势倾斜的角度越陡,该趋势攻击的力度就越大,主力实力也就越雄厚。

小 K 线聚集的时间越长,后期趋势的加速度就越大。

6.2 上升中途的 K 线组合

在趋势的上升中途,会出现多根 K 线或许多 K 线在一段时期内经过反复凝结而形成的组合形态。比较典型的 K 线组合为三个白兵,它是主力在多方进攻的中途高举进攻大旗的实力展示。更多常见的 K 线形态有上升三角形、对称三角形、矩形整理形态、下倾楔形和上升旗形 5 种,它们在股市中都是被众人追捧并且可信度较高的股市法则,在趋势当中各自有着相似却独到的意义。本节将对这些常见的组合形态进行简明而深刻的分析讲解,帮助投资者在充分掌握基础技术的同时了解股市的通用法则。

6.2.1 三个白兵形态

【形态概述】

三个白兵形态是指 3 根连续出现的中阳 K 线组合形态,它们的重心节节攀升,严格意义上的三个白兵形态要求后两根阳 K 线的开盘价位于第一根阳 K 线的 K 线实体内部,但其实实际差别不大。该形态是多头在趋势转强或强盛之时的实力展示,意在吸引买盘以壮大力量。图 6.17 所示为三个白兵形态示意图。

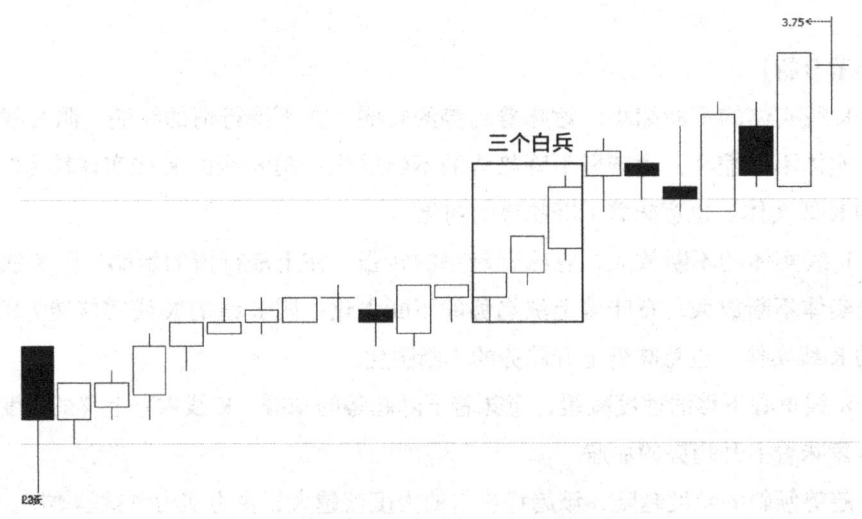

图 6.17 三个白兵形态示意图

【K 线实战】

图 6.18 所示为卫士通(002268)2019 年 6 月 21 日至 9 月 10 日日 K 线图中的三个白兵形态。前期市场趋势保持下行,股价跌至低价位。在前日小 K 线出现空方力量弱化后,三个白兵形态闪亮登场,各方买盘、抄底盘涌入,推动价

格回升。三个白兵形态对上涨趋势的认可尤为突出，投资者见此情形应积极买进。

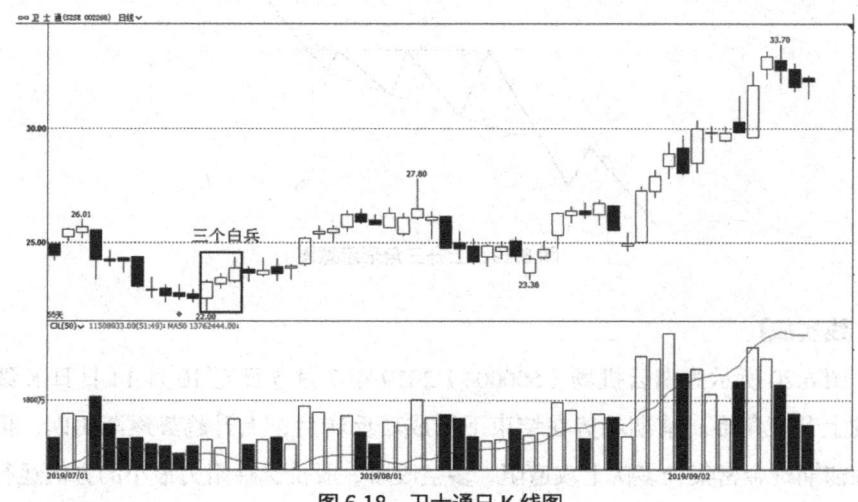

图 6.18　卫士通日 K 线图

【结构分析】

三个白兵形态表现了多头上攻的强烈欲望，是多头展示实力、吸引买盘的表现。

三个白兵形态内部的阳 K 线的 K 线实体越长，上攻的实力就越强，股价上行速度和上行高度也越可观。

前期市场下行趋势持续的时间越长，下行的坡度越陡，三个白兵形态的反攻意义就越突出。

6.2.2　上升三角形

【形态概述】

上升三角形是指股价在上涨途中多次触碰到某个价位后，都会出现一定的回落，而且股价回落的幅度会逐渐缩小，上方价格阻力逐渐形成一条水平的压力线，同下方回落的低点连成的支撑线共同形成一个三角形状的形态图。上升三角形显示了多空双方在实力较量中多方已逐渐占据优势，空方每次在同一价位出货却不急于一时，说明了空方力量的完结。同时多方每次在价位短暂回落后就抢先反攻，来不及等价位回落到前期低点，显示了多方力量的雄厚。图 6.19 所示为上升三角形示意图。

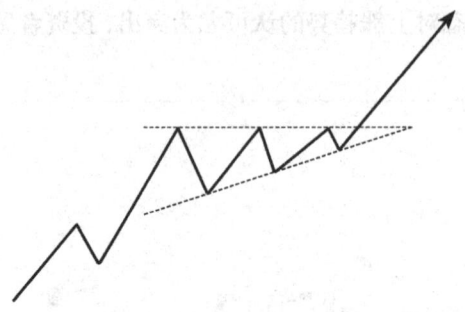

图 6.19 上升三角形示意图

【K 线实战】

图 6.20 所示为白云机场（600004）2019 年 7 月 5 日至 10 月 14 日日 K 线图中的上升三角形。前期趋势在结束下行成功反转后，上升趋势逐渐明朗，但股价在前期资金密集处多次上攻遭阻，多空胶着，股价选择阻力最小的方向运行。在上升三角形运行近一个月后，配合成交量放大，上升三角形得到成功突破，上升趋势大旗节节向上，上升三角形的意义得到验证。

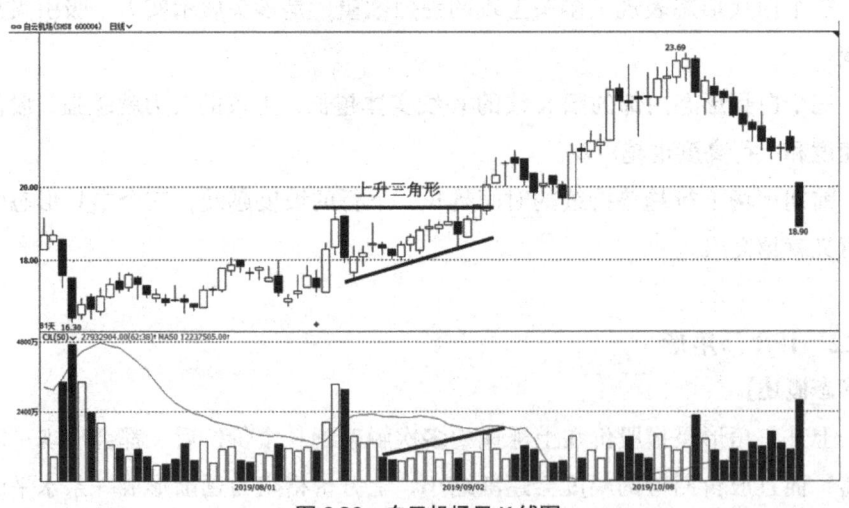

图 6.20 白云机场日 K 线图

【结构分析】

上升三角形构建的后期，配合成交量的逐渐放大，是趋势即将向上突破的信号。

上升三角形多出现在多头行情的整理阶段，即主力进行调仓整理的阶段，后期趋势不会改变。

股价未来上涨的最小幅度等于上升三角形构建初期形成的第一个低点与上升三角形上沿的垂直距离。

上升三角形在突破后的有效回踩，是对上升趋势的有效确认。

6.2.3 对称三角形的突破买点

【形态概述】

对称三角形代表的是一段时间内，股价因多空主力实力相当而在某个价位附近进行的涨跌震荡。其表现的形态是震荡区上方高点价位的连线是一条向下倾斜的斜线，而震荡区下方低点价位的连线是一条向上倾斜的斜线。对称三角形显示了多空主力在各自阵营的一个战略争夺，短暂的分歧结束后，股价将对前期趋势予以延续。图 6.21 所示为对称三角形示意图。

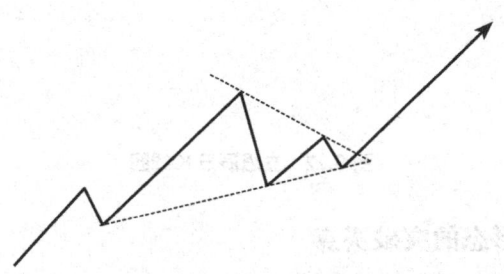

图 6.21 对称三角形示意图

【K 线实战】

图 6.22 所示为立思辰（300010）2019 年 1 月 18 日至 4 月 15 日日 K 线图中的对称三角形。该股前期在长期的低价运行后开始了一个反转行情，趋势逐渐趋上。短期上涨后出现的对称三角形经过近一个月的有力争夺，形态构建结束。期间主力通过震荡手段，使价位震荡区间不断缩小，获利盘逐渐涌出，主力重新构建了坚实的上攻班底。在对称三角形构建的尾期，三角形上沿压力线的突破位是一个好的买点，投资者在观察等待中可积极买进。

【结构分析】

对称三角形构建的尾期，需要有足够的成交量对上行的突破进行有效配合。

对称三角形构建前期出现的第一个高点，以及与三角形低点连线的倾斜线，将是股价在未来可能遭遇的压力线,在此之前不会有明显压力位。

对称三角形构建过程中,上升斜线的斜率与未来趋势上涨的斜率将保持一致。

对称三角形构建过程中,成交量会不断萎缩。

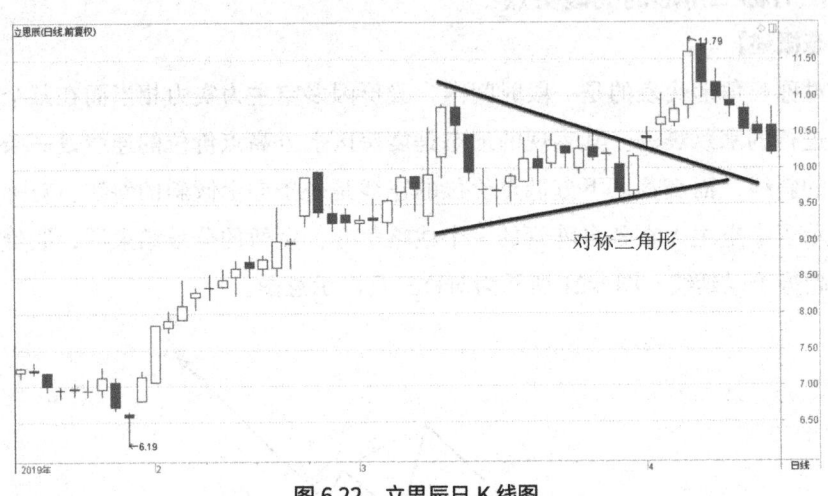

图 6.22　立思辰日 K 线图

6.2.4　矩形整理形态的突破买点

【形态概述】

矩形整理形态是指股价在一段区间进行上下的反复震荡,震荡区域股价的高点连线和低点连线都是水平的直线,形似矩形。矩形整理是常见的趋势整理形态,因为多空主力在实力上相当,所以在区域争夺上不相上下。矩形整理后期的突破决定着未来趋势的走向,向上突破有效后,后期趋势将上行。图 6.23 所示为矩形整理形态示意图。

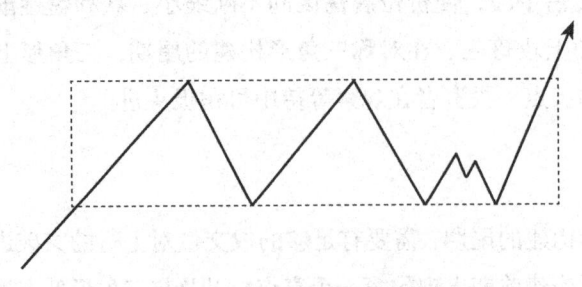

图 6.23　矩形整理形态示意图

【K线实战】

图 6.24 所示为中视传媒（600088）2018 年 9 月 27 日至 2019 年 4 月 1 日日 K 线图中的矩形整理形态。该形态出现之前，该股价格呈现缓慢的上升趋势，开始进行矩形整理后，股价区间反复震荡，窄幅震荡近 4 个月后，股价在多方主力作用下上行突破了矩形的上沿线，取得了多空持久战的胜利。多方对矩形整体形态上沿的有效突破位即为有效的买点。

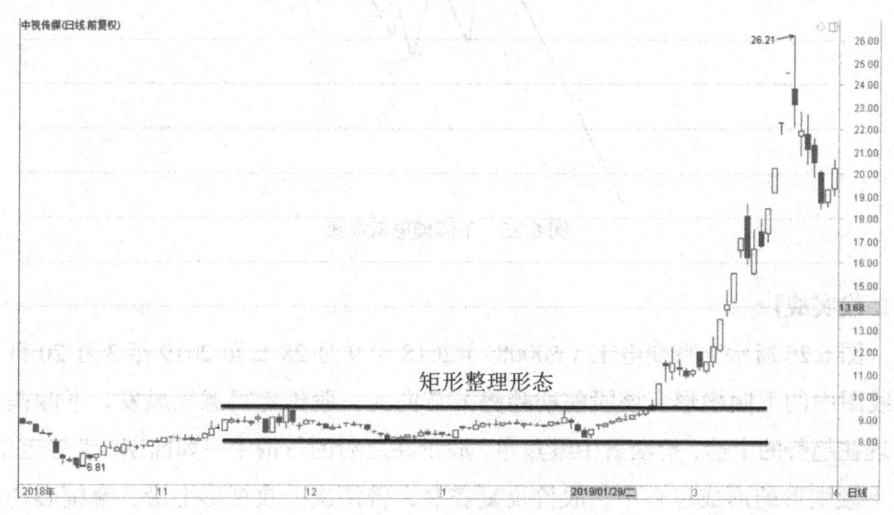

图 6.24 中视传媒日 K 线图

【结构分析】

矩形整理形态所耗费的时间越长，对多空双方的力量损耗就越大，后期趋势上涨的高度就有限。

矩形整理形态上沿得到有效突破后，成交量也进行了完美配合，是良好的买点。

矩形整理形态出现前的股价涨幅等于矩形整理形态被突破后的股价涨幅。

6.2.5 下倾楔形

【形态概述】

下倾楔形是由股价在一段时间内窄幅震荡所成的形态。震荡区域的高点连线是向下倾斜的，低点连线则没有具体的要求。下倾楔形出现在上涨趋势中时，意味着股价短暂的回落，后期股价将继续保持上升态势；下倾楔形出现在下跌趋势中时，意味着股价跌势接近尾声，后期趋势反转的可能性很大。图 6.25 所示为下倾楔形的示意图。

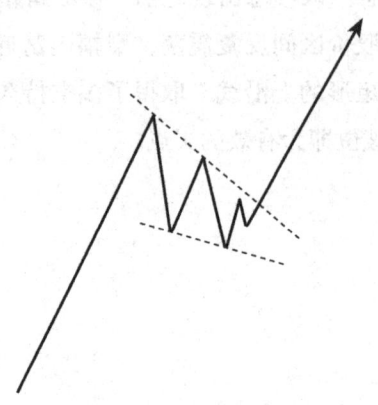

图 6.25　下倾楔形示意图

【K 线实战】

图 6.26 所示为特变电工（600089）2018 年 9 月 28 日至 2019 年 3 月 20 日日 K 线图中的下倾楔形。该股前期趋势节节向上，股价走得意气风发。下倾楔形出现在趋势的中途，扮演着中继角色，股价在之后的行情中一如前期，大势迈步。在下倾楔形的形成过程中，股价反复震荡，曾两次上攻楔形上沿，窄幅震荡中成交量逐渐萎缩。下倾楔形构建的尾期，成交量极度萎缩，之后的行情一发而不可收，多方高举上攻大旗。

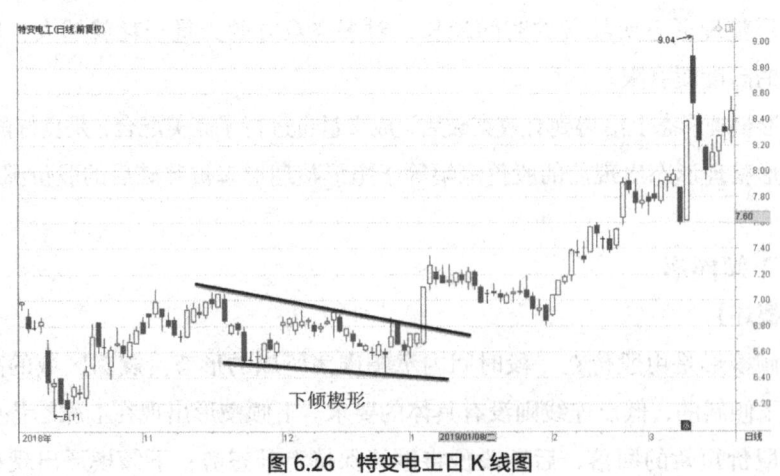

图 6.26　特变电工日 K 线图

【结构分析】

下倾楔形和对称三角形的不同之处在于对下沿线的定义,二者虽然形似,但意义有所差别。

下倾楔形构建之前的涨幅等于下倾楔形构建结束后的未来涨幅。

下倾楔形构建过程中成交量不断萎缩,楔形突破后将有巨量伴随。

下倾楔形构建前的涨势斜率等于下倾楔形构建结束后的未来涨势斜率。

6.2.6 上升旗形

【形态概述】

股价在上涨趋势的中途进行了一段时间的震荡整理,使震荡区域高价位的连线和低价位的连线相平行,且两条直线均向下倾斜,因其形似一面冉冉升起的旗而被命名为上升旗形。该形态的出现,意味着后期趋势将不改前期上涨趋势的劲头,上涨趋势将得以延续。图 6.27 所示为上升旗形的示意图。

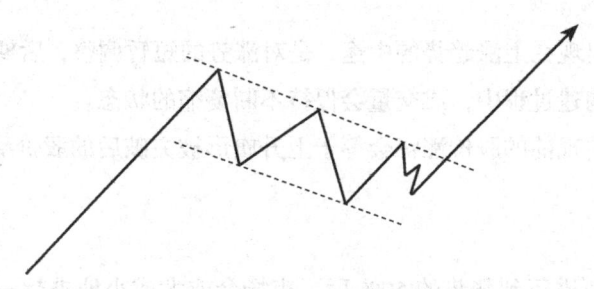

图 6.27　上升旗形示意图

【K 线实战】

图 6.28 所示为特变电工(600089)2018 年 9 月 28 日至 2019 年 3 月 20 日日 K 线图中的上升旗形。该股在前期走势中顺风顺水,走上了阶段性高价位,并形成了在调整趋势中常见的上升旗形,此形态维持了长达一个月的时间。上升旗形构建后,股价震荡幅度保持了一定的平衡,但震荡重心在不断下移,期间成交量也有一个不断萎缩的形态。后期趋势在旗形整理形态得到有效突破后,继续保持着高调的上升态势。

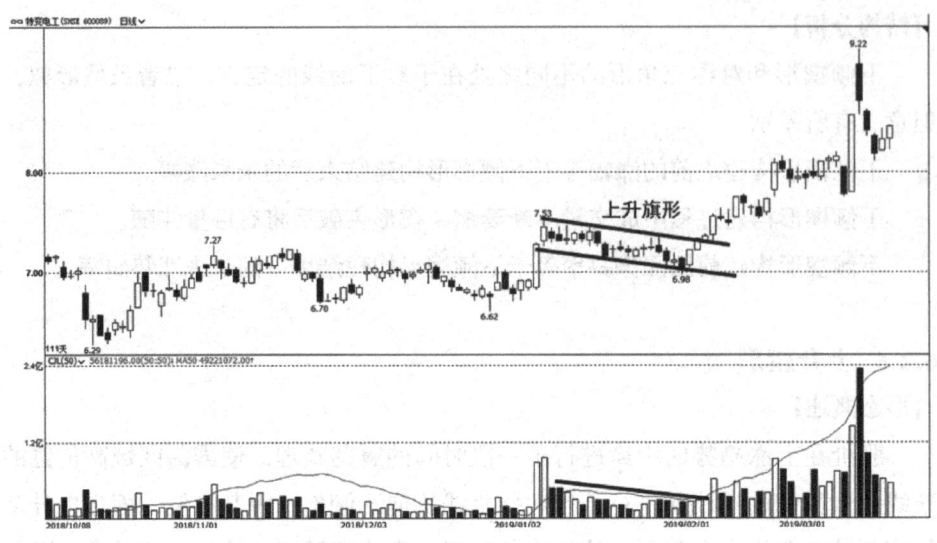

图 6.28 特变电工日 K 线图

【结构分析】

上升旗形出现在上涨趋势的中途,是对涨势的短暂调整,后期将延续涨势。

上升旗形构建过程中,成交量会保持不断萎缩的状态。

上升旗形出现前的股价涨幅会等于上升旗形被突破后的股价涨幅。

【小节分析】

上升趋势在进行到涨势的 50% 后,市场会或大或小地进行一次资金整顿,在 K 线形态中表现为整理。

整理过程的特点是成交量的不断萎缩,萎缩的速度越快,越表明整理行情已趋近尾声。

整理形态的突破有一个共同特征,就是前期缩量,但在突破的一刻却急剧放量。

整理形态出现前,上涨趋势保持的倾斜度将同整理形态结束后上涨趋势将要维持的倾斜度保持一致。

第7章 多根K线的16个卖出点

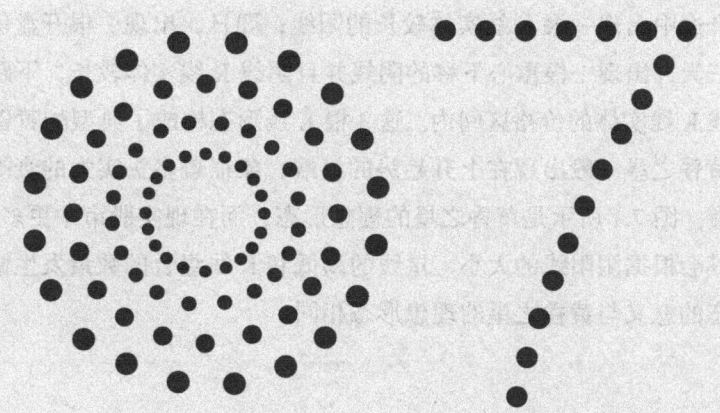

第 6 章中,我们分析了多根 K 线的买入点,本章我们将对第 6 章进行重要的补充。在股市当中,很多投资者往往因为卖出点选择不当,导致曾经获得的收益付诸东流。细读本章,只有深刻了解 K 线关键位卖点的作用,我们才能在股市之中取得较大收益。

7.1 顶部反转的 K 线组合

本节围绕趋势顶部的多 K 线所构建的形态组合,分析市场行情中具备可信度的反转信息。黄昏之星、看跌吞没形态、看跌孕线、看跌待入形态、看跌切入形态、看跌插入形态、看跌刺透形态和看跌反扑形态这 8 种 K 线组合形态,其共同的特点是以 K 线实体的大小和阴阳来看待趋势弱强的转换。在接下来的各小节中,我们将会有更为细致的分析,帮助投资者更好地学习。

7.1.1 黄昏之星

【形态概述】

黄昏之星与早晨之星一样,是由 3 个交易日的 K 线组成:第一天,股价上升途中出现一根 K 线实体较长的阳线;翌日,出现一根开盘价上移的星线;第三天,出现一根重心下移的阴线并且阴线 K 线实体较长,下跌时深入第一根阳线 K 线实体的价格区间内。这 3 根 K 线形态构成了典型的黄昏之星 K 线组合。黄昏之星一般出现在上升趋势的终端,象征着多头实力的衰竭,趋势将发生反转。图 7.1 所示是黄昏之星的理想形态,而在现实股市中更多的是相似的变体,其会根据阴阳线的大小、星线的高低和 K 线组合的数量发生微小变化,但其形态的意义与黄昏之星的理想形态相同。

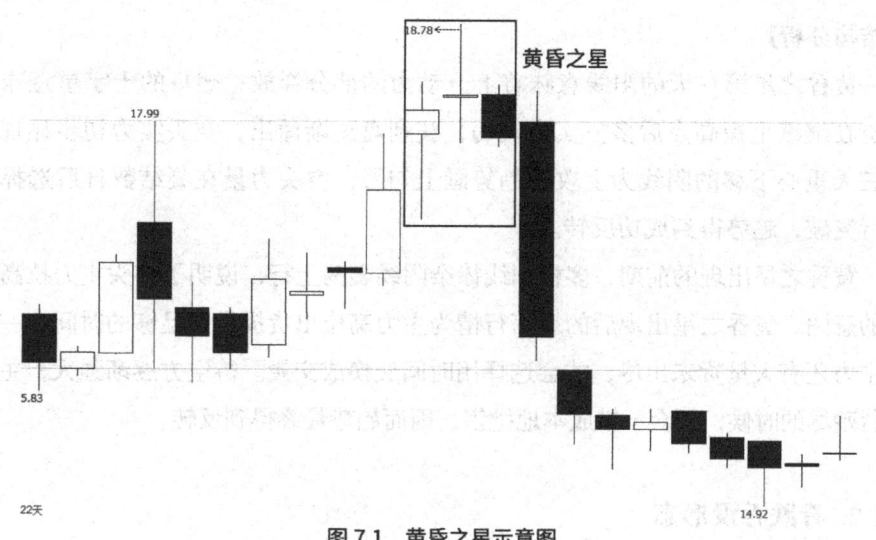

图 7.1 黄昏之星示意图

【K 线实战】

图 7.2 所示为大龙地产（600159）2019 年 8 月 2 日至 9 月 30 日日 K 线图中的一个顶部反转的黄昏之星。前期在震荡上行的过程中股价被推至高点，一根 K 线实体较长的中阳线创出价格新高，翌日出现的小阴线成为趋势的转折点。黄昏之星构建完成后，涨势终止，震荡行情维持了一段时间之后股价最终下行，上升趋势被终结。

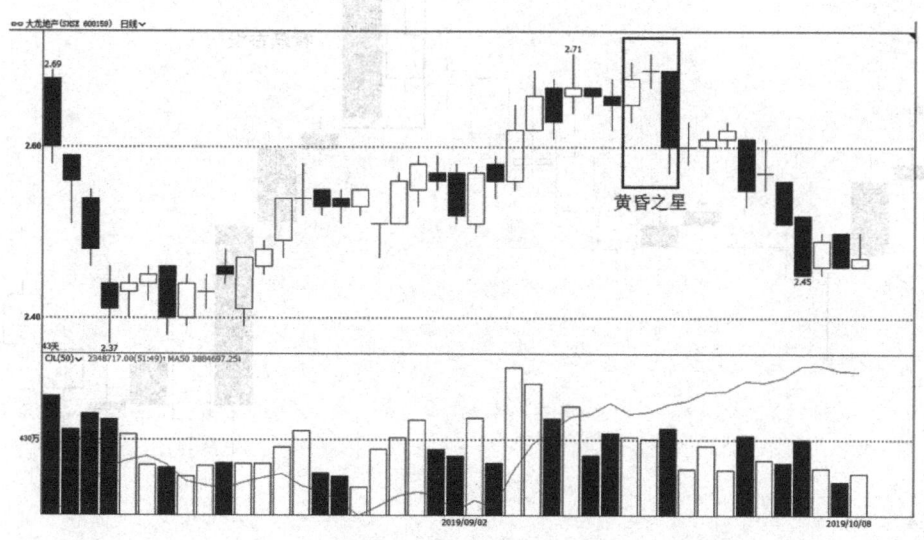

图 7.2 大龙地产日 K 线图

【结构分析】

黄昏之星第一天的阳线意味着上升动力的部分释放；翌日的十字星意味着股价在继续上探高点后多方实力衰竭，获利盘逐渐涌出，空头实力初步显现；第三天重心下移的阴线为上攻的趋势画上句号，空头力量在凝结数日后选择了下行突破，趋势得到成功反转。

黄昏之星出现的前期，多根阳线掺杂阴线震荡上行，说明了多头主力拉高出货的意图。黄昏之星出现后的震荡行情为主力高位出货提供了足够的时间，一般是主力还有大量货未出尽，才会选择用时间交换成交量。待空方逐渐强大，主力出货殆尽的时候，便会不惜成本地抛售，因而趋势最终得到反转。

7.1.2 看跌吞没形态

【形态概述】

在市场处于上升趋势并接近高价终端的时候，上行动力减弱的阳 K 线被翌日出现的阴 K 线包住，即前者的 K 线实体完全在后者的 K 线实体之内，这样形成的 K 线组合即为看跌吞没形态。它的出现即意味着上涨行情的结束。图 7.3 所示为看跌吞没形态示意图。

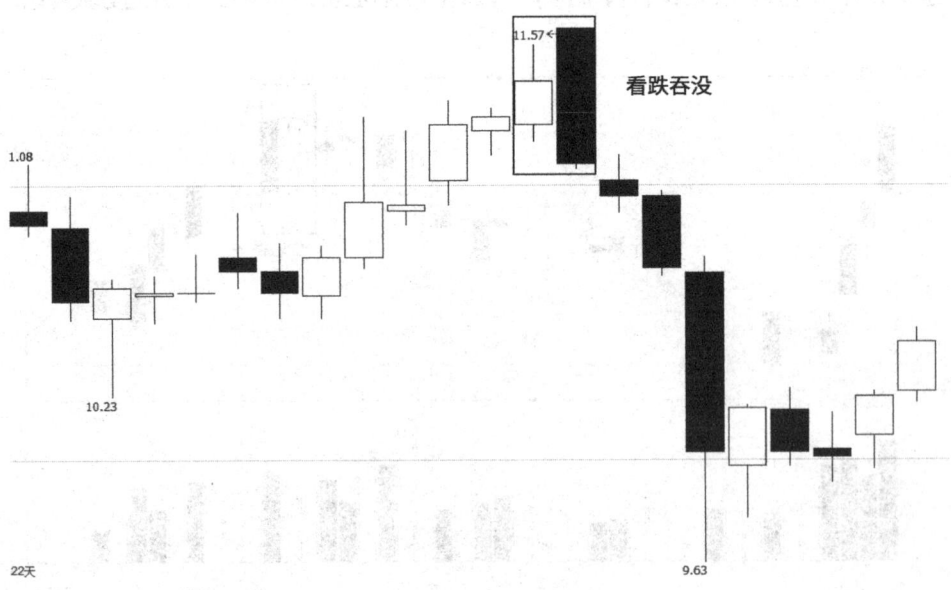

图 7.3　看跌吞没形态示意图

【K线实战】

图7.4所示为上海建工（600170）2019年3月22日至4月30日日K线图中的看跌吞没形态。在前期市场处于上升趋势，股价不断攀升的同时，获利盘不断累积，在看跌吞没形态形成的时刻疯狂涌出，扮演了强大的空头主力。该阴线向前吞没了一根K线的实体，因而下跌动力十足。后期该股股价不断下行，趋势成功得到反转。

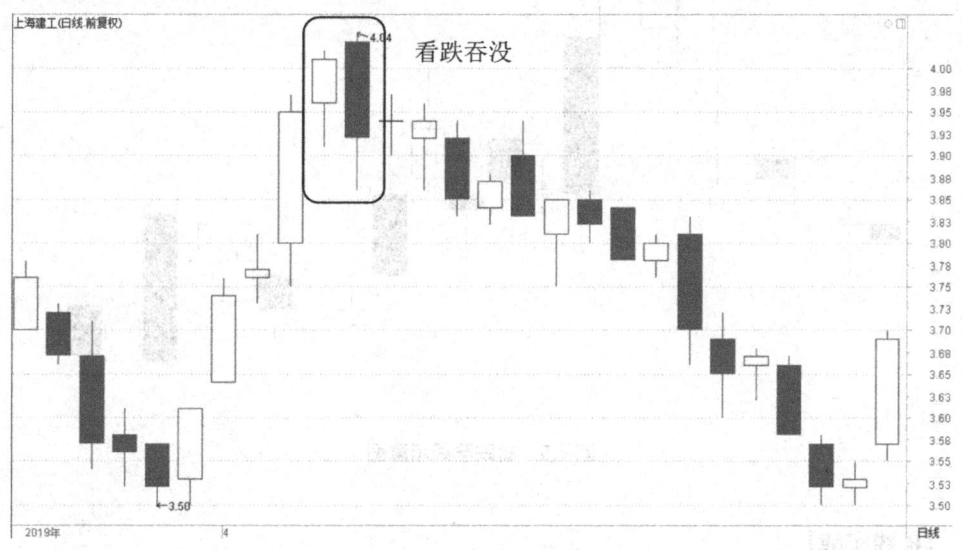

图7.4　上海建工日K线图

【结构分析】

在看跌吞没形态中，前者K线实体越小，后者K线实体越大，该形态的反转预示作用就越强。

在看跌吞没形态出现前，单边上涨的行情所花的时间越长，升至的价格越高，该形态的反转预示作用就越强。

在看跌吞没形态的阴K线形成时，成交量急剧放大，说明空头的实力越强，该形态的反转预示作用就越强。

在看跌吞没形态的变体中，后者的阴K线实体向前吞没的短小K线实体越多，该形态的反转预示作用就越强。

7.1.3 看跌孕线

【形态概述】

前文已经介绍了孕线的相关知识，这里我们关注看跌孕线，图 7.5 所示为看跌孕线示意图。

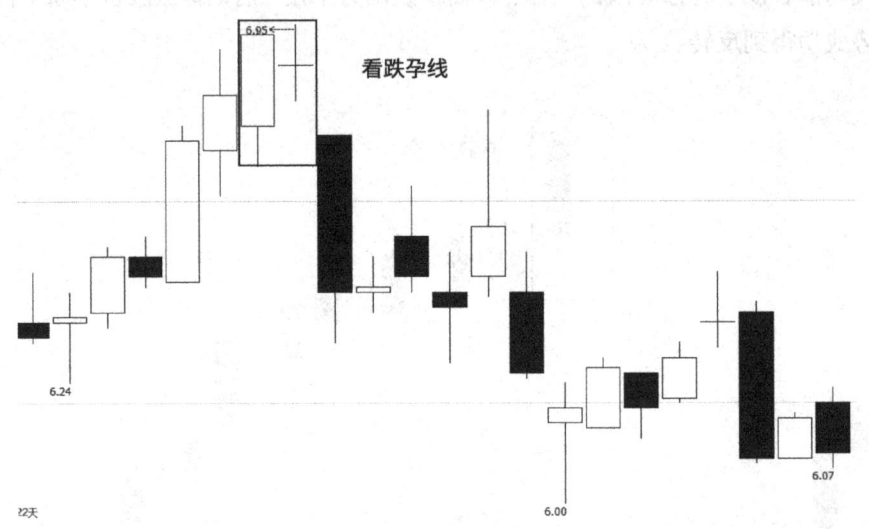

图 7.5　看跌孕线示意图

【K 线实战】

图 7.6 所示为江泉实业（600212）2019 年 8 月 12 日至 11 月 1 日日 K 线图中的看跌孕线。前期市场以充足的动力推动着单边的上涨行情，但看跌孕线形成之后，显示了主力做多动力的疲态。单边行情结束前，后期在高价区的震荡便于主力出货，之后下行趋势得以显现，看跌孕线成功预示了单边上涨行情的趋势反转。

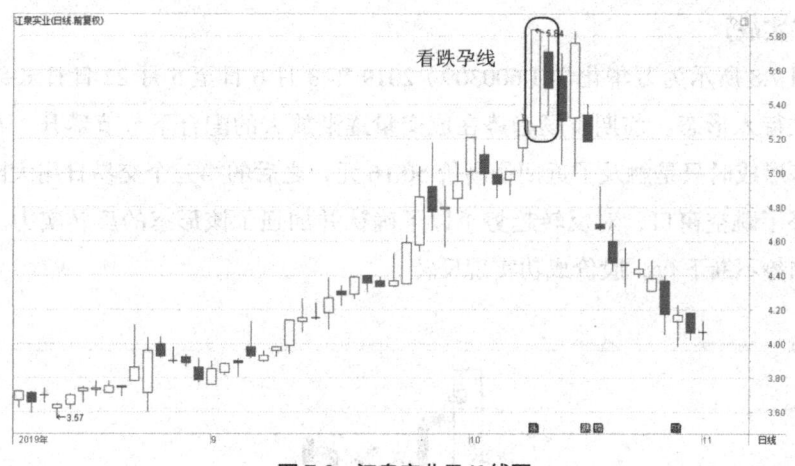

图 7.6　江泉实业日 K 线图

【结构分析】

看跌孕线两根 K 线的影线越短，它的反转信号就越可靠。

第二根 K 线是阴线的看跌孕线比第二根 K 线是阳线的看跌孕线反转信号更强。

7.1.4　看跌待入形态

【形态概述】

看跌待入形态是指第一根阳线的收盘价低于第二根阴线的收盘价，两者的收盘价（K 线实体）有一个间距的形态。看跌待入形态出现在上涨趋势的顶部时意义明显，主要是表明趋势可能有一个反转。图 7.7 所示为看跌待入形态示意图。

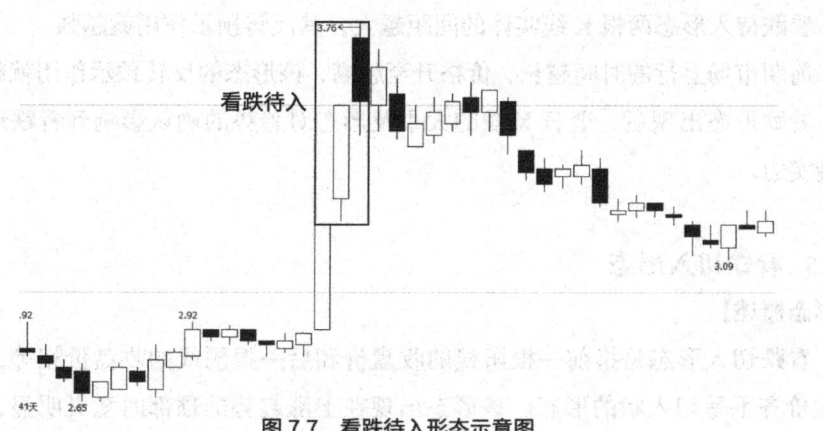

图 7.7　看跌待入形态示意图

【K 线实战】

图 7.8 所示为万华化学（600309）2019 年 3 月 6 日至 5 月 22 日日 K 线图中的看跌待入形态。前期市场趋势在成交量逐渐放大的配合下节节攀升，看跌待入形态形成时只是触及了近期最高价 50.16 元，之后的第三个交易日用大阴线彻底回补了跳空窗口，对反转趋势予以了确认并加强了该形态的反转实力。后期市场趋势不断下行，股价成功实现反转。

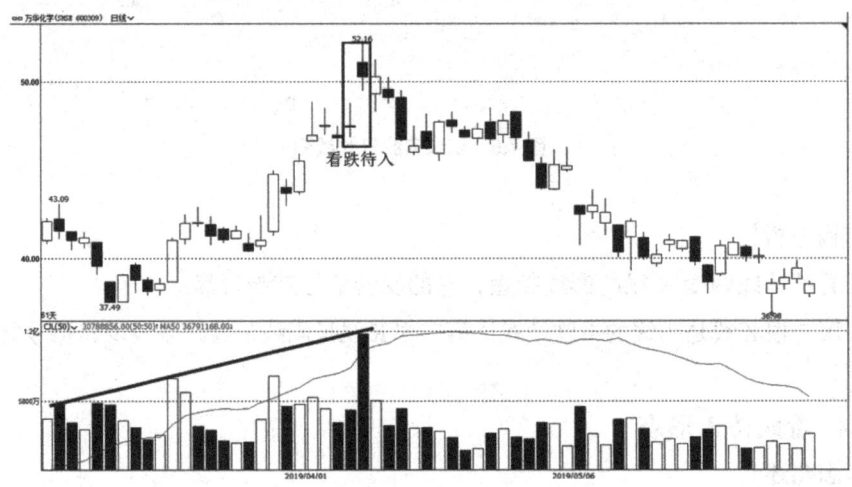

图 7.8　万华化学日 K 线图

【结构分析】

看跌待入形态的前一根阳线越短，后一根阴线越长，其反转预示作用就越强。

看跌待入形态两根 K 线实体的间距越大，其反转预示作用就越强。

前期市场上行的时间越长，价格升至越高，该形态的反转预示作用就越强。

看跌形态出现后，翌日 K 线的大小及形态对趋势的确认影响到看跌形态的反转实力。

7.1.5　看跌切入形态

【形态概述】

看跌切入形态是指前一根阳线的收盘价和后一根阴线的收盘价相等，两者收盘价齐平呈切入状的形态。该形态出现在上涨趋势的顶部时意义明显，意味着趋势即将反转。图 7.9 所示为看跌切入形态示意图。

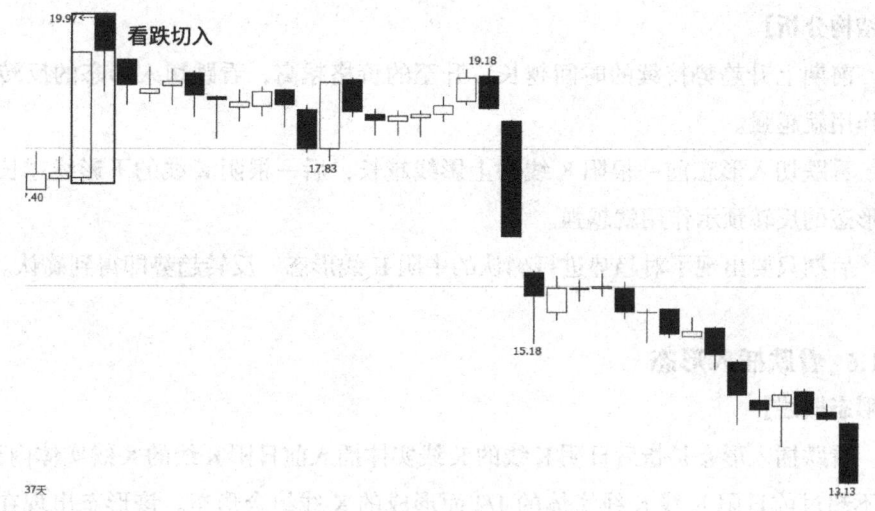

图 7.9　看跌切入形态示意图

【K线实战】

图 7.10 所示为北巴传媒（600386）2019 年 6 月 4 日至 8 月 12 日日 K 线图中的看跌切入形态。在前期市场价格涨而不止的行情中，看跌切入形态的出现将为该上涨趋势画上句号。翌日出现的下行中阴线成功地对反转趋势予以了确认。后期市场一路下行，成功实现趋势反转。

图 7.10　北巴传媒日 K 线图

【结构分析】

前期上升趋势持续的时间越长,升至的价格越高,看跌切入形态的反转预示作用就越强。

看跌切入形态前一根阳K线的上影线越长,后一根阴K线的下影线越长,该形态的反转预示作用就越强。

后期只要出现了对趋势进行确认的中阴K线形态,反转趋势即得到确认。

7.1.6 看跌插入形态

【形态概述】

看跌插入形态是指后日阴K线的K线实体插入前日阳K线的K线实体内部,但不超过前日阳K线K线实体的1/2而形成的K线组合形态。该形态出现在上升趋势的顶部时具有反转意义,出现在其他位置时意义不大。图7.11所示为看跌插入形态示意图。

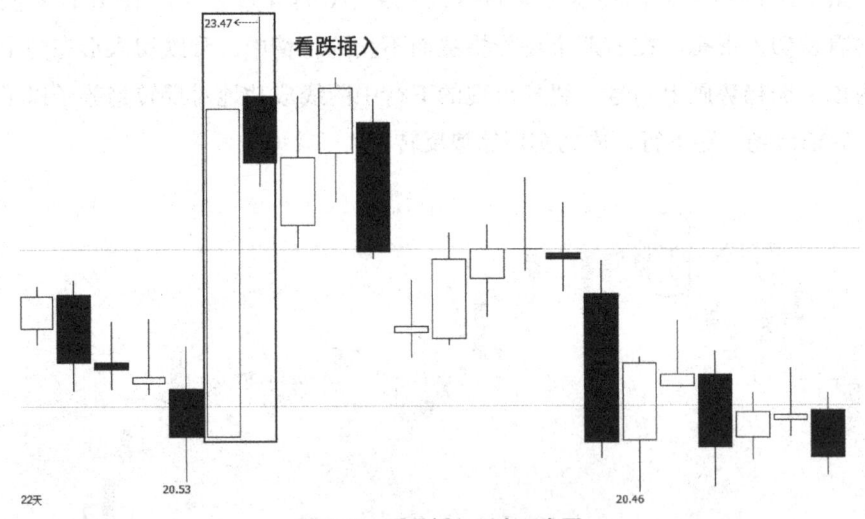

图7.11 看跌插入形态示意图

【K线实战】

图7.12所示为华微电子(600360)2019年4月25日至8月14日日K线图中的看跌插入形态。前期趋势在短暂的上行后,看跌插入形态的出现表明了之前的上升趋势的结束,随后的阴K线很快对反转趋势进行了确认。

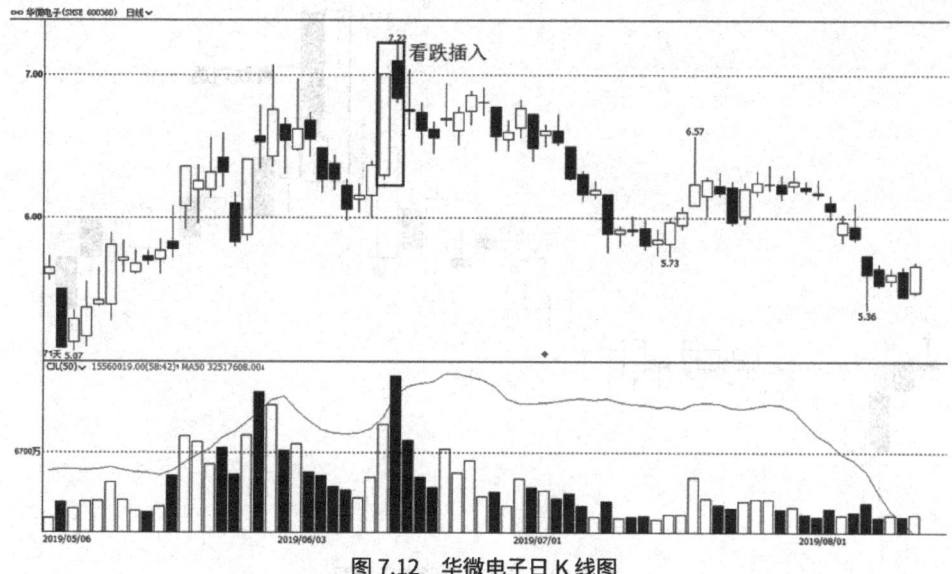

图 7.12 华微电子日 K 线图

【结构分析】

前期趋势所持续的时间越长，股价上行坡度越陡，升至价格越高，看跌插入形态的反转预示作用就越强。

看跌插入形态形成后，对趋势反转进行确认的阴 K 线 K 线实体越大，等待确认的时间越短，该形态的反转预示作用就越强。

看跌插入形态的前一根阳 K 线越短，后一根阴 K 线越长，该形态的反转实力就越强。

7.1.7 看跌刺透形态

【形态概述】

后日是一根阴 K 线，并且 K 线实体插入前日的阳 K 线实体内，且后日阴 K 线的收盘价低于前日阳 K 线实体 1/2 处的价位，同时后日阴 K 线的开盘价高于前日阳 K 线的收盘价，这样的 K 线组合形态就是看跌刺透形态。看跌刺透形态一般出现在上升趋势的顶部，意味着趋势即将反转。图 7.13 所示为看跌刺透形态示意图。

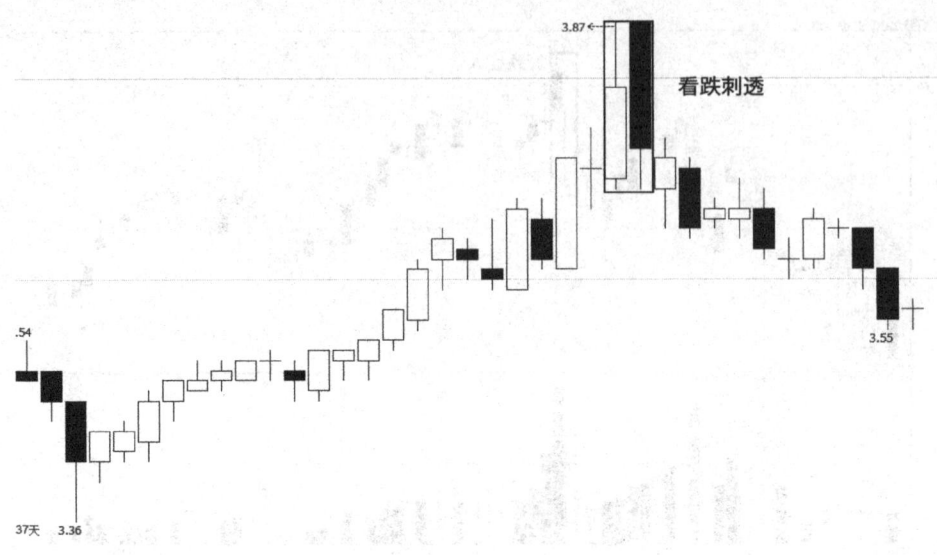

图 7.13　看跌刺透形态示意图

【K 线实战】

图 7.14 所示为盘江股份（600395）2019 年 3 月 7 日至 6 月 11 日日 K 线图中的看跌刺透形态。在前期市场迅速拉起，股价挺拔上行的末端，该看跌刺透形态的出现预示了上行趋势的反转。两个交易日后股价下探近日低价。在后几个交易日趋势得以确认后，市场不断下行，涨势不再。

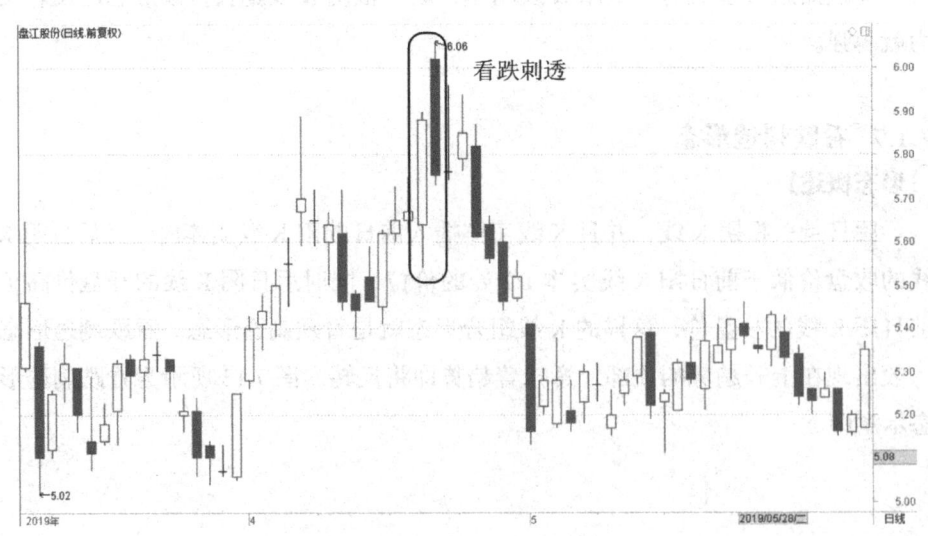

图 7.14　盘江股份日 K 线图

【结构分析】

前期趋势所持续的时间越长，股价上行坡度越陡，升至价格越高，看跌刺透形态的反转预示作用就越强。

看跌刺透形态形成后，对趋势反转进行确认的阴 K 线 K 线实体越大，等待确认的时间越短，该形态的反转预示作用就越强。

看跌刺透形态的前一根阳 K 线 K 线实体越短，后一根阴 K 线 K 线实体越长，插入前一根阳 K 线的 K 线实体内部越深，该形态的反转预示作用就越强。

7.1.8 看跌反扑形态

【形态概述】

后日阴 K 线的开盘价低于前日阳 K 线的开盘价，两者间形成价格间距，这种 K 线形态组合就是看跌反扑形态。该形态一般出现在上升趋势的末端，意味着趋势的反转。图 7.15 所示为看跌反扑形态示意图。

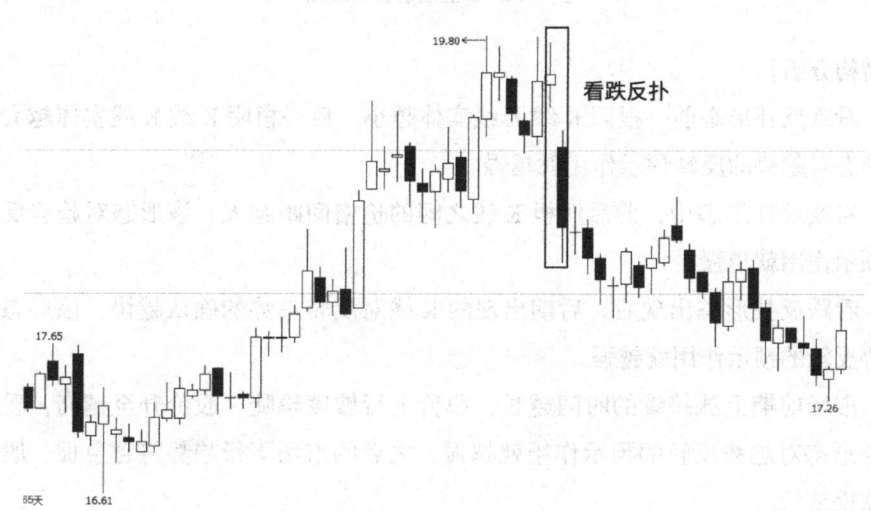

图 7.15　看跌反扑形态示意图

【K 线实战】

图 7.16 所示为红豆股份（600400）2019 年 1 月 21 日至 9 月 5 日日 K 线图中的看跌反扑形态。前期市场在短期的快速上行后，在高价区略显疲态，看跌反扑形态的出现预示了上行趋势的终结。翌日出现的大阴 K 线对反转趋势进行

了确认，之后的股价也快速下跌，市场成功实现反转。

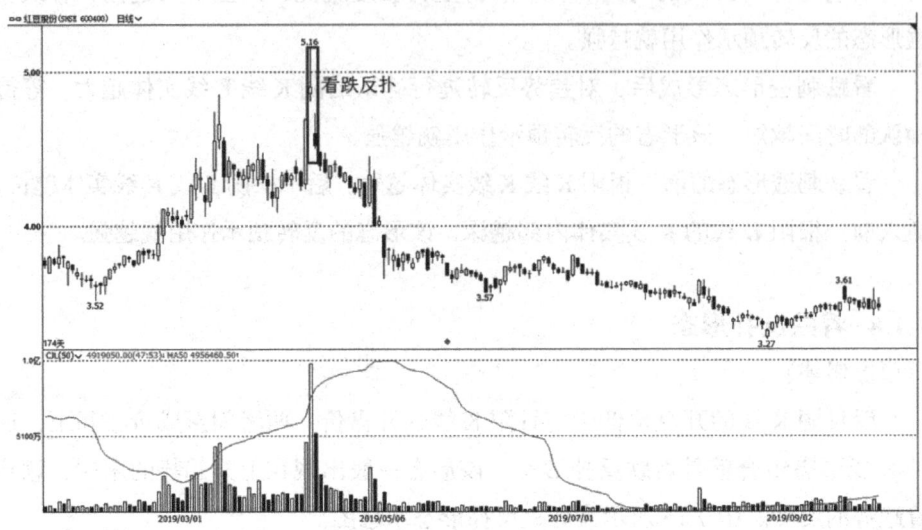

图 7.16 红豆股份日 K 线图

【结构分析】

看跌反扑形态前一根阳 K 线 K 线实体越小，后一根阴 K 线 K 线实体越大，该形态对趋势的反转预示作用就越强。

看跌反扑形态中，前后两根 K 线之间的价格间距越大，该形态对趋势反转的预示作用就越强。

看跌反扑形态出现后，后期出现的 K 线对反转趋势的确认越快，该形态对趋势反转的预示作用就越强。

市场前期上涨持续的时间越长，股价上行坡度越陡，股价升至越高，看跌反扑形态对趋势反转的预示作用就越强，之后的市场下行趋势将越急促，股价将跌得越低。

7.2 下降中途的 K 线组合

在趋势下降的中途，会出现多根 K 线或许多 K 线在一段时间内经过反复凝结而形成的组合形态。比较典型的 K 线组合为三只乌鸦，它是主力在空方进攻的中途高举进攻大旗的实力展示。更多常见的 K 线形态有下跌三角形、扩散三角形、对称三角形、菱形整理形态、矩形整理形态、上倾楔形和下跌旗形这7种形态，它们在股市中都是被众人追捧并且可信度较高的股市法则，各自在趋势当中有着相似却独到的意义。本节将对这些常见的组合形态进行简明且深刻的分析讲解，帮助投资者在充分掌握基础技术的同时了解股市的通用法则。

7.2.1 三只乌鸦形态

【形态概述】

三只乌鸦形态与三个白兵形态相反，是指3根连续出现的中阴K线组合形态。它们三者重心不断低移，严格意义上的三只乌鸦形态要求后两根阴K线的开盘价位于第一根阴K线的K线实体内部，但实际差别不大。该形态是空头在上行趋势转弱或空头壮大之时的实力展示，各方获利盘涌出。图7.17所示为三只乌鸦形态示意图。

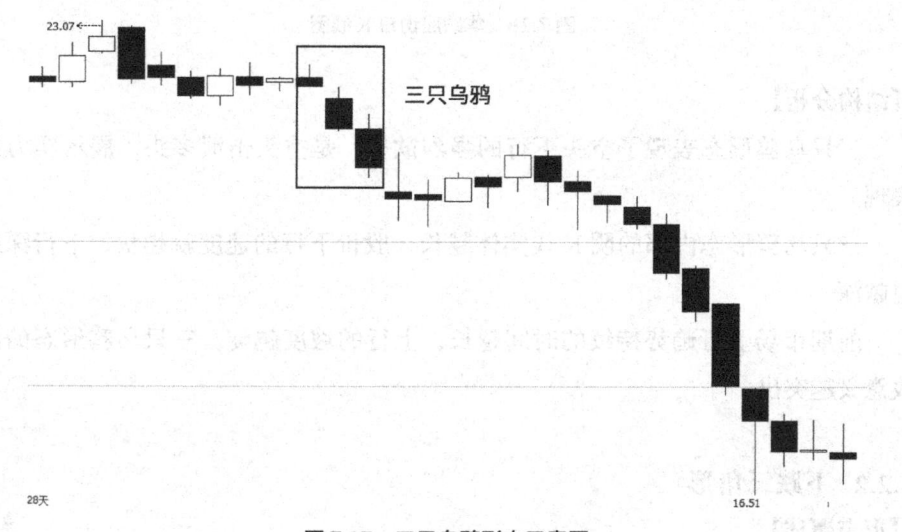

图7.17 三只乌鸦形态示意图

【K线实战】

图7.18所示为华纺股份（600448）2019年8月19日至11月1日日K线图中的三只乌鸦形态。前期市场呈短暂的上涨趋势，在三只乌鸦形态出现后，市场趋势一路下行，股价不断创出新低。可见三只乌鸦形态在高位所透露的空方意愿和看空意义十分强烈，投资者在遇到此类K线形态时应尽量予以回避，切

不可因一时之利盲目买进。

图 7.18　华纺股份日 K 线图

【结构分析】

三只乌鸦形态表现了空头下行的强烈欲望，是空头击溃多头，展示实力的表现。

三只乌鸦形态内部的阴 K 线实体越长，股价下行的速度就越快，下行深度也越深。

前期市场上行趋势持续的时间越长，上行的坡度越陡，三只乌鸦形态的反攻意义越突出。

7.2.2　下跌三角形

【形态概述】

下跌三角形是指股价在下跌途中多次触碰到某个价位后，都会出现一定的回升，而且每次股价回升的幅度逐渐缩小，上方价格阻力会形成一条倾斜向下的压力线，同下方支撑的低点连成的水平线共同形成一个三角形状的形态图。下跌三角形显示了多空双方在实力较量中空方已逐渐占据优势，多方每次在同一价位进货却不推动涨势，说明了多方力量的完结。空方每次在价位短暂回升后就抢先反攻，来不及等价位回升到前期高点，显示了空方力量的雄厚。图 7.19 所示为下跌三角形示意图。

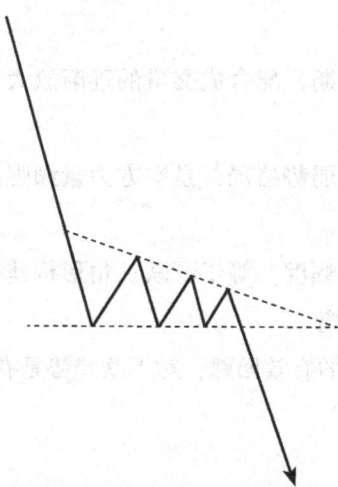

图 7.19 下跌三角形示意图

【K 线实战】

图 7.20 所示为精工钢构（600496）2019 年 4 月 3 日至 8 月 26 日日 K 线图中的下跌三角形。从图中可以明显看出，前期股价有一段上升行情抵达近期的高位 3.77 元处，由于此段上升态势缺乏足够的成交量加以配合，股价开始逐渐下行。下行途中成交量一度萎缩，没有明显的规律特性，但股价多次下探，同时后阶段的反弹也逐渐收窄。后期股票价格继续下行。投资者在遇到此类 K 线形态时，应尽量避免买进，以减少不必要的损失。

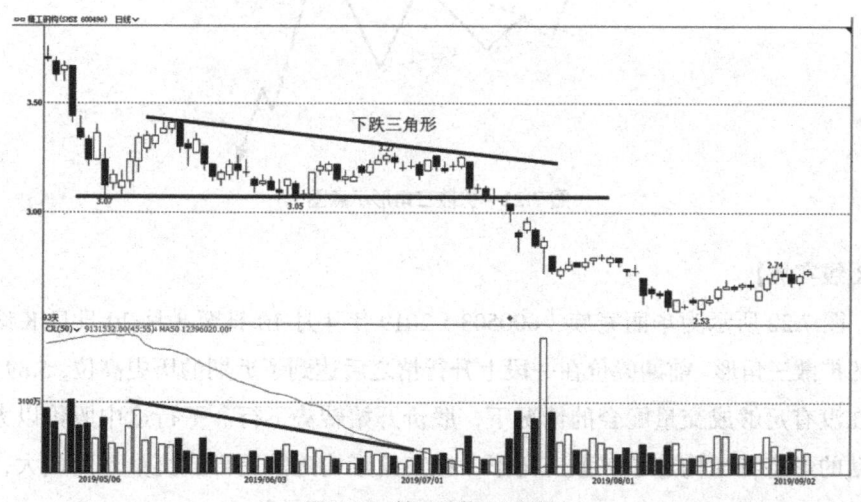

图 7.20 精工钢构日 K 线图

【结构分析】

下跌三角形构建的后期,配合成交量的逐渐放大,是趋势即将突破向下的信号。

下跌三角形多出现在弱势格局,是空方力量顽强抛售的结果,后期趋势不会改变。

股价未来下跌的最小幅度,等于下跌三角形构建初期形成的第一个高点与下跌三角形下沿的垂直距离。

下跌三角形在突破后的有效回踩,对下跌趋势是有效的确认。

7.2.3 扩散三角形

【形态概述】

扩散三角形是指在股价下跌途中,股价上下波动幅度逐渐增大,上沿高点的连线是向上倾斜的直线,下沿低点的连线是向下倾斜的直线的形态图。扩散三角形一般出现在股价下跌的中途,对前期下跌趋势具有中继的作用。图7.21所示为扩散三角形示意图。

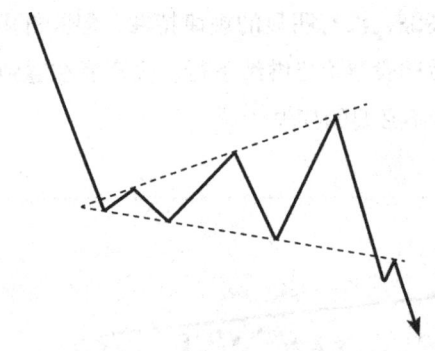

图7.21 扩散三角形示意图

【K线实战】

图7.22所示为华丽家族(600503)2019年4月10日至8月20日日K线图中的扩散三角形。前期股价在一段上升行情之后达到了近期的历史高位,5.89元,但在没有足够成交量配合的情况下,股价开始转势下行。下行途中股价以大幅波动的形态特征构建了扩散三角形,在三角形构建的尾部成交量不断放大,使

得股价下跌的动力被市场氛围强化。后期股价进一步下行，延续了前期的下跌趋势，也证实了扩散三角形对下跌趋势的中继作用。

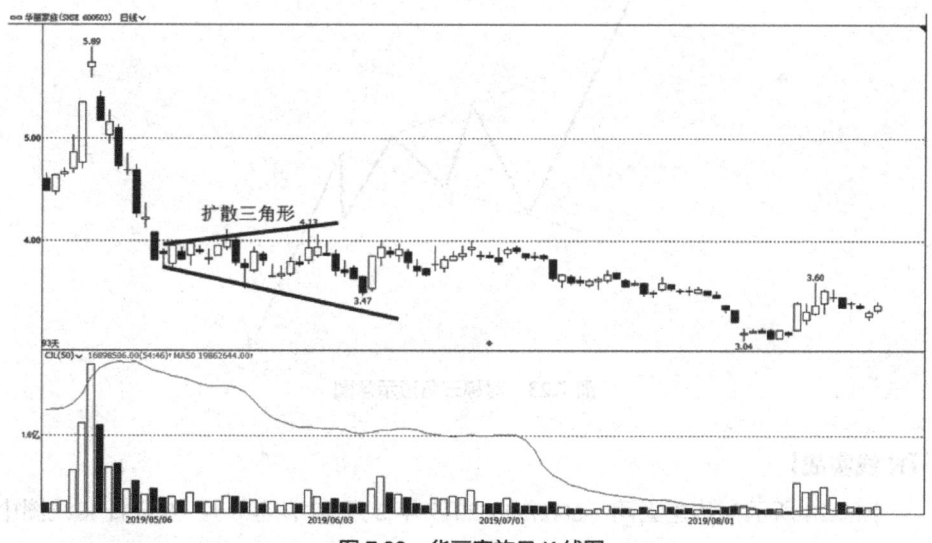

图 7.22　华丽家族日 K 线图

【结构分析】

扩散三角形的形态特征一般是过度的投资导致的，这类形态的股票风险很大，应尽量规避。

扩散三角形对下跌趋势的中继作用远远强于对上涨趋势的中继作用。

7.2.4　对称三角形的突破卖点

【形态概述】

对称三角形是指一段时间内，股价因多空主力的实力相当，而在某个价位附近进行的涨跌震荡。其表现的形态是震荡区上方高点价位的连线是一条向下倾斜的直线，而震荡区下方低点价位的连线是一条向上倾斜的直线。对称三角形显示了多空主力在各自阵营的战略争夺，短暂的分歧结束后，趋势将对前期趋势予以延续。图 7.23 所示为对称三角形示意图。

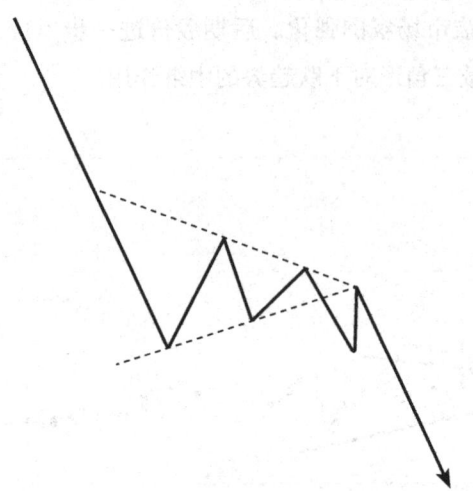

图 7.23　对称三角形示意图

【K 线实战】

图 7.24 所示为华建集团（600629）2019 年 2 月 27 日至 8 月 16 日日 K 线图中的对称三角形。股价在阶段下跌之后，看似止损企稳，其实多空胶着，在等待市场进一步选择方向。其后股价下行，对称三角形在下跌途中扮演中继角色，而对称三角形向下突破的 K 线往往是上佳卖点，投资者应该准确把握，以及时规避风险。

图 7.24　华建集团日 K 线图

【结构分析】

对称三角形构建的尾期，需要足够的成交量对下行的突破进行有效的配合。

对称三角形构建前期出现的第一个高点，与三角形低点连线的平行线，将是股价在未来可能遭遇的压力线，在此之前不会有明显压力位。

对称三角形构建过程中，下跌的斜率与未来趋势下跌的斜率将保持一致。

对称三角形构建过程中，成交量会不断萎缩。

7.2.5 菱形整理形态的突破卖点

【形态概述】

菱形整理形态是指将扩散三角形和收敛三角形合并之后形成的类似菱形的整理图形。绝大多数时候，菱形是一种看跌的K线形态，它通常出现在市场构筑短期或者中长期头部的时候，偶尔也会在下跌过程以持续形态出现。图7.25所示为菱形整理形态示意图。

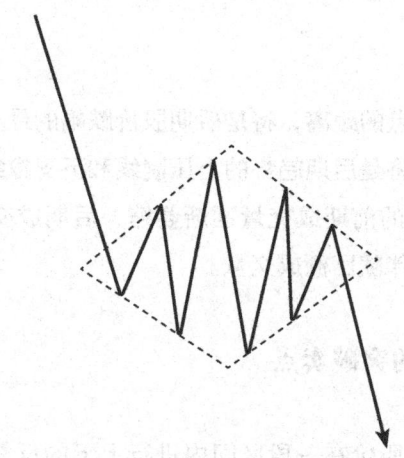

图7.25　菱形整理形态示意图

【K线实战】

图7.26所示为浦东金桥（600639）2019年1月23日至5月15日日K线图中的菱形整理形态。该形态构建过程中，伴随成交量先逐渐萎缩、后逐渐放大的特征。同时，在形态构建的末期，向下突破的K线伴随着巨量，延续了前期股价下行的趋势，也证实了菱形整理形态在股价下跌的中途具有中继作用，投

资者在遇到此类 K 线形态时应当尽量规避买入。

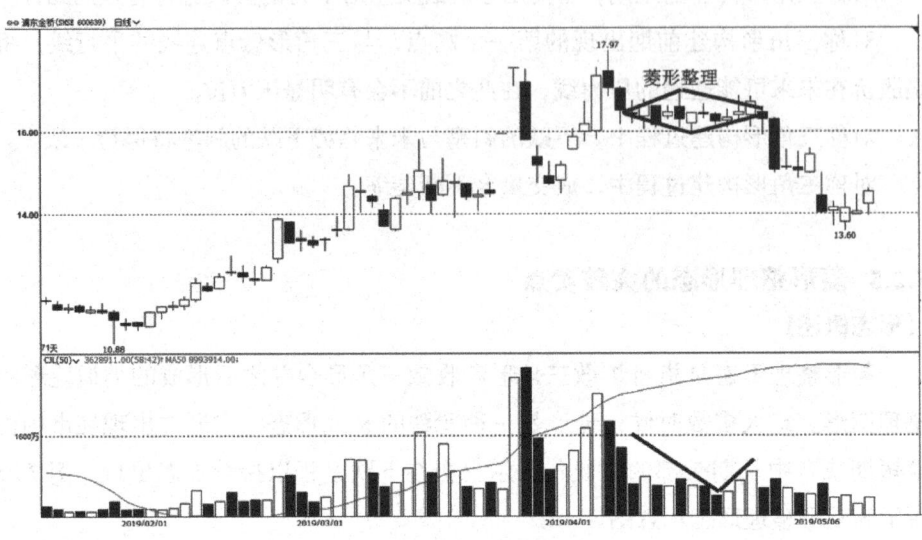

图 7.26　浦东金桥日 K 线图

【结构分析】

菱形最高点与最低点的距离，将是后期股价跌幅的最小幅度。

菱形的两对平行线将是后期趋势的上压制线和下支撑线。

菱形整理形态构建的前期成交量逐渐萎缩，后期成交量逐渐放大，同时对菱形整理形态的突破会伴随巨额成交量。

7.2.6　矩形整理形态的突破卖点

【形态概述】

矩形整理形态是指股价在一段区间内进行上下的反复震荡，震荡区域股价的高点连线和低点连线都是水平的直线，形似矩形而得名。矩形整理形态是常见的趋势整理形态，多空主力在实力上相当，因而在区域争夺上不相上下。矩形整理后期的突破方向决定着未来趋势的走向，向下突破有效后，后期趋势将下行。图 7.27 所示为矩形整理形态示意图。

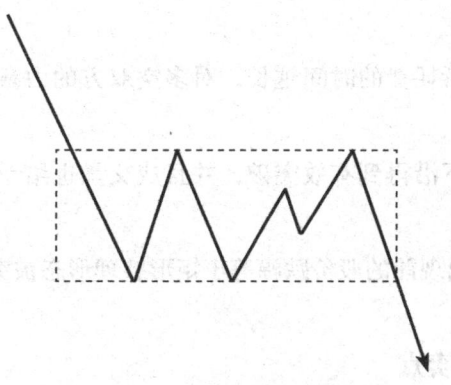

图 7.27　矩形整理形态示意图

【K 线实战】

图 7.28 所示为信达地产（600657）2019 年 6 月 18 日至 8 月 20 日日 K 线图中的矩形整理形态。前期股价在短期探顶后，开始一路下行，股价开始在前期资金密集处反复震荡，并构建了矩形整理形态，期间成交量保持适度萎缩。后期在矩形整理形态被向下突破时，有略微的成交量予以配合，因而也证实了矩形整理形态对趋势的中继作用。

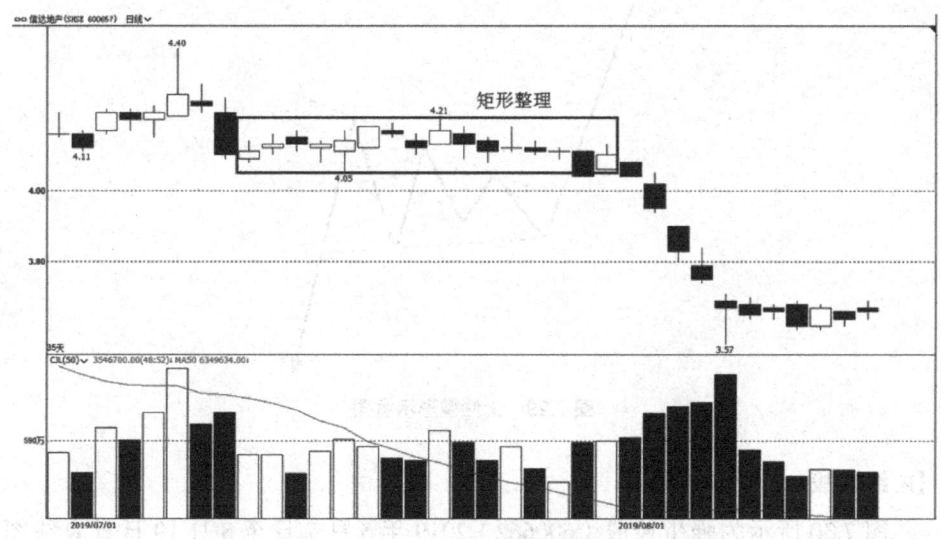

图 7.28　信达地产日 K 线图

【结构分析】

矩形整理形态所耗费的时间越长,对多空双方的力量损耗越大,后期趋势上涨的高度越有限。

矩形整理形态下沿得到有效突破,并且成交量也给予有效的配合时,是明显的卖点。

矩形整理形态出现前的股价跌幅等于矩形整理形态被突破后的股价跌幅。

7.2.7 上倾楔形的卖点

【形态概述】

上倾楔形是指股价在一段时间内窄幅震荡,同时震荡区域的高点连线是向上倾斜的,低点连线则没有具体的要求的形态。上倾楔形出现在下跌趋势中时,意味着股价会有短暂的反弹,但后期股价将继续保持下跌态势;上倾楔形出现在上涨趋势中时,意味着股价涨势接近尾声,后期趋势反转的可能性很大。图7.29所示为上倾楔形示意图。

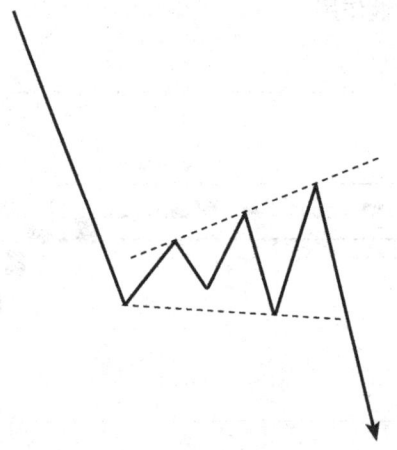

图 7.29 上倾楔形示意图

【K线实战】

图7.30所示为强生控股(600662)2019年5月7日至8月19日日K线图中的上倾楔形。该股前期股价在构建双顶形态完成后开始下跌。在上倾楔形构建的初期,该股票成交量出现了明显的萎缩,随着上倾楔形的逐步构建,成交

量逐渐放大。之后的大阴 K 线对上倾楔形的向下突破使其结束了整理行情，股价对前期的下降趋势予以延续，因而也证实了上倾楔形只是下降趋势途中的一个短暂的小反弹。

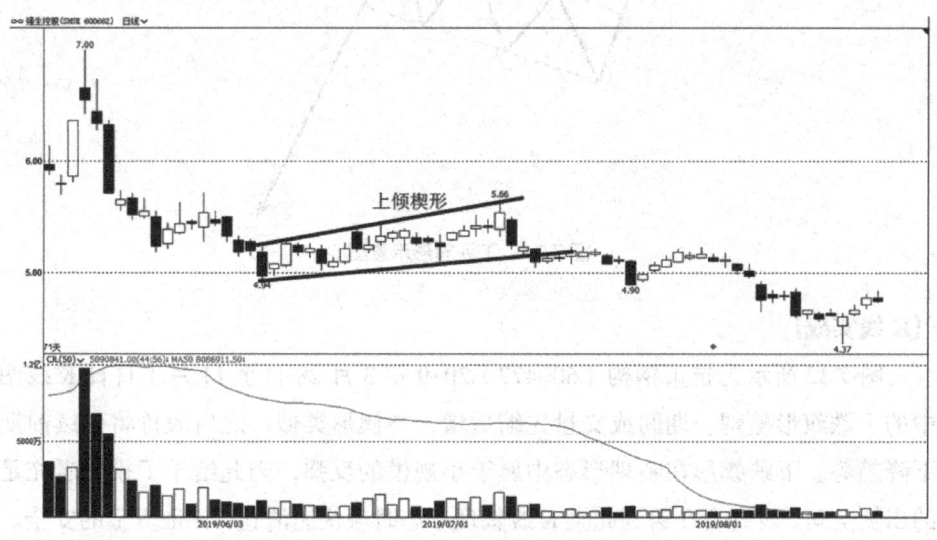

图 7.30 强生控股日 K 线图

【结构分析】

上倾楔形和对称三角形的不同之处在于对上沿线的定义，两者形似，但意义有所差别。

上倾楔形构建之前的跌幅等于上倾楔形构建结束后的未来跌幅。

上倾楔形构建过程中，成交量先萎缩后放大，楔形突破后也有巨量伴随。

上倾楔形构建前的跌势斜率等于上倾楔形构建结束后的未来跌势斜率。

7.2.8 下跌旗形

【形态概述】

下跌旗形是指股价在下降趋势的途中进行了一段时间的震荡整理，使得震荡区域高价位的连线和低价位的连线相平行，且两条直线均向上倾斜，因其形似一面旗而被命名为下跌旗形。该形态的出现，意味着后期将不改前期的下跌趋势，下跌趋势将得以延续。图 7.31 所示为下跌旗形示意图。

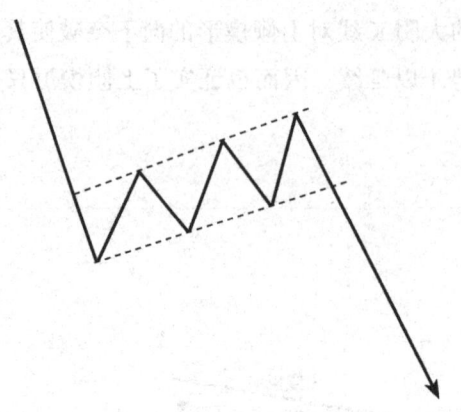

图 7.31 下跌旗形示意图

【K线实战】

图 7.32 所示为杭萧钢构（600477）2019 年 3 月 28 日至 11 月 1 日日 K 线图中的下跌旗形整理。期间成交量先缩后增，与楔形类似，之后股价将延续前期下降趋势。下跌旗形在整理形态中属于小规模的反弹，因此给予了投资者充足的出货空间。投资者在遇到此类 K 线整理形态时应快速清仓，保证资金的安全。

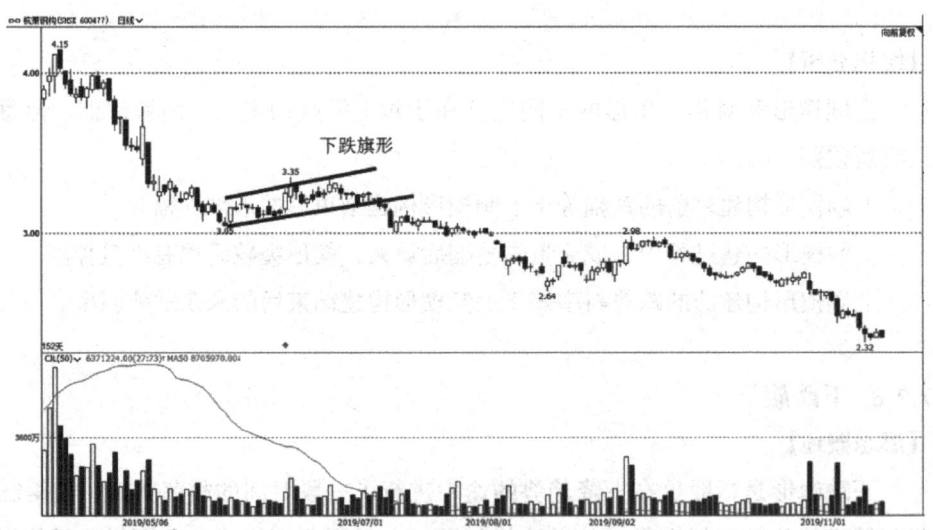

图 7.32 杭萧钢构日 K 线图

【结构分析】

下跌旗形出现在下降趋势的中途，是对跌势的短暂调整，后期将延续跌势。

下跌旗形构建过程中，成交量会保持先萎缩后放大的状态。

下跌旗形出现前的股价跌幅会小于或等于下跌旗形被突破后的股价跌幅。

【小节分析】

下降趋势在进行到跌势的 50% 后，市场会或大或小地进行一次资金整顿，在 K 线形态中表现为整理。

整理过程的特点是成交量的先萎缩后放大，成交量越大，表明整理行情越趋近尾声。

整理形态的突破有一个共同特征，就是前期缩量，但在突破时刻却急剧放量。

整理形态出现前，下降趋势保持的倾斜度将同整理形态结束后下降趋势将要维持的倾斜度一致。

第 8 章

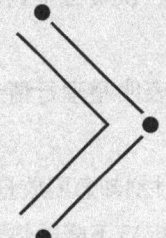

底部反转形态的
5 个买入点

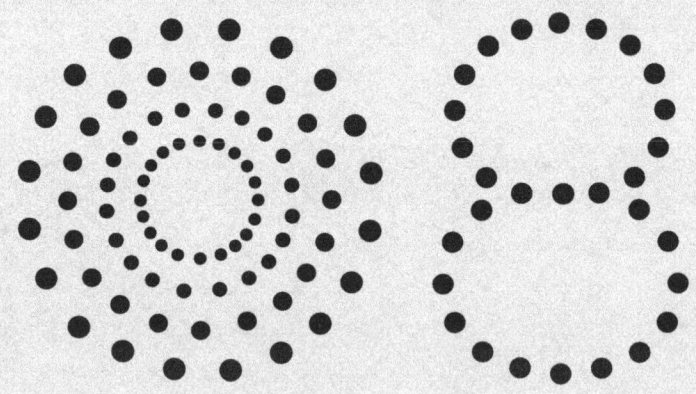

第8章 底部反转形态的5个买入点

底部反转形态包含了西方技术指标分析流派中最为常见的V形底、双重底、头肩底、三重底和圆形底等形态理论。在股市投资中，这些经典的K线形态将会成为我们重要的投资伙伴，帮助我们在资本市场中不断获利。本章将对这些有趣的底部反转K线形态进行分析，帮助投资者抓住底部反转的上佳买点。

8.1 V形底

【形态概述】

V形底是指股价在下挫过程中以快速、激烈的方式构建底部，之后急速反转形成的V字形态。这类底部形态在所有底部形态中最为凶悍也最难把握，因此投资者在自身技术分析手段还不成熟时应尽量避开。图8.1所示为V形底示意图。

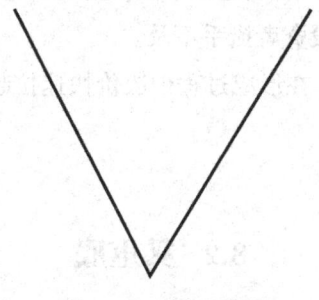

图8.1 V形底示意图

【K线实战】

图8.2所示为哈药股份（600664）2019年6月25日至9月9日日K线图中的V形底。在V形底形成的前期，股价开始缩量下跌，V形底构建完成后，一根大阳线回补了前期下跌造成的跳空。之后成交量不断快速放大，股价也连续上行，V形底反转形态构建成功。

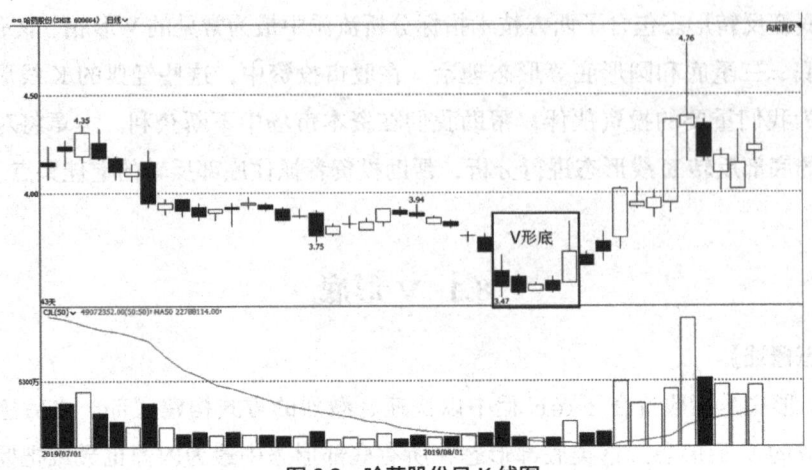

图 8.2 哈药股份日 K 线图

【结构分析】

V 形底部的左半部分，在形成过程中股价呈现快速下行并且不断缩量的形态，其持续时间很短，常常令投资者措手不及。

V 形底部的右半部分，在形成过程中股价快速拉起，并伴随有不断放大的成交量，持续时间也很短。

8.2 双重底

【形态概述】

双重底又称 W 底，是指股价在第一次下行构建底部形态完成后进行了一个短暂的小反弹，之后股价继续下行，并在前期股价底部附近再次构建底部，构成双底形态，之后股价实现彻底反转，开启向上攻击形态。图 8.3 所示为双重底示意图。

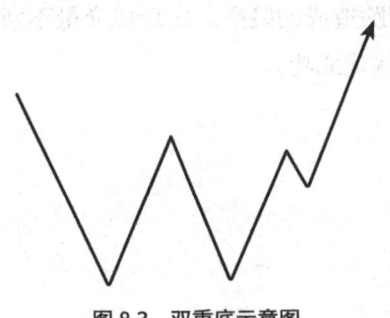

图 8.3 双重底示意图

【K线实战】

图 8.4 所示为尖峰集团（600668）2019 年 6 月 28 日至 11 月 1 日日 K 线图中的双重底。在该形态构建之前，股价以长期的横盘消耗着空方力量，但在 K 线向下突破后，成交量依旧不断放大，空方力量不减。双重底构建期间，成交量也形成了 W 形。双重底形成后，股价一飞冲天。

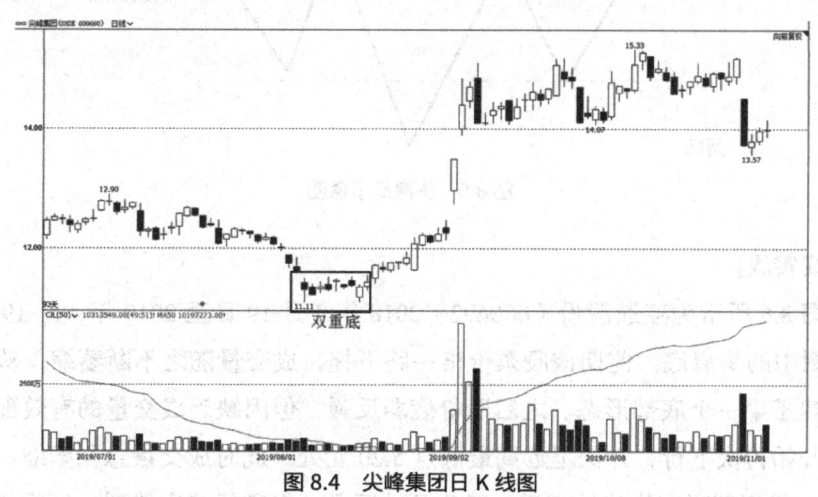

图 8.4　尖峰集团日 K 线图

【结构分析】

双重底是低价底部形态，投资者遇到时应积极买入。

双重底的第二个底高于第一个底时，说明之后趋势的反转力将很强势，属于强势底；如果第二个底持平于或低于第一个底，说明之后趋势的反转力将很弱，属于弱势底。

双重底部在向上突破时有成交量与之配合，并且在下跌时同样有成交量配合时，表示有新资金注入。

8.3　头肩底

【形态概述】

头肩底是指在股价下行过程中，股价多次下探底部而形成的 3 个底部形态，第一个底部形态的低点和第三个底部形态的低点很接近，而第二个底部形态的低点则是最低点。因其左右两个底形似肩部，而第二个底形似头部，所以被称为头肩底。图 8.5 所示为头肩底示意图。

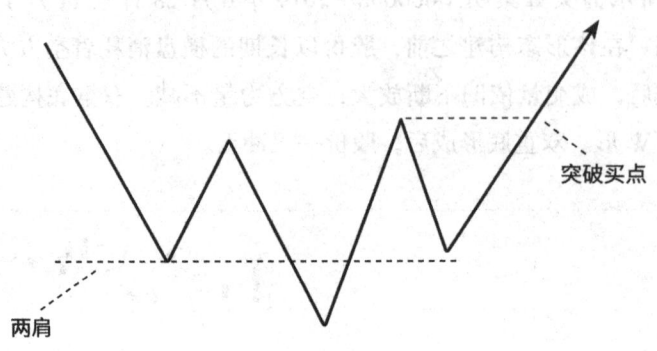

图 8.5 头肩底示意图

【K 线实战】

图 8.6 所示为亚通股份（600692）2018 年 3 月 19 日至 2019 年 4 月 19 日日 K 线图中的头肩底。前期该股票价格一路下挫，成交量随之不断萎缩，从而快速构建了第一个底部形态。之后股价疲弱反弹，但因缺乏成交量的有效配合，股价开始再次下行，并探至近期最低点 5.20 元处，此时成交量急剧萎缩。在众多小 K 线底部形态构建结束后，股价开始回升，但爬行速度趋缓，显示了做多动力的不足。在探到前期脊位附近后，股价再次掉头下行，构建了头肩底的最后一部分。之后股价开始回升，成交量开始不断放大，虽然上涨速度不够快，但成交量的配合已经说明拉升只是时间问题，至此头肩底形态构建结束。

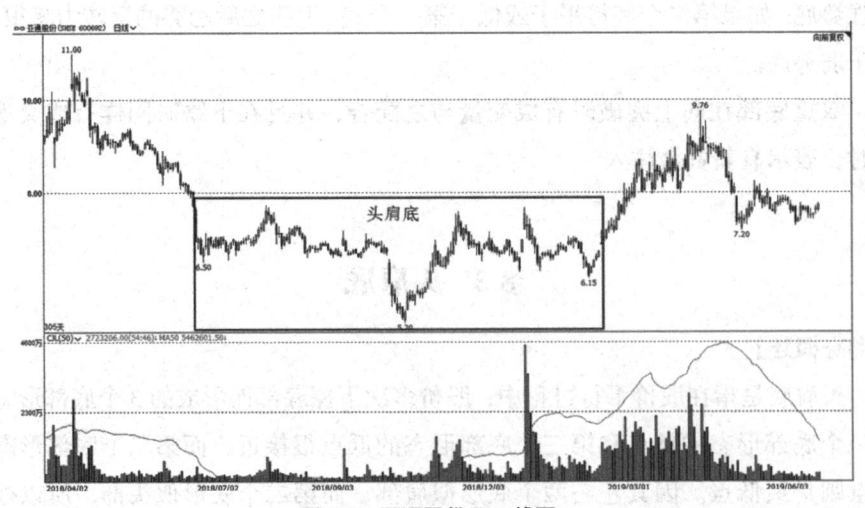

图 8.6 亚通股份日 K 线图

【结构分析】

头肩底形态构建的底部都是缩量形态，说明空方力量逐渐弱化。

头肩底形态的第二个肩底高于第一个肩底时，说明市场做多动力得到强化，否则股价会依然处于弱势。

头肩底形态构建中的小反弹往往缺乏成交量的有效配合，但后期反转时成交量会不断放大，说明了参与资金的不断增加，市场看多氛围不断强化。

头肩底形态中，第二个脊位高点往往位于第一个脊位高点附近，头肩底形态构建的尾声，对两个脊位进行有效突破后底部形态反转即确认。

8.4 三重底

【形态概述】

三重底是指股价在前期下降趋势不断减缓后，开始多次下探底部低位而形成的 3 个低点相近的底部形态。三重底在多次探底反弹时形成的脊位高点，往往是后期趋势得到彻底反转时的阻力线，在对该阻力位进行有效突破时往往需要成交量的有效配合。图 8.7 所示为三重底示意图。

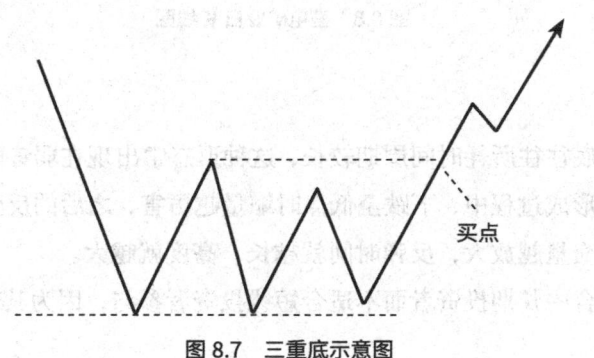

图 8.7　三重底示意图

【K 线实战】

图 8.8 所示为盛屯矿业（600711）2018 年 9 月 11 日至 2019 年 4 月 10 日日 K 线图中的三重底。前期股价一路下行，并下探至 4.42 元附近，这是近期股价的最低点。之后股价反转向上，但由于缺乏成交量的有效配合，于是继续调转而下，并下探至前期股价低点附近。在成交量极度萎缩后，股价开始反转，但

至前期脊位高点附近后，又因缺乏足够的成交量配合而下行，并再次下探至前期股价低点附近。可以看出，在整段股价底部形态构建过程中，都因成交量的缺乏而不能完全实现股价的有效反转。但在此形态中，可以发现后两个底部低点均高于第一个底部低点，这也说明了股价在长期调整过程中开始逐渐转强，只是转强速度略慢。

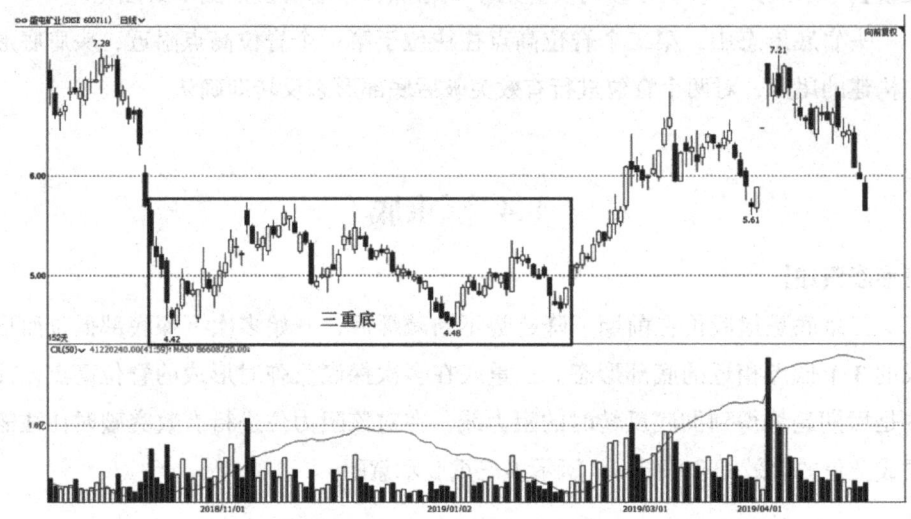

图 8.8　盛屯矿业日 K 线图

【结构分析】

构建三重底往往所耗时间周期较长，这种形态常出现在弱势的牛市格局中。

三重底在形成过程中，下跌至低点时缩量越厉害，之后的反弹高度就越大；反弹过程中成交量越放大，反弹时间就越长，高度就越大。

三重底适合中长期投资者而不适合短线投资者参与，因为其耗时很长。

8.5　圆形底

【形态概述】

圆形底是股价在下行过程中形成的一个平滑的底部形态，因其整个底部形态没有明显的波动幅度，所以被称为圆形底。圆形底往往是主力耐心构建底部形态形成的，表明主力在吸筹的过程中缓慢而有效，在充分消耗投资者耐心的同时不跌不涨，是主力后期有充分准备的表现。图 8.9 所示为圆形底示意图。

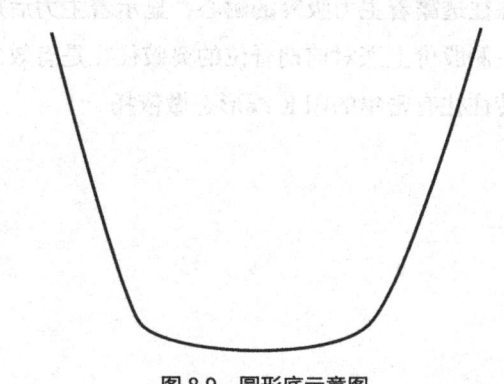

图 8.9　圆形底示意图

【K 线实战】

图 8.10 所示为金牛化工（600722）2018 年 11 月至 2019 年 7 月日 K 线图中的圆形底。从前期股价走势可以看出，该股票一直在进行调整，且波动性不断增大。在圆形底部形态中，左侧股价不断下行，成交量不断萎缩且阴 K 线密度很高；右侧股价节节攀升，阳 K 线密度很高，而且有相当大的成交量跟随，从而促成了之后股价一口气地向上冲刺，圆形底形态至此也构建完成。

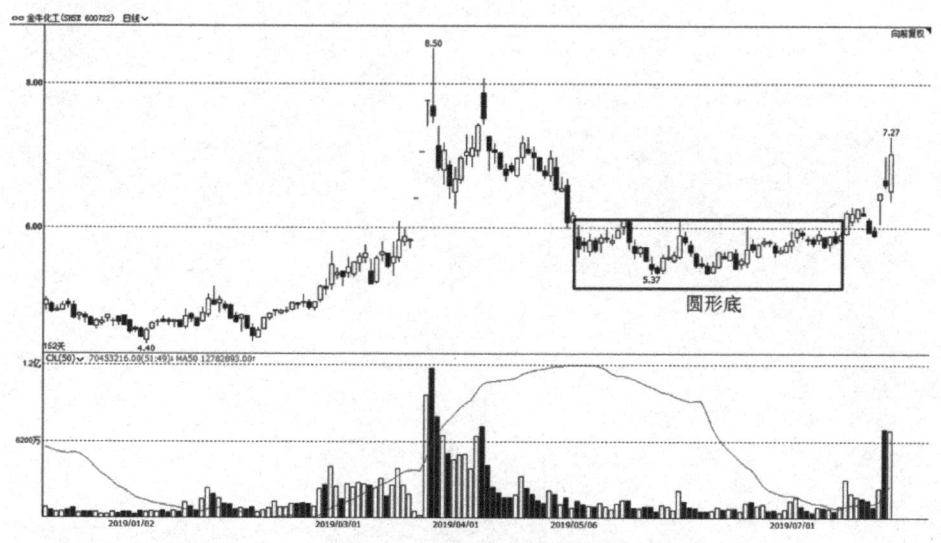

图 8.10　金牛化工日 K 线图

【结构分析】

圆形底的构成往往透露着主力吸筹的耐心,显示着主力后期做多的目的。

圆形底部形态左侧股价上涨对前期脊位的突破往往是有效的买点。

强势的股价反转往往有密集的阳 K 线形态做依托。

第 9 章

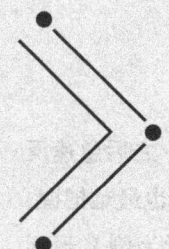

顶部反转形态的 5 个卖出点

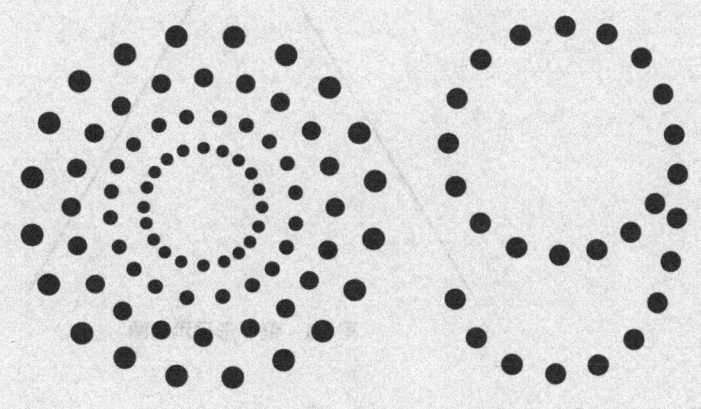

第 8 章我们介绍了底部反转形态中的一些常见形态。本章与第 8 章的内容具有明显的反向对称性，在股价运行趋势当中，两者往往有很多相似之处，运行原理大体相同，因而本章介绍的顶部反转形态对投资者而言将更容易理解。接下来，我们将一一介绍倒 V 形顶、双重顶、头肩顶、三重顶和圆形顶这 5 种形态。

9.1 倒 V 形顶

【形态概述】

倒 V 形顶是指股价在上涨过程中以快速、激烈的方式构建顶部，之后急速反转形成倒 V 字形态。这类顶部形态在所有顶部形态中反转最为猛烈，也最难把握，因此投资者在自身技术分析手段还不成熟时应尽量避开。图 9.1 所示为倒 V 形顶示意图。

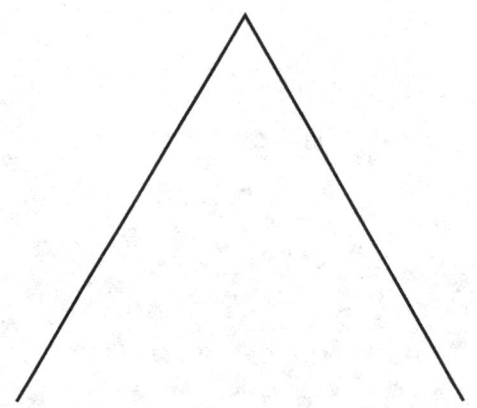

图 9.1　倒 V 形顶示意图

【K 线实战】

图 9.2 所示为 ST 云维（600725）2018 年 12 月 20 日至 2019 年 9 月 9 日日 K 线图中的倒 V 形顶。在倒 V 形顶部形成的前期，股价在顶部快速构建了一个复合的顶部看跌吞没形态。之后股价连续下行，倒 V 形顶部反转形态构建成功。

图 9.2 ST 云维日 K 线图

【结构分析】

倒 V 形顶的左半部分，在形成过程中股价呈现快速上行并且不断放量的形态，持续时间很短，常常令投资者措手不及。

倒 V 形顶的右半部分，在形成过程中股价快速下跌，并伴随有不断萎缩的成交量，持续时间也很短。

9.2 双重顶

【形态概述】

双重顶又称 M 顶，是指股价在第一次上行构建顶部形态完成后进行了一个短暂的回踩，之后股价继续上行，并在前期股价顶部附近再次构建顶部，构成双顶形态，之后股价实现彻底反转，开启向下攻击形态。图 9.3 所示为双重顶示意图。

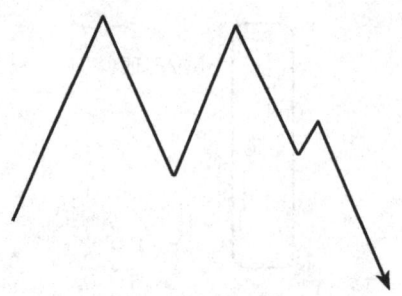

图9.3 双重顶示意图

【K线实战】

图9.4所示为鲁北化工（600727）2019年1月16日至6月13日日K线图中的双重顶。在该形态构建之前，股价以长期缓慢爬升消耗着多方力量。但在K线向上快速进攻后，空方力量不断增强。双重顶部构建期间，该股股价的第二个顶低于第一个顶，显示了股价逐渐转向弱势，股价趋势离最终反转将越来越近。

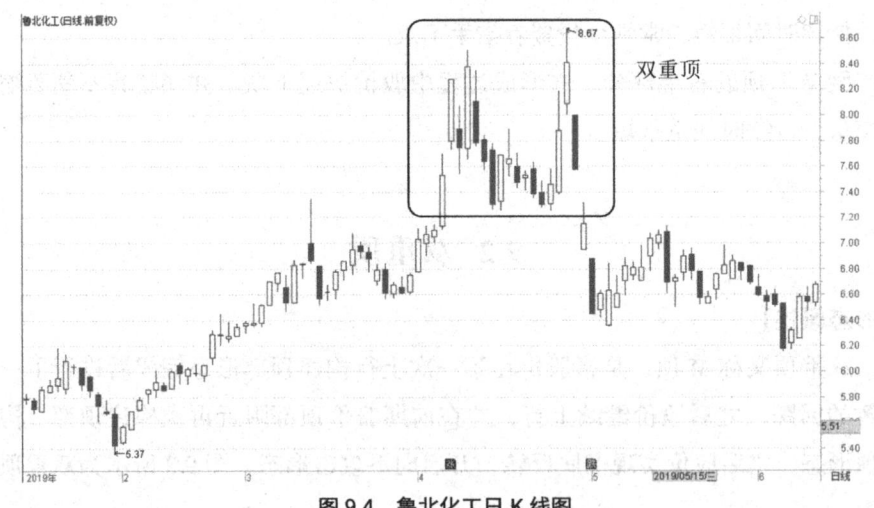

图9.4 鲁北化工日K线图

【结构分析】

双重顶是高价顶部形态，投资者遇到时应谨慎。

双重顶的第二个顶高于第一个顶，说明之后趋势的反转力将很弱；如果第二个顶持平于或低于第一个顶，说明之后趋势的反转力将很强。

双重顶部在向下突破时有成交量与之配合,并且在上涨时同样有成交量配合时,表示有大量获利盘涌出。

9.3 头肩顶

【形态概述】

头肩顶是指在股价上行过程中,股价多次上探顶部而形成的3个顶部形态,第一个顶部形态的高点和第三个顶部形态的高点很接近,而第二个顶部形态的高点则是最高点。因其左右两个顶形似肩部,而第二个顶形似头部,所以被称为头肩顶。图9.5所示为头肩顶示意图。

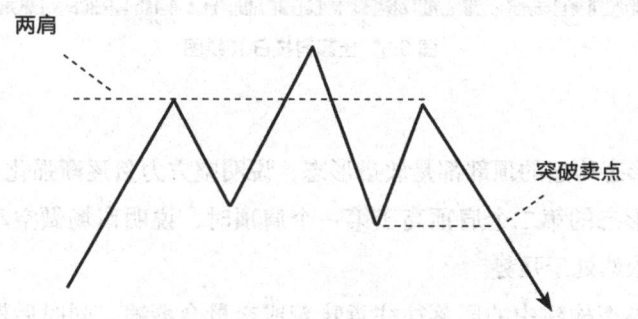

图9.5 头肩顶示意图

【K线实战】

图9.6所示为佳都科技(600728)2018年12月25日至2019年8月23日日K线图中的头肩顶。前期该股票价格一路上升,成交量随之不断放大,从而快速构建了第一个顶部形态。之后股价短暂回落,接着股价开始再次上攻并探至近期最高点13.57元处。在众多阴阳K线顶部形态构建结束后,股价开始回调,并且下行速度很快,显示了做空动力的充足。在探至前期放量低价位附近后,股价再次掉头上行,构建了头肩顶的最后一部分,之后股价开始反转。

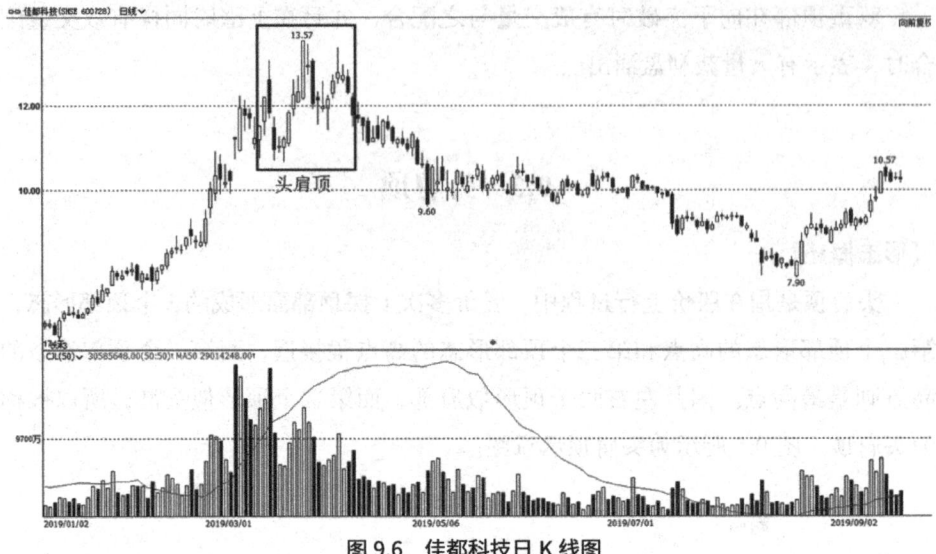

图 9.6　佳都科技日 K 线图

【结构分析】

头肩顶形态构建的顶部都是放量形态，说明空方力量逐渐强化。

头肩顶形态的第二个肩顶高于第一个肩顶时，说明市场做空动力的弱化，否则股价会依然处于强势。

头肩顶形态构建中的回落往往意味着成交量会萎缩，同时后期上攻时成交量也会萎缩，说明了参与资金的不断减少，市场看空氛围不断强化。

头肩顶形态中，第二个回落低点往往位于第一个回落低点附近，头肩顶形态构建的尾声，对两个低点进行有效突破后顶部形态反转即确认。

9.4　三重顶

【形态概述】

三重顶是指股价在前期上升趋势不断减缓后，开始多次上探顶部高位而形成的 3 个高点相近的顶部形态。三重顶在多次探底反弹时形成的脊位高点，往往是后期趋势得到彻底反转的阻力线，在对该阻力位进行有效突破时往往需要成交量的有效配合。图 9.7 所示为三重顶示意图。

第 9 章 顶部反转形态的 5 个卖出点

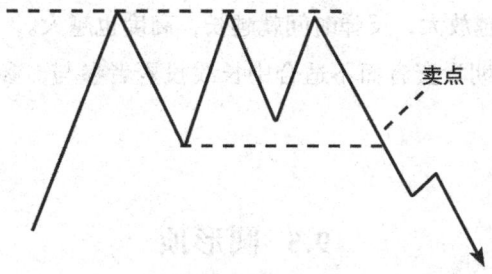

图 9.7 三重顶示意图

【K 线实战】

图 9.8 所示为辽宁成大（600739）2019 年 1 月 18 日至 6 月 14 日日 K 线图中的三重顶。前期股价一路上行并上探近期高位，转而向下后，再次上探至前期高点附近。随后股价转而向下，至前期下跌低点附近止跌企稳，并再次向上至前两次的高点附近。三次上攻皆无功而返，"一鼓作气，再而衰，三而竭"，股价走势转而下跌，三重顶形态形成。

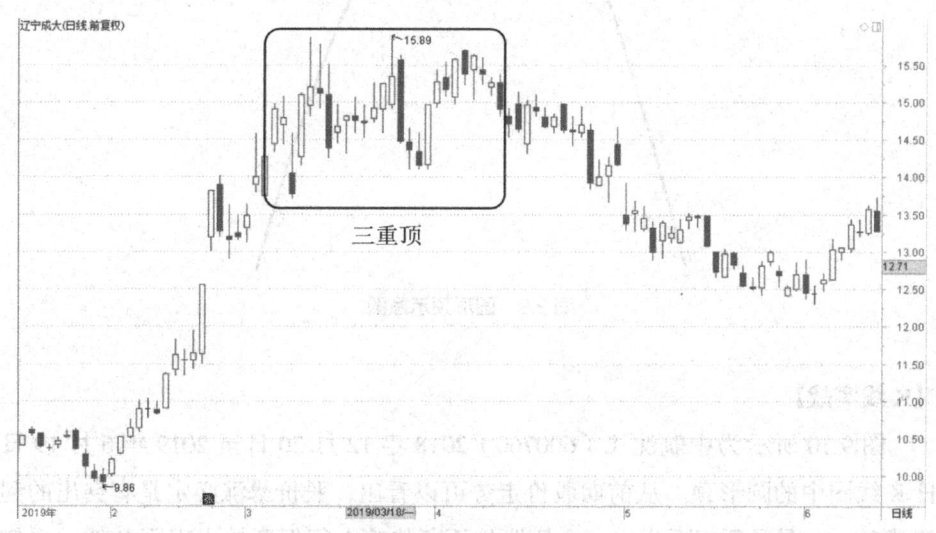

图 9.8 辽宁成大日 K 线图

【结构分析】

构建三重顶往往所耗时间周期较长，这种形态常出现在弱势的牛市格局中。三重顶在形成过程中，下跌至低点时缩量越厉害，之后的反弹高度就越大；

反弹过程中成交量越放大,反弹时间就越长,高度也越大。

三重顶适合短期投资者而不适合中长线投资者参与,参与时应注意尽量规避风险。

9.5 圆形顶

【形态概述】

圆形顶是股价在上行过程中形成的一个平滑的顶部形态,因其整个顶部形态没有明显的波动幅度,所以被称为圆形顶。圆形顶往往是主力耐心构建顶部形态形成的,表明主力在出货的过程中缓慢而有效,在充分吸引投资者的同时不跌不涨,是主力在前期已经充分出货的表现。图9.9所示为圆形顶示意图。

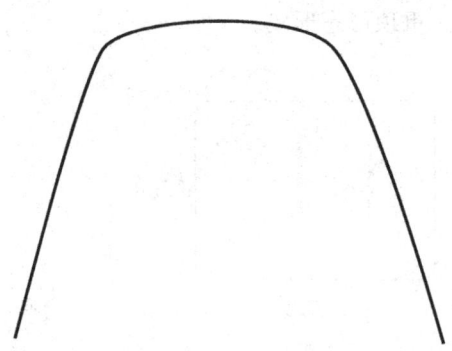

图9.9 圆形顶示意图

【K线实战】

图9.10所示为中航沈飞(600760)2018年12月20日至2019年6月19日日K线图中的圆形顶。从前期股价走势可以看出,股价暴涨必定是有突出的利好消息。在圆形顶部形态中,左侧股价不断快速上行但开始出现阴K线,右侧股价缓慢下行且阴K线密度很高,从而促成了之后股价的疲弱态势,圆形顶形态至此也构建完成。

第 9 章 顶部反转形态的 5 个卖出点

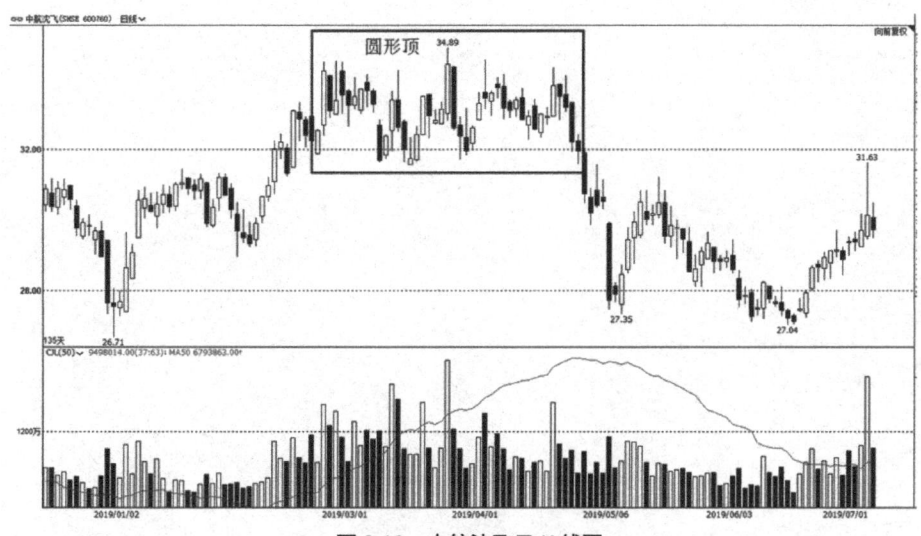

图 9.10 中航沈飞日 K 线图

【结构分析】

圆形顶的构成往往透露着主力出货的耐心，显示主力前期已经大笔出货。

圆形顶部形态左侧股价上涨的调整位置往往是有效的买点，右侧资金密集区则往往是卖出信号。

强势的股价反转，往往有密集的阳 K 线形态做依托。

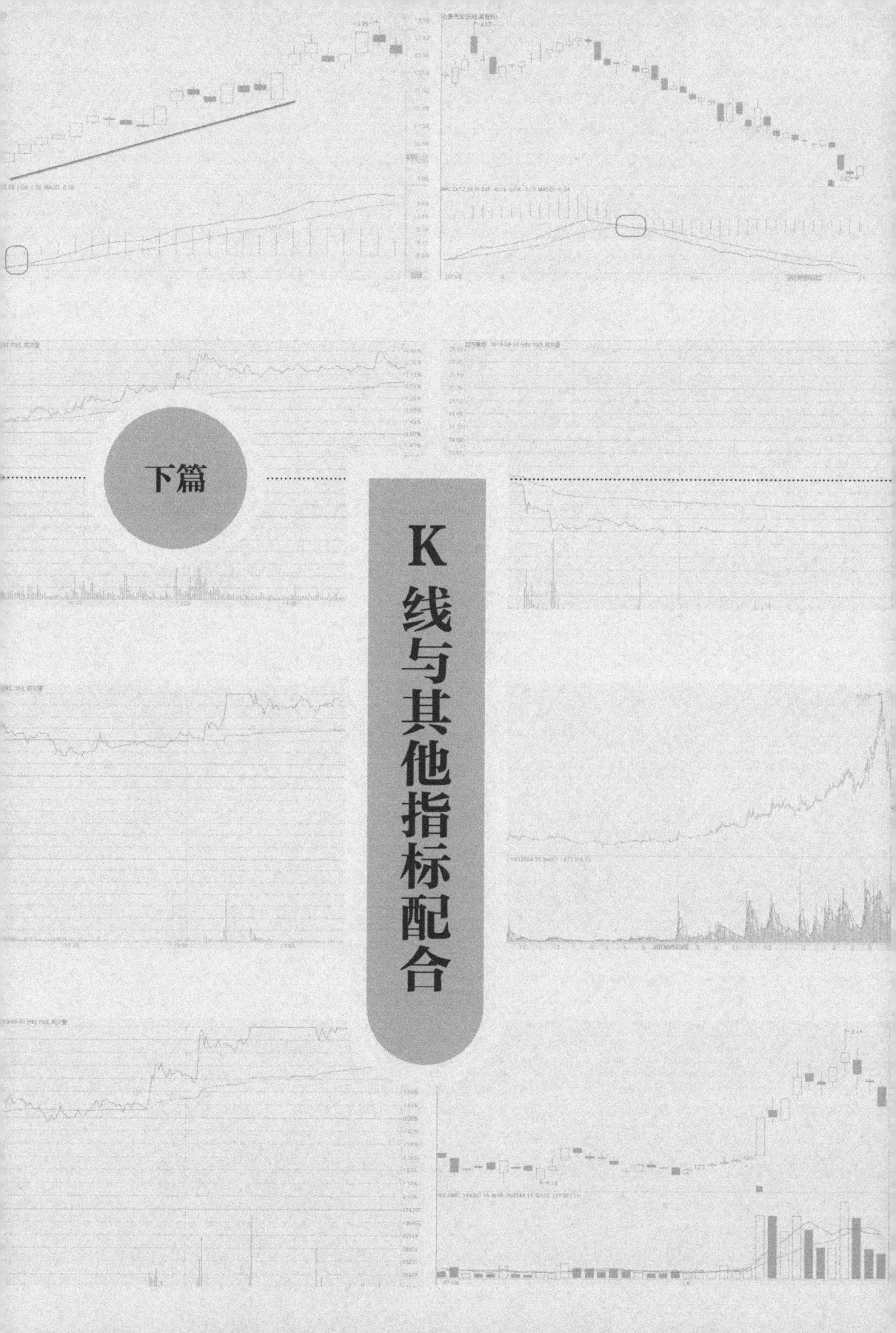

下篇

K线与其他指标配合

第 10 章

K 线与移动平均线配合

K线指标分为很多类，其中针对股价运行趋势的移动平均线是应用得较为广泛的一种。大部分投资者也恰是利用这一指标中的黄金交叉和死亡交叉进行严格的买进和卖出，从而稳健地确保自己的收益。本章我们将对移动平均线在股票技术领域的巧妙作用进行细致的分析。

10.1 移动平均线的分类

移动平均线（简称为"均线"）是以不同周期为计算基础的技术指标，其中短期移动平均线因其灵敏性而深受短期投资者的偏爱。中长期投资者往往追求的是更为稳健的投资手段，所以中长期移动平均线也开始被大量投资者重视。本节我们将对移动平均线的具体类别进行细致的分析。

10.1.1 短期移动平均线

【形态概述】

短期移动平均线是指短期内股价平均价格的连线，因为周期偏短，所以对股价未来运动方向具有灵敏的反应。但同时也因为周期选择得偏短，其对股价的支撑和压力作用小于长期移动平均线。常被短期投资者使用的有5日均线、10日均线、20日均线和30日均线。图10.1所示为短期移动平均线示意图。

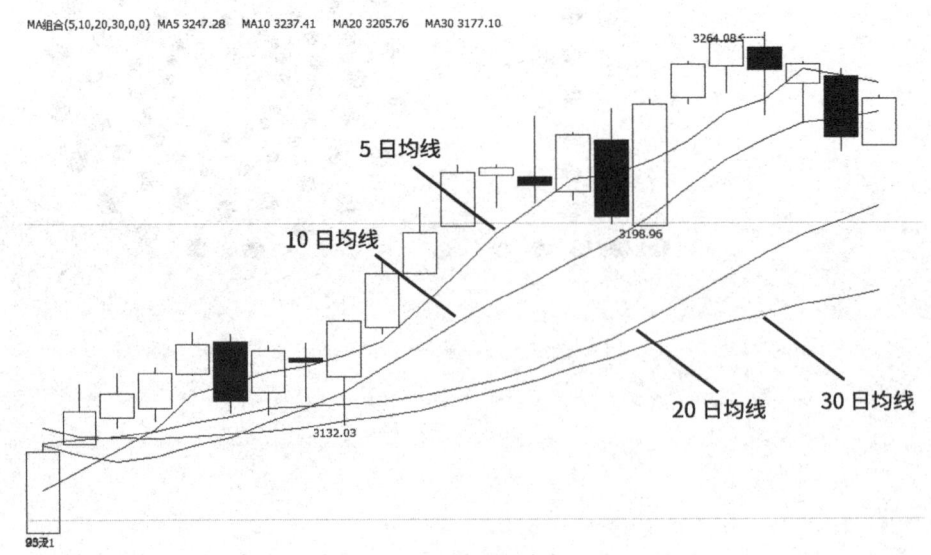

图10.1 短期移动平均线示意图

【K 线实战】

图 10.2 所示为西藏城投（600773）2019 年 7 月 2 日至 8 月 21 日日 K 线图中的阴 K 线对短期移动平均线的向下突破。正如前文所说，短期移动平均线往往对趋势有灵敏的反应，但对股价趋势也往往缺乏足够的支撑力。股价向下快速突破之后，短期平均线也快速调整角度向下弯曲排列，进一步证实了短期移动平均线的灵敏特征。

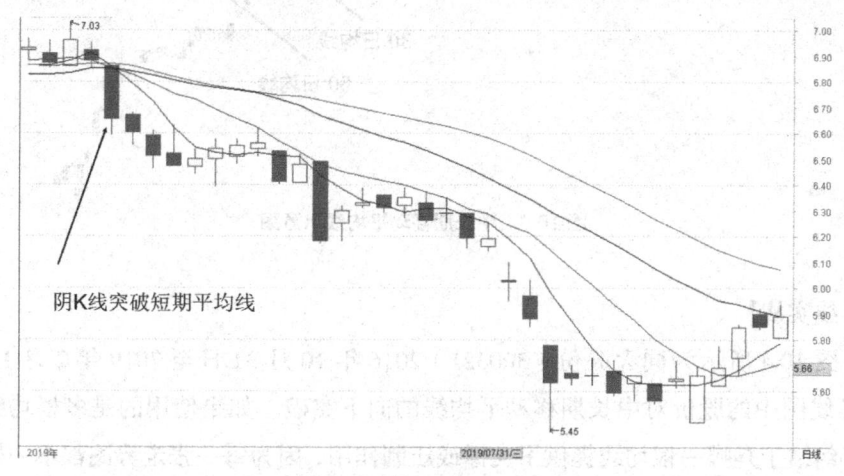

图 10.2　西藏城投日 K 线图

【结构分析】

短期移动平均线因其反应灵敏，往往被用作短期投资参考的利器，但因过于灵活有时反而效果不佳。

短期移动平均线对股价的支撑和压力作用较弱，股价若在接近短期移动平均线支撑位或压力位时反弹或回落，则相应说明该股票的强劲或疲弱。

在观察 K 线对短期移动平均线的突破时，也应注意成交量的变化。

10.1.2　中长期移动平均线
【形态概述】

中长期移动平均线是指中长期时间段的股价平均价格的连线，因为周期较长，所以对股价未来运动方向的反应稍显迟钝，但其对股价的支撑和压力作用往往强于短期移动平均线。常被中长期投资者使用的有 30 日均线、60 日均线、120 日均线和 250 日均线。图 10.3 所示为中长期移动平均线示意图。

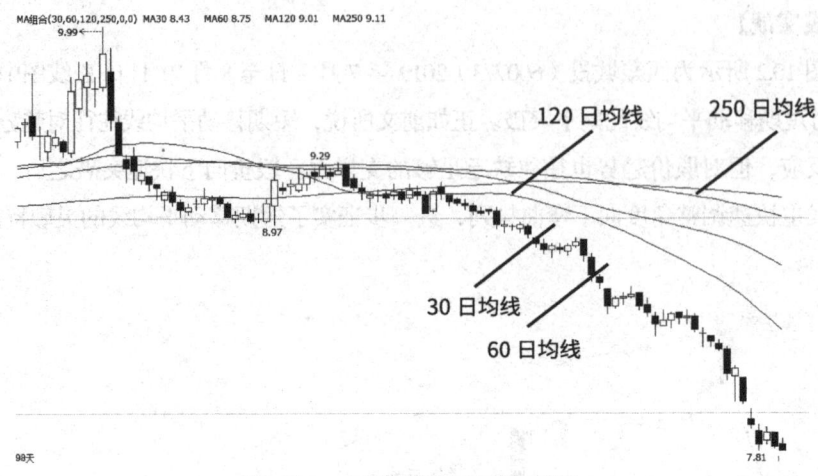

图 10.3 中长期移动平均线示意图

【K 线实战】

图 10.4 所示为同大股份（300321）2016 年 10 月 31 日至 2019 年 2 月 12 日日 K 线图中的股价对中长期移动平均线的向下突破。如果使用的是多根均线，不必纠结于是哪一根均线提供了支撑或压制作用，因为每一张走势图都不一样，此图中起作用的那根均线并不一定在另外的图中同样起作用。在本例中，尽管在第一段快速下跌后，股价进行了长达几个月的反弹，并且使 30 日、60 日、120 日均线缠绕，但 250 日均线始终笼罩在反弹走势之上。短期均线可以更灵活地跟随股价走势，但它的缺点是过于灵活；长期均线的缺点是反应慢，但反应慢也正是其优点，即对长期趋势方向具有指导意义。

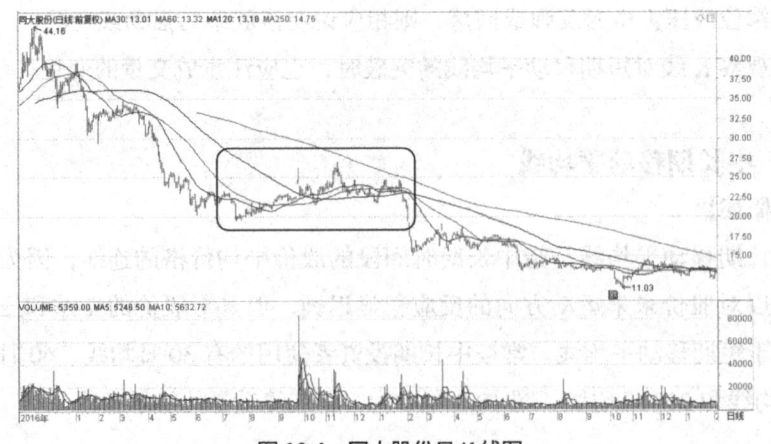

图 10.4 同大股份日 K 线图

【结构分析】

中长期移动平均线因其反应迟钝，往往被稳健的中长期投资者使用，其所具备的技术意义相对短期移动平均线更加重大。

中长期移动平均线对股价的支撑和压力作用较强。股价在接近中长期移动平均线支撑位或压力位时，往往会进行一段时间的震荡整理，整理时间越长说明该股票的趋势动力越弱。

在观察 K 线对中长期移动平均线的突破时，也应注意成交量的变化。

10.2 移动平均线的买点

技术指标对趋势的动向往往有很强的指向性。在移动平均线构建的技术指标中，帮助投资者获利的极佳工具就是移动平均线的买点信号。对于这类信息，投资者往往需要在对移动平均线有充分了解之后才能透彻地掌握其运行规律。本节将对移动平均线的买点做具体的实例探讨。

10.2.1 低位移动平均线的黄金交叉

【形态概述】

股价在前期下挫后会使移动平均线进行调整排列，而之后趋势开始反转，短期移动平均线开始掉头上攻，与反应迟钝的长期移动平均线会有交叉点，而这种短期移动平均线向上同长期移动平均线产生的交叉就被称为黄金交叉（金叉）。图 10.5 所示为低位移动平均线的黄金交叉示意图。

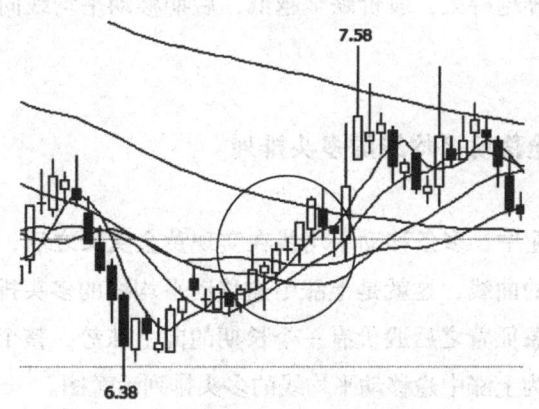

图 10.5　低位移动平均线的黄金交叉

【K 线实战】

图 10.6 所示为凯利泰（300326）2019 年 7 月 23 日至 10 月 21 日 K 线图中的低位移动平均线的黄金交叉。在黄金交叉产生后，股价明显摆脱了疲弱的底部，不断上行，成交量也给予了积极的配合。

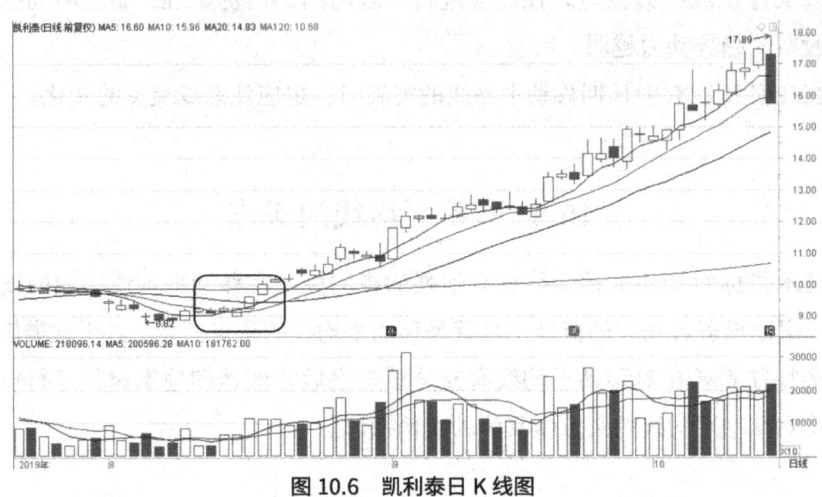

图 10.6　凯利泰日 K 线图

【结构分析】

黄金交叉的移动平均线如果是短期移动平均线，表示股价向上有短暂的冲力；如果是中长期移动平均线，表示股价向上有中长期的冲力。

股价出现黄金交叉的同时，如果伴随成交量的增加放大，往往是股价上涨的健康态势。

前期下跌趋势越持久，股价跌至越低，后期移动平均线向上的黄金交叉越强劲。

10.2.2　上涨中途移动平均线的多头排列

【形态概述】

在股价上涨途中，多条移动平均线在实现黄金交叉之后，往往开始向上倾斜并排列成平行的曲线，这就是上涨中途移动平均线的多头排列。移动平均线的多头排列往往象征着之后股价有一个长期的向上涨势，整个涨势将平滑且畅达。图 10.7 所示为上涨中途移动平均线的多头排列示意图。

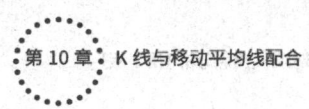

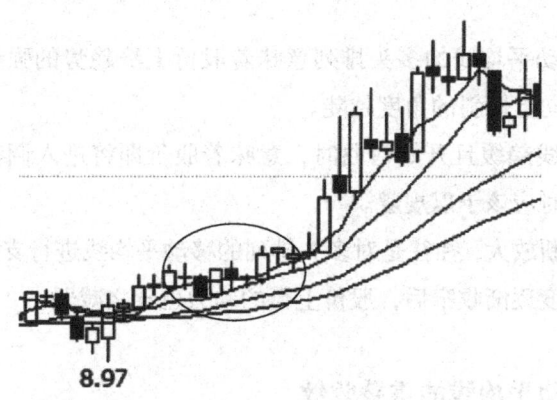

图 10.7　上涨中途移动平均线的多头排列示意图

【K 线实战】

图 10.8 所示为苏大维格（300331）2019 年 8 月 9 日至 9 月 10 日日 K 线图中的上涨中途移动平均线多头排列形态。整个上涨阶段快速拉升，以 10 日移动平均线作为支撑线向上行走，同时成交量也健康放大。但后期成交量的停滞阻碍了股价继续向上爬行，之后成交量的萎缩使得股价开始进入疲弱的整理形态，移动平均线也开始走坏，上涨行情也随之告一段落。

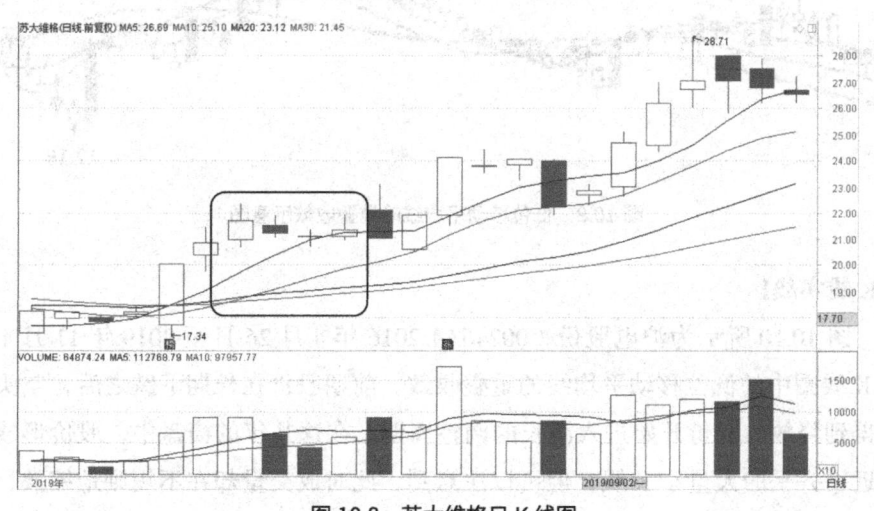

图 10.8　苏大维格日 K 线图

【结构分析】

上涨中途移动平均线的多头排列意味着股价上涨趋势的强势展开,周期越短的移动平均线向上倾斜的角度越陡。

当移动平均线趋缓且开始弯曲时,意味着股价即将进入调整或反转的弱势形态,投资者此时应该予以规避。

成交量的不断放大,往往是对多头排列的移动平均线进行支撑的有力砝码,当成交量增长幅度逐渐收窄后,股价上行的动力也随之减弱。

10.2.3 低位移动平均线的重叠收敛

【形态概述】

股价在进入长期的弱势横盘整理格局后,易使得移动平均线收窄缠绕并且拧作一团,这类形态就是移动平均线的重叠收敛。在之后的股价趋势当中,往往会出现向上发散的移动平均线排列或是短暂的假意下跌,之后同样跟随完美的多头排列形态。图 10.9 所示为低位移动平均线的重叠收敛示意图。

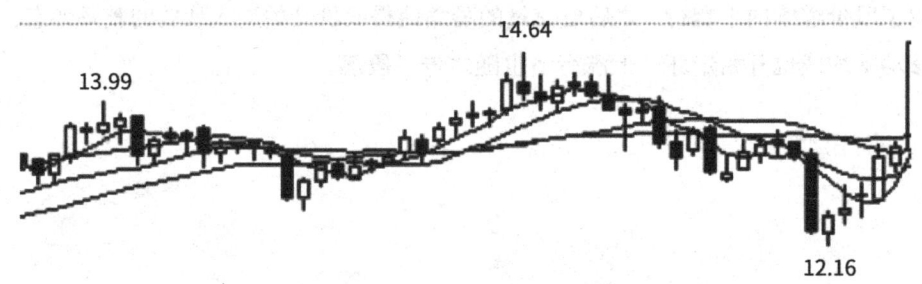

图 10.9　低位移动平均线的重叠收敛示意图

【K 线实战】

图 10.10 所示为沪电股份(002463)2016 年 4 月 26 日至 2019 年 11 月 1 日日 K 线图中的低位移动平均线的重叠收敛。前期股价在长期下跌之后,空头力量得到释放,股价开始进入漫长的调整周期。在这几年的横盘中,股价形成重心近乎齐平的大量小 K 线,但可以注意到,此时成交量却在不规则地缩放,移动平均线也开始逐渐重叠并收敛得越发密集。随着横盘整理接近尾声,股价开启了稳健的上涨行情,成交量也随之放大,形成了健康的上升态势。

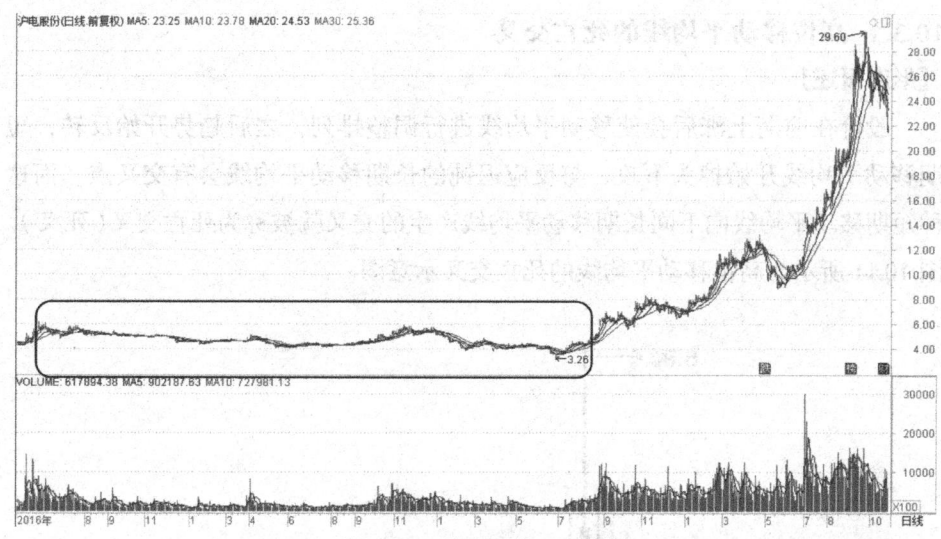

图 10.10　沪电股份日 K 线图

【结构分析】

股价跌至低位时，移动平均线的重叠收敛往往意味着后期行情的强势，移动平均线重叠区域的长度等于后期股价上行的高度。

移动平均线重叠收敛时，往往会有一根小 K 线突发性地跳到所有移动平均线之上，这意味着调整行情的结束和上升行情的开启。

在移动平均线重叠收敛时，成交量往往会出现不规则的放缩变化，这意味着股价在横盘期间依然有很大的活力，也意味着股价并非长期疲弱无力。

10.3　移动平均线的卖点

10.2 节我们对移动平均线在股价运行的趋势中透露的买点信息进行了分析，本节我们将对移动平均线的卖点进行分析，帮助投资者在购买股票之后选择好的卖出时机。投资者往往可以很好地把握买点，但在股市中，大部分投资者都无法很好地掌握股票的卖点，因为这涉及对操作原则的遵守，还可能触及投资者内心的贪婪。

10.3.1 高位移动平均线的死亡交叉

【形态概述】

股价在前期上涨后会使移动平均线进行调整排列，之后趋势开始反转，短期移动平均线开始掉头下攻，与反应迟钝的长期移动平均线会有交叉点，而这种短期移动平均线向下同长期移动平均线产生的交叉就被称为死亡交叉（死叉）。图 10.11 所示为高位移动平均线的死亡交叉示意图。

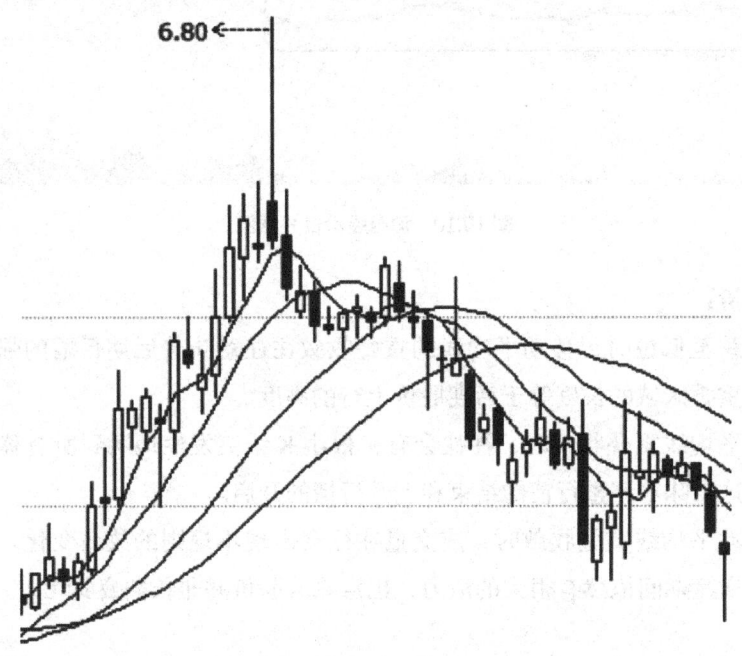

图 10.11　高位移动平均线的死亡交叉示意图

【K 线实战】

图 10.12 所示为金正大（002470）2019 年 2 月 13 日至 9 月 2 日日 K 线图中的高位移动平均线的死亡交叉。前期股价在上行动力衰竭、成交量也逐渐萎缩之后开始选择下行，短期移动平均线也快速调转势头开始下攻，并在短期之内同下方的中长期移动平均线形成死亡交叉。之后的股价一路下行，从而证实了死亡交叉在帮助投资者规避损失上有着重要的作用。

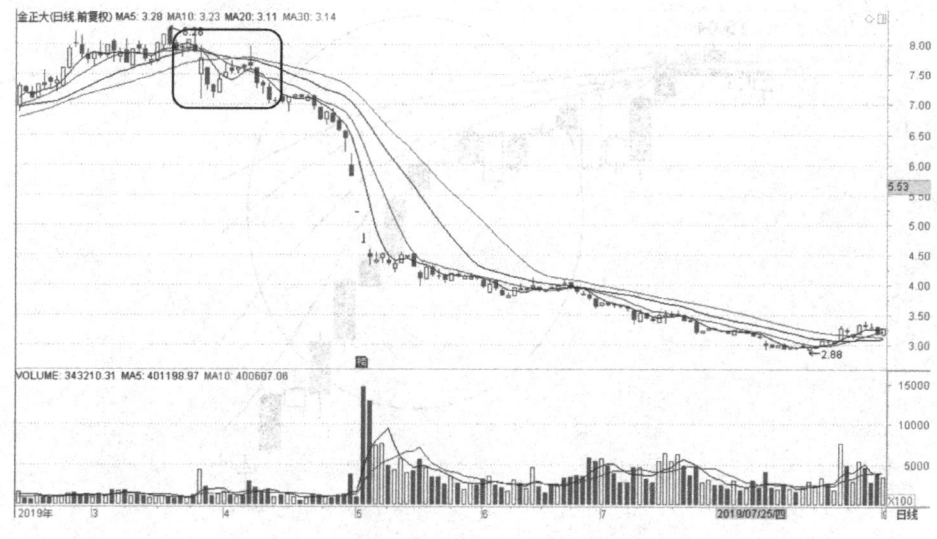

图 10.12 金正大日 K 线图

【结构分析】

死亡交叉的移动平均线如果是短期移动平均线，表示股价向下有短暂的冲力；如果是中长期移动平均线，表示股价向下有中长期的冲力。

股价出现死亡交叉的同时，如果伴随成交量的增加放大，则更加强了股价下跌的信号。

前期上涨趋势越持久，股价升至越高，后期移动平均线向下的死亡交叉越强劲。

10.3.2 下降中途移动平均线的空头排列

【形态概述】

在股价下跌途中，多条移动平均线在实现死亡交叉之后，往往开始向下倾斜并排列成平行的曲线，这就是下降中途移动平均线的空头排列。移动平均线的空头排列往往象征着之后股价有一个长期的向下跌势，整个跌势猛烈且持久。图 10.13 所示为下降中途移动平均线的空头排列示意图。

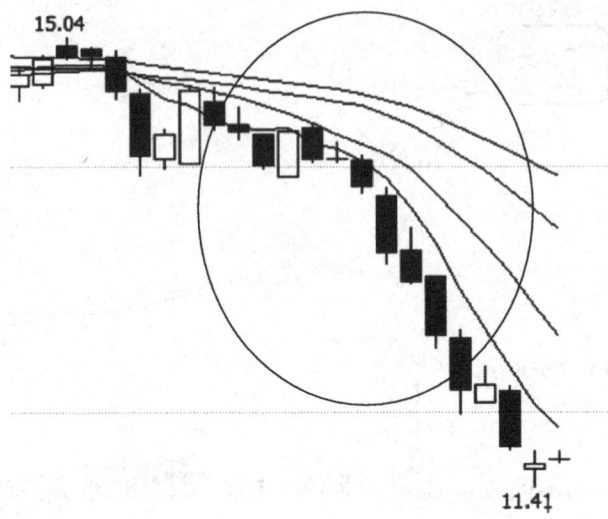

图 10.13 下降中途移动平均线的空头排列示意图

【K 线实战】

图 10.14 所示为双环传动（002472）2019 年 4 月 12 日至 11 月 1 日日 K 线图中的下降中途移动平均线的空头排列。前期股价在横盘调整了一段时间后开始向下进攻，同时伴随的是众多移动平均线的向下弯曲，并很快形成了空头排列的形态。股价在长达两个月的时间中不断下跌，甚至没有出现略显强势的反弹。可以看出，移动平均线空头排列的出现往往意味着股价趋势的弱化，后期股价不容乐观。

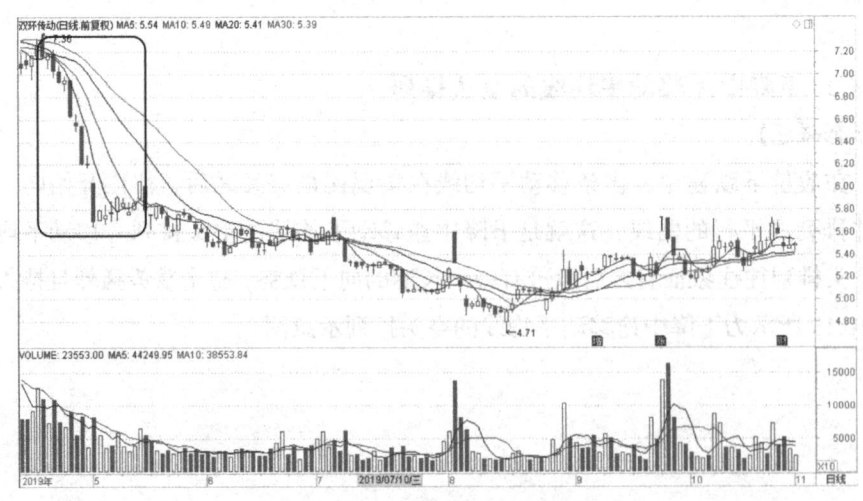

图 10.14 双环传动日 K 线图

【结构分析】

下降中途移动平均线的空头排列意味着股价下跌趋势的强势展开，周期越短的移动平均线向下倾斜的角度越陡。

当移动平均线趋缓且开始弯曲时，意味着股价即将进入调整或反转的弱势形态，投资者此时应该予以规避。

成交量的不断放大，往往是对空头排列的移动平均线进行支撑的有力砝码，当成交量不断收缩后，股价下行的动力也随之萎缩。

10.3.3 高位移动平均线的过分发散

【形态概述】

股价在形成多头排列后，移动平均线的过分发散将使得股价上行的趋势不够持续，往往意味着股价上涨的动力开始趋于弱化，随时都有调整的可能。投资者在遇到此类均线形态时应该多加注意并观望，遏制住参与的热情，待态势明朗后再考虑参与。图 10.15 所示为高位移动平均线的过分发散示意图。

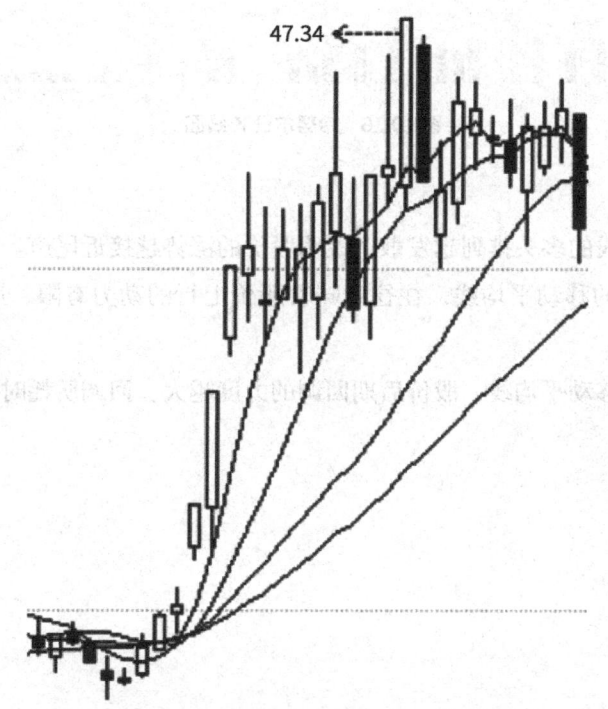

图 10.15　高位移动平均线的过分发散示意图

【K线实战】

图 10.16 所示为希努尔（002485）2019 年 3 月 22 日至 6 月 12 日日 K 线图中的高位移动平均线的过分发散。从图中可以看出，股价在整理后的上行初期，移动平均线已经过分发散，也正因如此，股价上行的动力不够强劲，因此这类移动平均线过分发散的情况只适合短暂参与，不能过分追高。

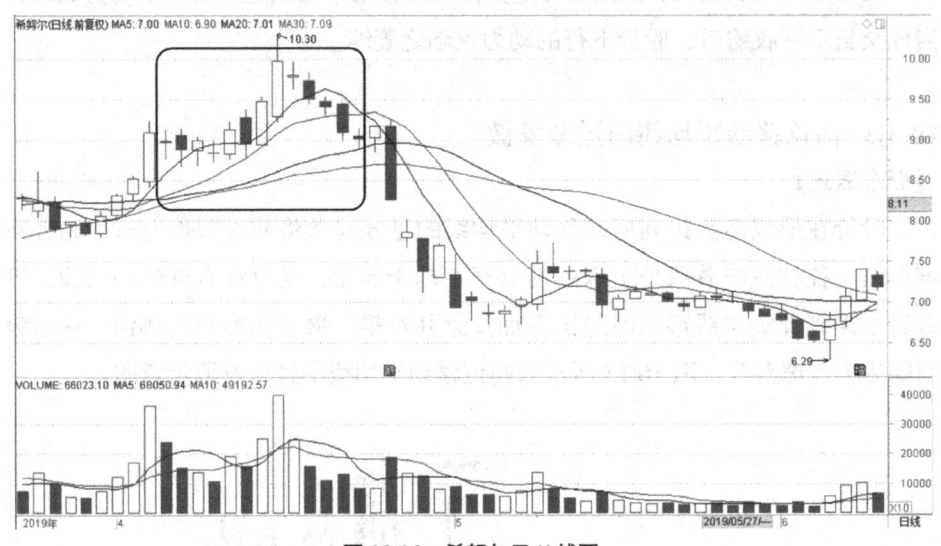

图 10.16　希努尔日 K 线图

【结构分析】

移动平均线的多头排列越发散，说明股价的涨势越接近尾声。

过分发散的移动平均线，往往意味着股价上行的动力有限，股价上涨的高度也有限。

越发散的移动平均线，股价后期回调的力度越大，回调所耗时间越长。

第 11 章

K 线与成交量配合

K 线与成交量的配合往往被认为是市场运行的根本,它们是各类指标分析的源头,也是判断股价运行趋势的最基本依据。很多投资者在进入股市之后会投入大量的精力研究各类指标,过高地评估指标的重要性,殊不知,K 线与成交量的配合已清晰地透露了股市动向。本章将对 K 线与成交量的配合进行分析,帮助投资者掌握上佳的买点和卖点,认清股市运行的真实规律。

11.1 成交量的两种形态

成交量是股价运行思想的深度表现。成交量的典型变化包括放量和缩量。在传统意义上,放量意味着对趋势的助推,而缩量则意味着对趋势的缓解。但随着投资者技术分析能力的不断提高,更多的逆向逻辑渗入成交量的意义当中,伴随而来的信息也显得极为复杂,因此对待基本的成交量信息也应该结合当时的情境进行更深层次的分析。

11.1.1 缩量

【形态概述】

缩量是指市场在一段周期内交易十分惨淡,因此成交量极度萎缩。从成因上看,缩量可以分为两类:一是股价大幅上扬并且市场极度看好,因而主动性卖盘变少,导致成交量很小;二是股价大幅下跌,整个市场氛围很弱,普遍不看好个股,因而主动性买盘变少,导致成交量很低。上涨中发生缩量,后期股价向上的趋势短期内不会改变,但放量后需谨慎。下降中发生缩量则没有明显的战略意义。图 11.1 所示为缩量示意图。

图 11.1 缩量示意图

【K线实战】

图 11.2 所示为启明信息（002232）2019 年 4 月 26 日至 9 月 27 日的日线走势图，在前期成交量放大时，高达 60 万手，但在股价下行后，成交量长期保持在 3 万手左右。

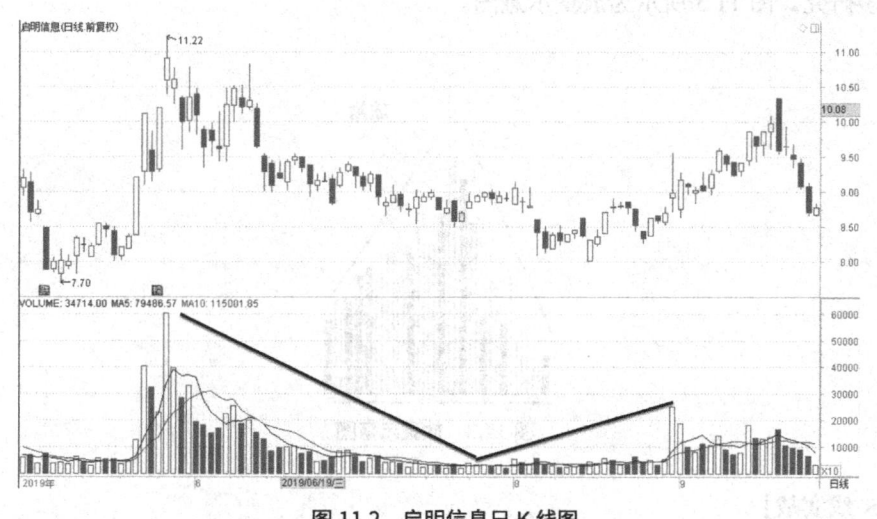

图 11.2　启明信息日 K 线图

【结构分析】

上涨趋势中，缩量往往意味着主力对市场份额的高度控制，因而缩量显买点，放量显卖点。

在股价趋势上涨过程中，回调分为下降回调和横盘回调，两者分别是以牺牲价格和时间为代价。缩量往往是对回调手法的确认，因而此类个股后期往往会有大涨行情爆发。

11.1.2　放量

【形态概述】

放量是指一段周期内的成交量急速放大，放量可分为持续放量和相对放量。持续放量是指在一段时期内，股价不断以高成交量的形态出现，成交量远远超过前期某段时期的成交量。相对放量是指一段时间内的成交量与最近的几个成交量相比呈现放大的特征。放量因股价所处位置和后期预示作用的不同可以分为 3 类：一是高位放量，价格会呈现出滞涨或快涨的特点，属于不同手法的出货行为；二是上涨中途的放量，因为在所处趋势中面临的局限性，投资者往往会被上涨趋势中的震荡走势影响，具体形态上往往与出货行为相似；三是下跌放量，往往显示着承接盘和抄底盘的强劲力量，或是表现了下跌突破后的市场氛围转弱，大量空头出现。因下跌时成交量的不稳定特征，我们对下跌放量不过多研究。图 11.3 所示为放量示意图。

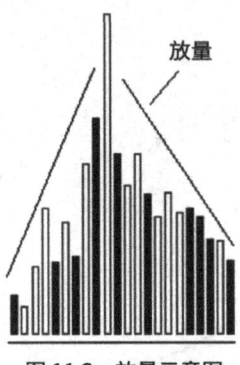

图 11.3　放量示意图

【K 线实战】

图 11.4 所示为卫士通（002268）2019 年 7 月 11 日至 10 月 25 日日 K 线图中的放量，前期成交量一直保持七八万手，而这段时期内成交量多次保持在十七八万手以上。

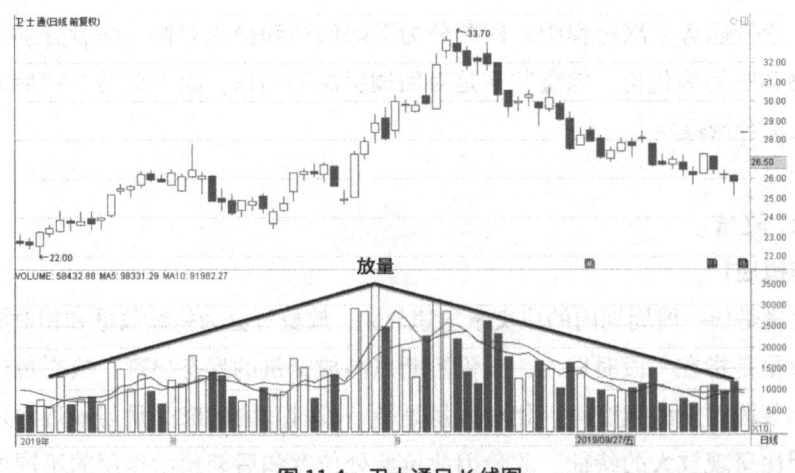

图 11.4　卫士通日 K 线图

【结构分析】

放量往往意味着盘内主动性买卖盘的放大，而这一特性往往是由于市场氛围过度看多或看空，具体需要结合更多的指标综合观察。

市场氛围过分看多时，通常会有蜂拥的买盘参与；市场氛围过分看空时，也会有大量的抛压盘涌出。

11.2 K线与成交量的买点

K线与成交量配合所透露的往往是股市中比较准确的信息源。针对K线与成交量配合所透露的买点信号，我们将对低位量增价涨、上涨中途缩量回调和上涨中途量缩价涨这3类经典的形态进行分析，帮助投资者透过主力的操作手法对趋势进行正确的判断。

11.2.1 低位量增价涨

【形态概述】

低位量增价涨是指股价处在低位区域时，往往在准备发动一波上涨行情时不得不在成交量上有所体现，而这恰恰就是股价开始从底部向上拉升的起点，后期往往会带来大额的利润回报。投资者在遇到此类股票时应该积极参与，中长期持有。图11.5所示为低位量增价涨示意图。

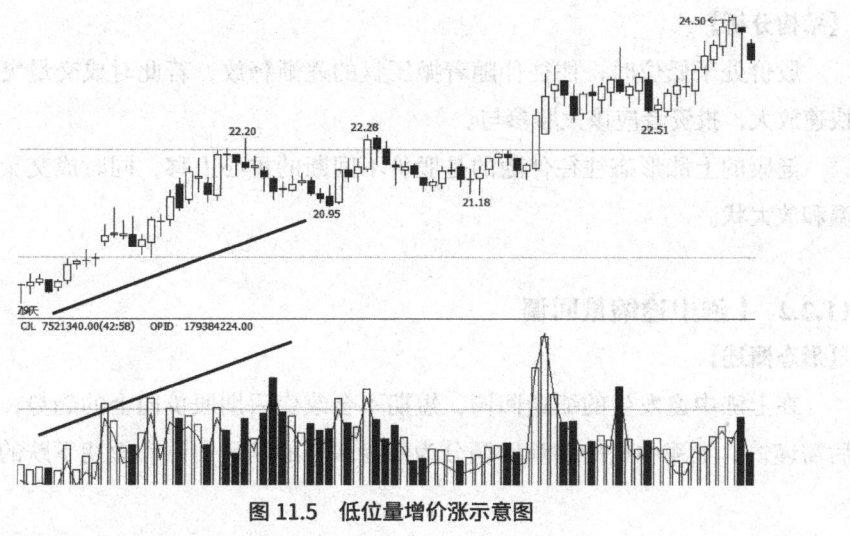

图11.5 低位量增价涨示意图

【K线实战】

图 11.6 所示为亚联发展（002316）2019 年 5 月 21 日至 9 月 27 日日 K 线图中的低位量增价涨。此时亚联发展已经在近一个月内处于 7.5 元左右的低价位，成交量在短暂的极度萎缩后开始快速放量，与此同时股价也不断上行，形成了一个健康的上升形态。此时往往是一波上涨行情的开始，投资者如若看到个股出现此类情况，可大胆抄底，后期盈利必然可观。

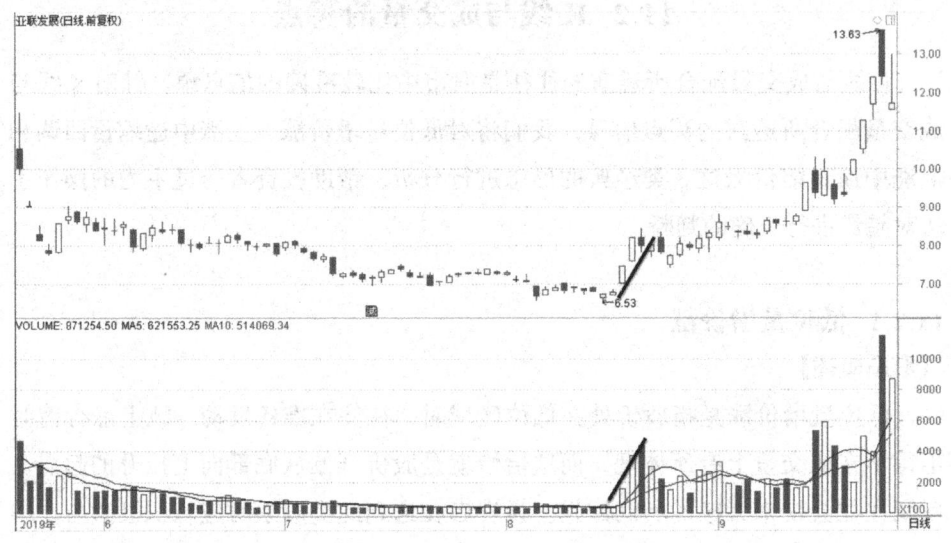

图 11.6　亚联发展日 K 线图

【结构分析】

股价处于低位时，往往伴随着抛压盘的逐渐释放，若此时成交量突发性地快速放大，投资者应该大胆参与。

健康的上涨形态往往伴随的是股价不间断的重心上移，同时成交量呈持续温和放大状。

11.2.2　上涨中途缩量回调

【形态概述】

在上涨中途发生的缩量回调，短期不会改变后期股价向上的趋势，但放量后需谨慎。上涨中途的缩量回调分为横盘调整的缩量回调和短期下跌的缩量回调，两者分别以牺牲时间和股价为代价。图 11.7 所示为上涨中途缩量回调示意图。

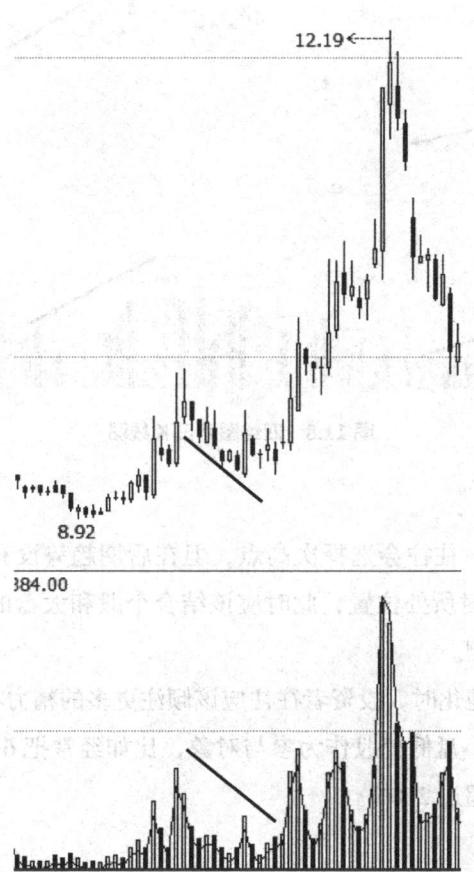

图 11.7　上涨中途缩量回调示意图

【K 线实战】

图 11.8 所示为四维图新（002405）2018 年 12 月 17 日至 2019 年 4 月 25 日日 K 线图中的两次缩量回调。可以清晰地发现，股价在上涨中途进行回调时成交量有明显的萎缩，此时的调整周期和调整幅度也很小，这往往是主力不愿过分失去跟风盘的行为，也表明当前只有少数的浮筹。在两次短暂回调后，股价快速拉涨，后期出现天量后股价涨势才逐渐被反转。投资者明晰主力手法之后，可以在股价短暂回调时积极买进，在后期成交量放大时卖出。

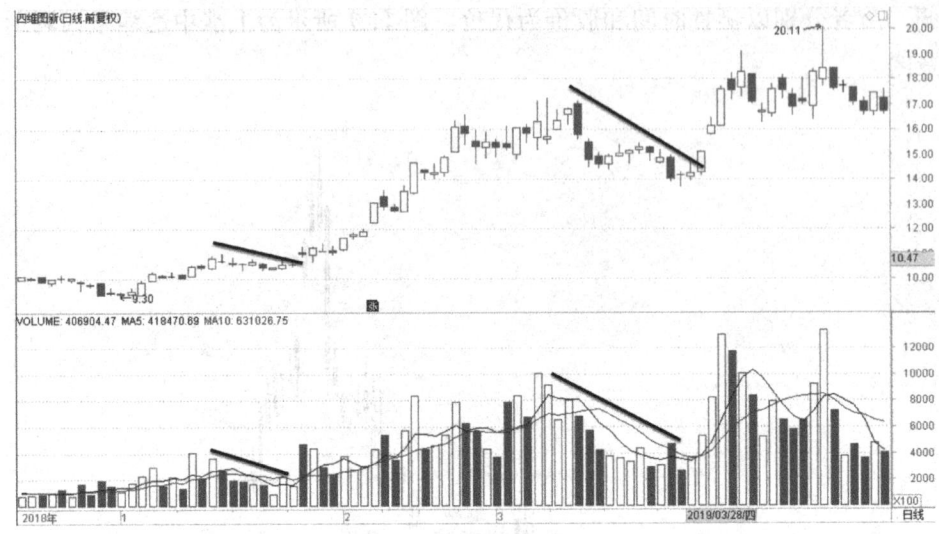

图 11.8 四维图新日 K 线图

【结构分析】

主力进行整理，往往会选择次高点，但在后期趋势没有完全明朗时，投资者往往判断不了当时所处位置，此时应该结合个股和大盘的相关性，观察是否能通过大盘进行推测。

在技术指标都钝化时，投资者往往应该倾注更多的精力在基本面分析上。

主力常常以中小盘低价股作为参与对象，比如经常把 6 元的股价推至 20 元左右，使整个涨幅超过 200%。

11.2.3 上涨中途量缩价涨

【形态概述】

上涨中途的量缩价涨，往往被认为是由于惜售而没有大量卖盘出现的行为，后期股价向上的趋势短期不会改变，但放量后需谨慎。投资者在遇到此类个股时应当大胆参与，短线内可能有大额收获。图 11.9 所示为上涨中途量缩价涨示意图。

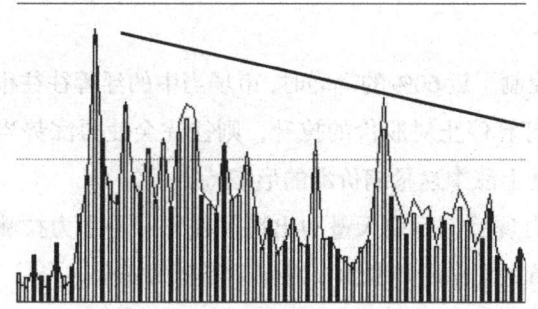

图 11.9　上涨中途量缩价涨示意图

【K 线实战】

图 11.10 所示为广联达（002410）2019 年 4 月 17 日至 11 月 1 日日 K 线图中的上涨中途量缩价涨。在所选区域中，可以明显地看到股价在上涨的同时成交量却不断萎缩。在后期成交量放出天量时，可以明显发现主力在大力出货，随之而来的是股价的反转下行。在遇到此类个股时，投资者应积极参与，待后期成交量急剧放大时便是逃离之时。

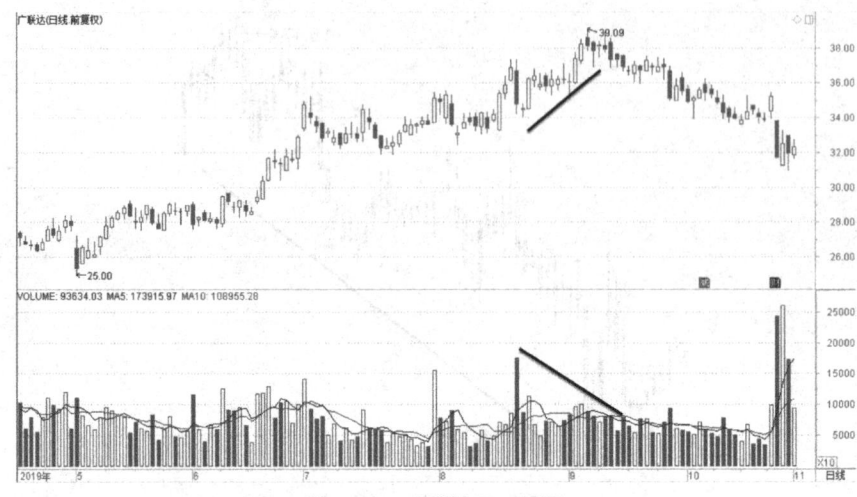

图 11.10　广联达日 K 线图

【结构分析】

当主力手中控制了近 60% 的筹码时，市场当中的浮筹往往很有限。与此同时，若主力短期并不打算停止对股价的拉升，则往往会使得涨势当中没有足够的卖盘，因而容易出现上涨中途量缩价涨的形态特征。

在此类形态出现后，后期天量的出现往往预示着主力拉涨行情的结束，投资者此时应该谨慎地卖出所持股份，以保证资金的安全。

11.3　K 线与成交量的卖点

11.2 节介绍了通过 K 线和成交量的配合我们可以很好地选择股票的买点。与之相反，本节将选择两类形态帮助投资者选择卖点，以避免不必要的损失或实现止盈。本节将对高位量增价平和高位量增价跌两类形态进行分析，以提高投资者的操作水准。

11.3.1　高位量增价平

【形态概述】

高位量增价平是指股价在一段时间的大幅上扬后，开始在高价区域以横盘放量的形式为主力在高位出货提供良好的平台，这种形态往往同吸筹很像，但因所处价位的不同,两者表现的意义也不同。投资者在遇到此类个股时,应提高警惕并快速平仓,因为股价随时都有崩盘的可能,这属于高风险低收益的投资品种。图 11.11 所示为高位量增价平示意图。

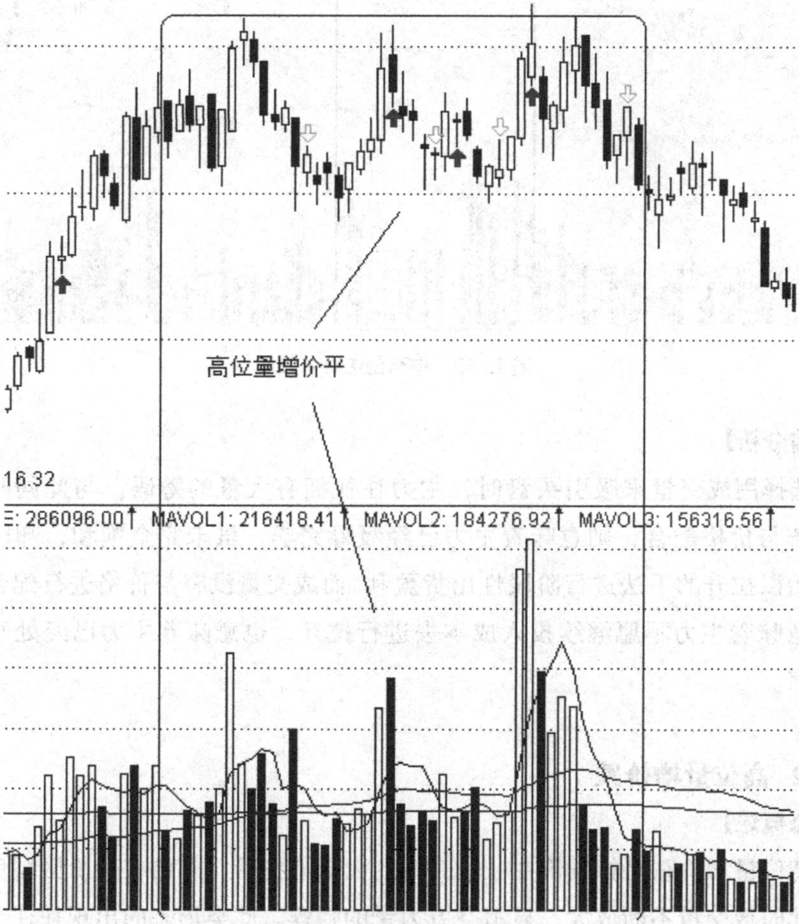

图 11.11　高位量增价平示意图

【K 线实战】

图 11.12 所示为中科创达(300496)2018 年 12 月 21 日至 2019 年 6 月 20 日日 K 线图中的高位量增价平。可以看出,该区域成交量呈现出一个持续放量的状态,成交量在 17.8 万手左右,但股价仍以横盘的形式停滞。投资者若持有此类股票应立即平仓,以避免不必要的损失。

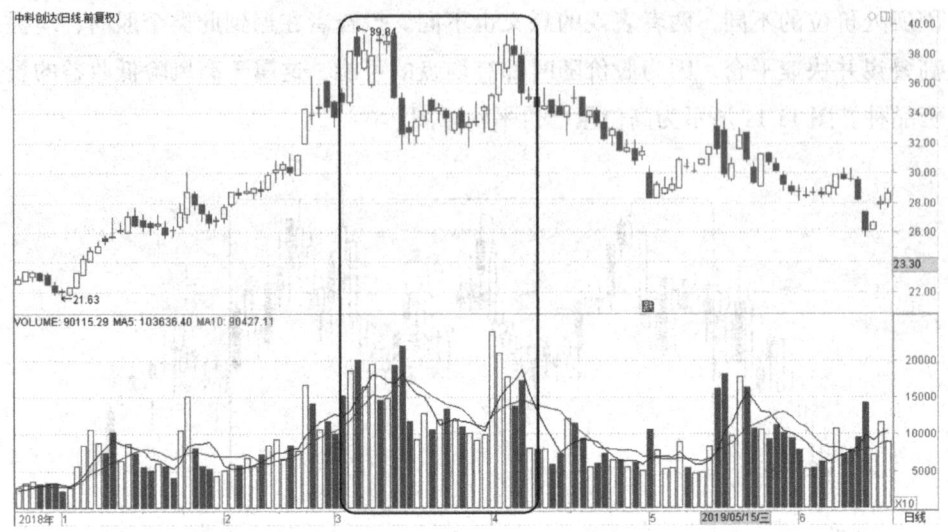

图 11.12　中科创达日 K 线图

【结构分析】

　　选择用成交量来吸引买盘时，主力往往拥有大量的筹码。与此同时，成交量若与价格配合，则意味着主力已经吸筹完毕，虽未完全饱和，却已经准备开始以拉升的手法进行阶段性出货盈利。而成交量没有与价格进行配合时，往往意味着主力不愿继续投入成本去进行拉升，也意味着主力已经处于出货的尾声。

11.3.2　高位量增价跌

【形态概述】

　　高位量增价跌是指股价在一段时间的大幅上扬后，开始在高价区域反转向下，此时成交量不断放大，显示空方力量的强悍。此类形态的出现往往会归因于突发性的利空，使得空方力量保持一致或者主力已经决心大举出货，从而不顾及技术支撑位和大盘的作用力。投资者在遇到此类个股时，应提高警惕并快速平仓止损，因为股价下行的速度很快，容易带来大额损失。图 11.13 所示为高位量增价跌示意图。

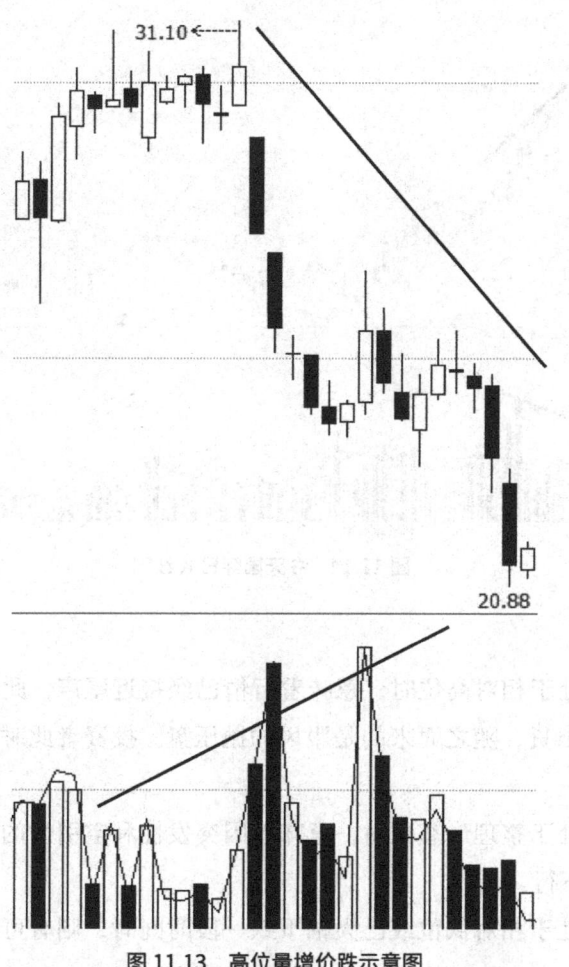

图 11.13　高位量增价跌示意图

【K 线实战】

　　图 11.14 所示为今天国际（300532）2019 年 6 月 21 日至 11 月 1 日日 K 线图中的高位量增价跌。在前期横盘于高位后，股价开始选择下行，并如图中所示出现了量增价跌的形态。这一方面显示了市场对短期底部的预期判断，从而使得买盘数量增加，成交量也随之放大，另一方面也显示了卖盘并未完全减弱。投资者此时应加速平仓，以减少不必要的损失。

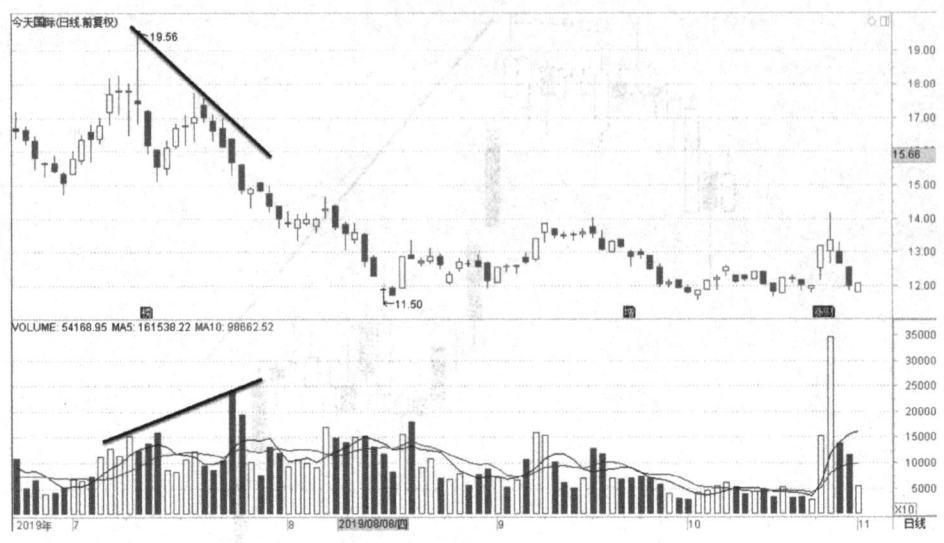

图 11.14 今天国际日 K 线图

【结构分析】

量增价跌处于相对高位时,意味着行情已经接近尾声,此时主力往往借着人气高涨不断出货,随之而来的是跟风的抛压盘。投资者此时应该尽快斩仓以避免损失。

量增价跌处于整理形态位时,意味着因突发性利空引发的大量抛压盘,从而使股价快速下行。

量增价跌处于相对低位或已大幅下跌一段时间时,则有可能是主力进行最后的吸筹所致。

第 12 章

K 线与 MACD 指标配合

MACD 指标源于期货市场,被应用于股票市场是因为该指标具备稳健的信号指示性,在大部分行情启动时,往往可以通过背离和金叉进行有效捕捉。在资本市场中,MACD、KDJ(随机指标)、BOLL(布林线)、RSI(相对强弱指标)和 OBV(能量潮)等都是常用的指标类型。本章将对 MACD 指标在股票投资中所表现出的独特参考性进行细致分析,希望投资者能够好好把握。

12.1 MACD 指标的基本概念

本节以 MACD 指标的基本概念为核心进行分析,帮助投资者更深刻地理解 MACD 指标的指示作用,了解 MACD 指标的计算原理并明确其构成部分。接下来,我们将全面介绍 MACD 指标的基本概念,帮助投资者提高投资技术。

12.1.1 MACD 指标的构成

【形态概述】

MACD 又称平滑异同移动平均线,该指标的结构分为 3 个部分:DIF 线、DEA 线和 MACD 柱状线。DIF 线是收盘价短期指数平滑移动平均线与收盘价长期指数平滑移动平均线的差值,即小周期(12 天)的 EMA 减去大周期(26 天)的 EMA 所得的值;DEA 线是 DIF 线的 M 日指数平滑移动平均线;MACD 柱状线是 DIF 线与 DEA 线的差值,也就是 MACD 指标中的柱状线。图 12.1 所示为 MACD 指标示意图。

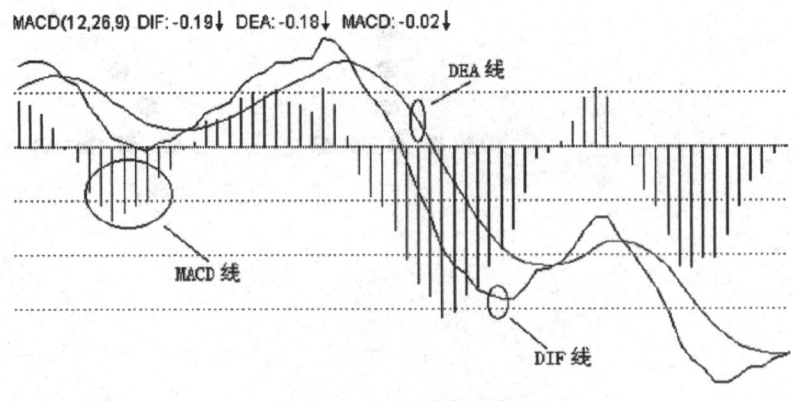

图 12.1 MACD 指标示意图

【K线实战】

图 12.2 所示为 ST 慧业（000816）2019 年 9 月 30 日至 11 月 1 日日 K 线图中的 MACD 指标。从图中可以看出，EMA 指标和 MACD 指标的短中周期都是（12，26），当日 EMA1 为 1.36，EMA2 为 1.41，因而可以准确地算出 DIF=EMA1-EMA2=-0.05。同时昨日的 DEA 为 -0.05，因而今日的 DEA= 今日的 DIF×0.2+ 昨日的 DEA×0.8=（-0.05）×0.2+（-0.05）×0.8=-0.05。因而今日的 MACD 柱状线 BAR=2×（DIF-DEA）=2×[（-0.05）-（-0.05）]=0。图中显示的数据为 -0.01，是因为我们计算的时候只保留了小数点后两位有效数字，而计算机在计算的时候是在计算过程中保留小数点后 8 位有效数字，计算出结果之后再保留小数点后 2 位有效数字。图中显示的 -0.01，基本上与 0 相同。

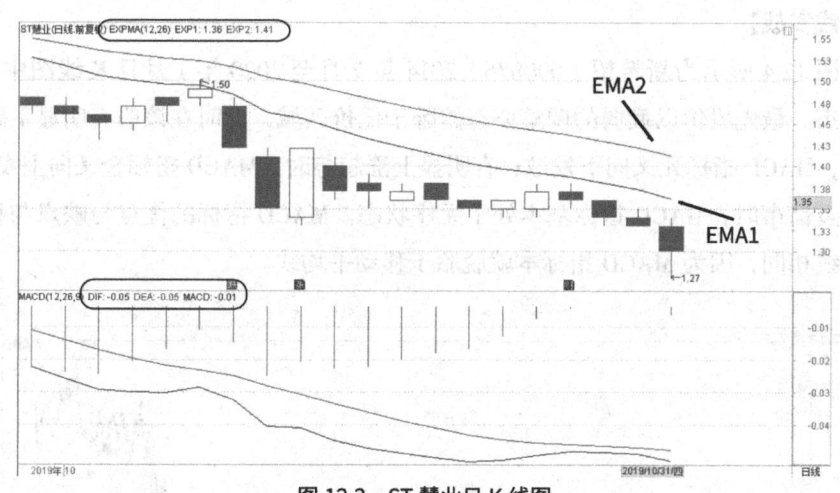

图 12.2　ST 慧业日 K 线图

【结构分析】

MACD 指标作为趋势性指标，其本身对趋势变更的灵敏性有所欠缺，但在对切换周期进行综合性研判时往往具备很准确的指向性。

12.1.2　MACD 指标的基本应用原则

【形态概述】

当 DIF 线和 DEA 线处于 0 轴以上时，意味着此时的市场气氛良好，属于多头市场；当 DIF 线和 DEA 线处于 0 轴以下时，意味着此时的市场气氛很差，属于空头市场；当市场处于牛市调整格局时，DIF 线和 DEA 线显示的指标不具备参考性，MACD 指标此时容易失真。图 12.3 所示为 MACD 指标的应用示意图。

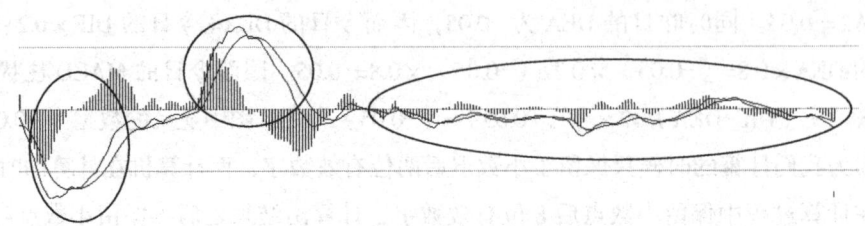

图 12.3　MACD 指标的应用示意图

【K 线实战】

图 12.4 所示为新希望（000876）2014 年 7 月至 2020 年 1 月日 K 线图中的 3 类形态。最先股价以疲弱的调整姿态俯卧于低价区域，此时在该股有明显下跌趋势时，MACD 指标死叉向下发散；有明显上涨趋势时，MACD 指标金叉向上发散。但在震荡市时，MACD 指标基本处于无序状态。MACD 指标的优点与缺点与移动平均线相同，因为 MACD 指标本就脱胎于移动平均线。

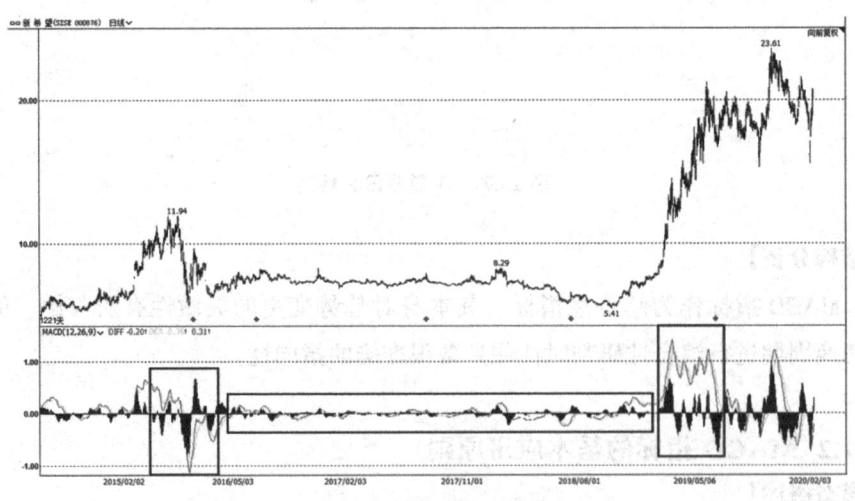

图 12.4　新希望日 K 线图

【结构分析】

DIF 线和 DEA 线的运行区域往往显示着股价所处趋势的强弱,当其在 0 轴以上运行时,意味着股价处于强势的多头市场;当其在 0 轴以下运行时,意味着股价处于弱势的空头市场;当其围绕 0 轴进行反复震荡时,说明股价处于疲弱的调整格局。

股价运行趋势活跃时,DIF 线会长时间处于 DEA 线之上;股价运行趋势低迷时,DIF 线会长时间处于 DEA 线之下;股价运行趋势疲软时,DIF 线和 DEA 线会反复交缠。DIF 线在 DEA 线之上运行的时间等于 DIF 线在 DEA 线之下运行的时间。

12.2 MACD 指标的买点

本节将介绍如何在把握股票投资原理的同时选择上佳的买点。利用 MACD 指标选择买点要依靠 3 类信号:MACD 黄金交叉、低位 MACD 柱状线萎缩和低位 MACD 指标的底背离形态。

12.2.1 MACD 黄金交叉

【形态概述】

DIF 线由下向上快速运行,同 DEA 线形成的交叉被称为 MACD 黄金交叉(金叉)。此时 DIF 线和 DEA 线形成交点,因而 MACD 柱状线近乎没有。当黄金交叉处于 0 轴以下时,是空头市场接近尾声的信号;如果黄金交叉处于 0 轴以上,则是底部反转或是涨势中途回落结束的标志,此时往往是进入市场的上佳时机。图 12.5 所示为 MACD 黄金交叉示意图。

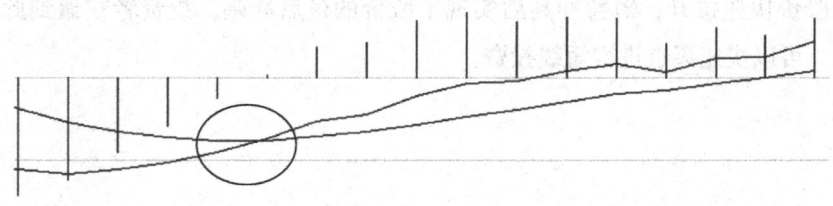

图 12.5　MACD 黄金交叉示意图

【K线实战】

图12.6所示为中鼎股份（000887）2019年1月30日至3月14日日K线图中的0轴之下的MACD黄金交叉。此时股价以多个小K线进行重心平铺的短暂整理，金叉后随之而来的一波上涨行情顺利实现了对前期跌势的反转。因而0轴之下的MACD黄金交叉往往意味着股价的阶段性买点已经出现，投资者在遇到此类形态时应果断买进，以获取利润。

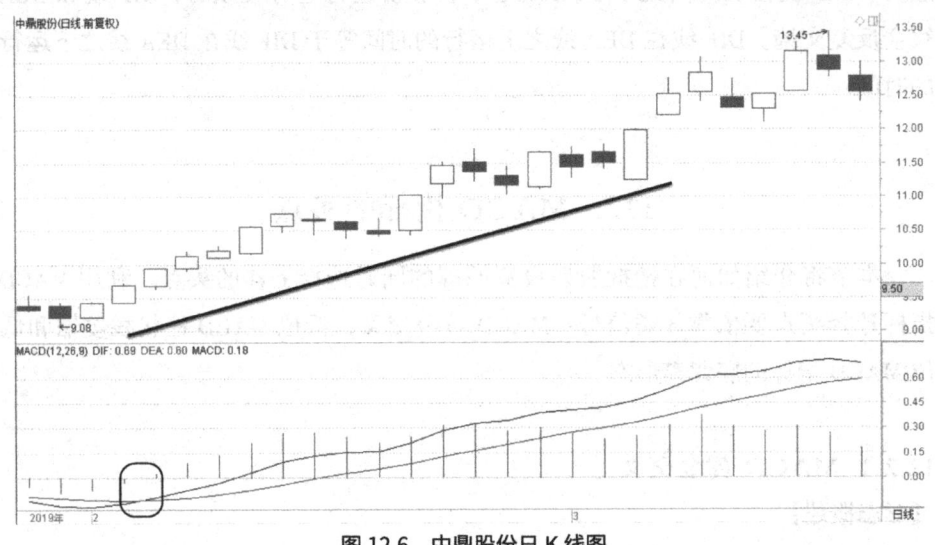

图12.6　中鼎股份日K线图

【K线实战】

图12.7所示为现代投资（000900）2018年12月18日至2019年3月21日日K线图中的0轴之上的MACD黄金交叉。可以看出，前期股价已进入上涨趋势，短暂的回落整理使得MACD指标在0轴之上形成了一个更为强势的黄金交叉。之后股价快速拉升，短暂冲高后实现了股价的最后冲刺。投资者在遇到此类形态时，可以快速买进进行短线投资。

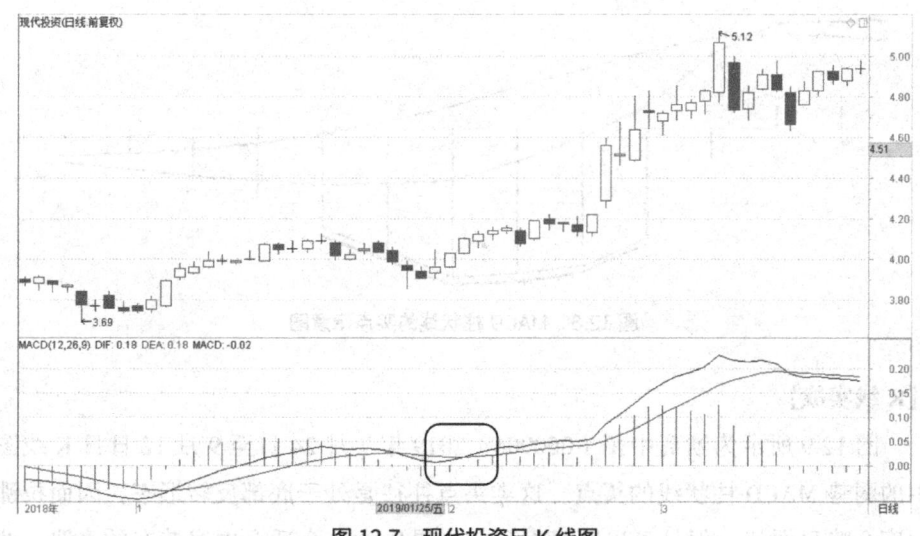

图 12.7　现代投资日 K 线图

【结构分析】

　　MACD 指标在 0 轴之下容易形成多个短暂的黄金交叉，但最后一个黄金交叉往往意味着趋势的反转，市场趋势会逐渐转强，然而此类黄金交叉带动的上涨行情不算最坚挺。

　　MACD 指标在 0 轴之上形成的黄金交叉，更多代表的是股价在上涨趋势中途的回落调整，调整的幅度越浅、时间越短，意味着短期内将越容易产生大行情或是涨势尾声的冲高行情。

　　MACD 指标在进行 0 轴之上的股价回落调整时，前期顶部时段的 K 线多在小阳线出现时更具参考意义，若频繁出现中大阳线则有阶段性见顶的可能，之后的强势黄金交叉更趋向于是趋势反转之后的小反弹。

12.2.2　MACD 柱状线的买点

【形态概述】

　　MACD 指标中的 MACD 柱状线以柱状形态表现着 DIF 与 DEA 之差，显示着股价在运行过程中的动能力量。根据邻近柱状形态之间的连线，我们可以清晰地看出股价运行的速率，掌握股价在趋势上所处的位置。投资者认识了这类形态后，可以有效地把握股价的变化规律，提高收益率。图 12.8 所示为 MACD 柱状线的买点示意图。

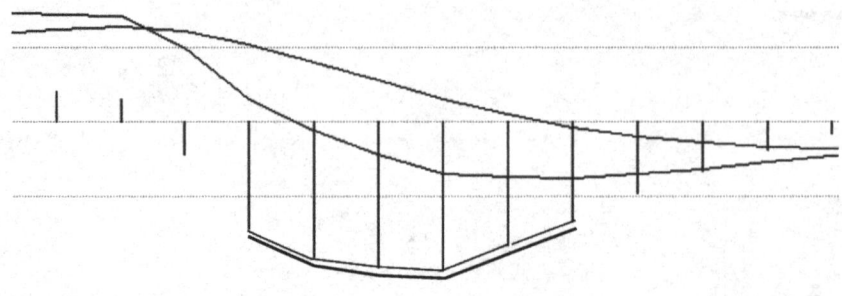

图 12.8　MACD 柱状线的买点示意图

【K 线实战】

图 12.9 所示为浙商中拓（000906）2019 年 7 月 24 日至 9 月 12 日日 K 线图中的弱势 MACD 柱状线的买点。这类买点往往是处于底部反转形态，因而拉涨力度会略显弱势。但是可以明显发现，如果作为一个适合中线持有的个股，此类买点的出现往往可以给投资者带来不错的收益，因此投资者在遇到此类个股时应该适当参与。

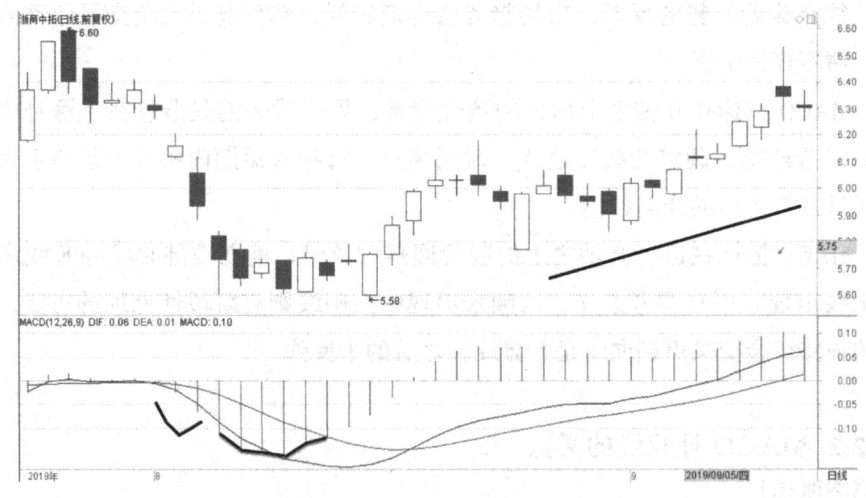

图 12.9　浙商中拓日 K 线图

【K 线实战】

图 12.10 所示为紫光股份（000938）2019 年 6 月 24 日至 8 月 22 日日 K 线图中的强势 MACD 柱状线的买点。可以看出，当 MACD 柱状线不断萎缩时，DIF 线

和 DEA 线均位于 0 轴之上，此时股价在前期涨势之后的中途形成短回落，之后必有一波快涨行情。出现此类形态时，短线买进往往会有大额回报。

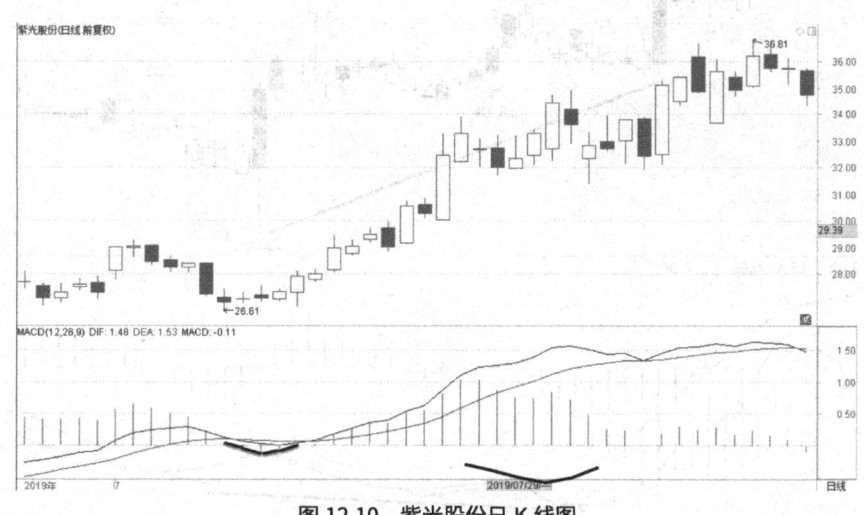

图 12.10　紫光股份日 K 线图

【结构分析】

MACD 柱状线萎缩形成的买点位于 0 轴之下时属于弱势买点，位于 0 轴之上时属于强势买点，位于 0 轴附近则是介于弱势和强势之间的买点。

MACD 柱状线萎缩形成的买点，往往会先进行温和的萎缩，之后再进行快速萎缩，显示了萎缩速率的变化。之后在 0 轴附近再次出现的平缓萎缩可以作为第二买点，之后很可能会出现第二次快速放大的阳 K 线。

12.2.3　低位 MACD 指标与股价运行趋势形成的底背离
【形态概述】

低位 MACD 指标与股价趋势形成的底背离是指股价在长期下跌探至低价区域后，MACD 指标开始形成和股价走势相反的形态。底背离分为 3 类：MACD 双曲线与股价运行趋势形成的底背离、MACD 柱状线与股价运行趋势形成的底背离和 MACD 双曲线、柱状线共同与股价运行趋势形成的底背离。图 12.11 所示为 MACD 指标与股价运行趋势形成的底背离示意图。

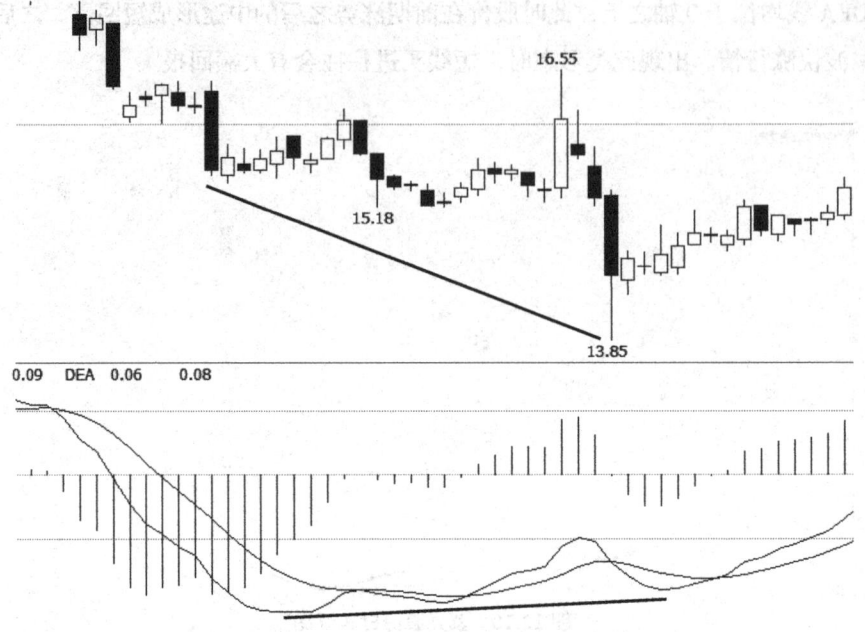

图12.11 MACD指标与股价运行趋势形成的底背离示意图

【K线实战】

图12.12所示为盈峰环境（000967）2018年5月3日至2019年6月26日日K线图中的MACD双曲线与股价运行趋势形成的底背离。可以很明显地看出，此时股价处在下跌趋势，但同时每一波下跌的幅度都在不断递减。MACD指标中的DIF线形成的底部趋势恰与股价运行趋势相反，呈现出明显的底背离。投资者在遇到此类形态时应该密切关注，随时准备买进。

【K线实战】

图12.13所示为*ST高升（000971）2018年9月4日至2019年3月21日日K线图中的MACD柱状线与股价运行趋势形成的底背离。前期股价形成了明显的下降趋势，在MACD柱状线形成的两底倾斜向上时，MACD的双曲线与股价也构成了背离，此时股价开始逐渐转强，底部形态构建结束并被成功反转。投资者在遇到此类个股形态时应果断买进。

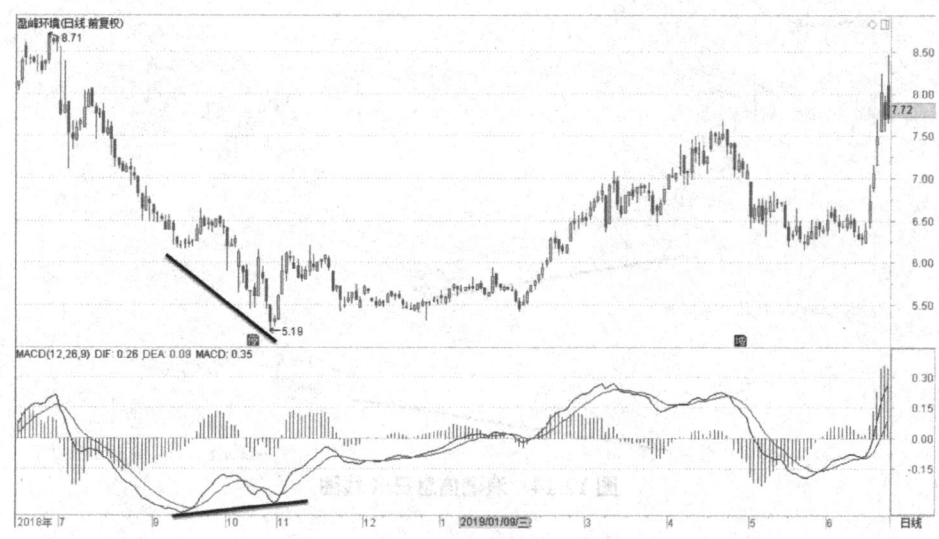

图 12.12　盈峰环境日 K 线图

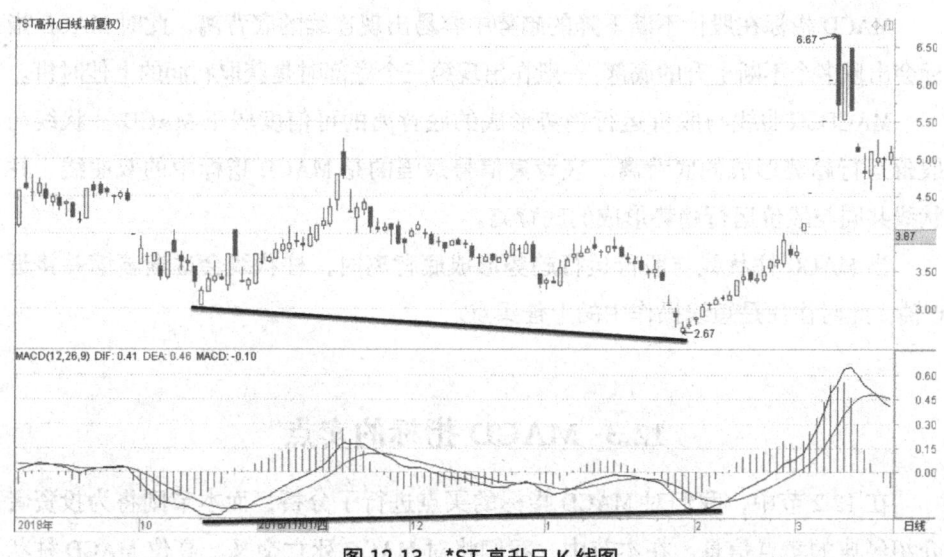

图 12.13　*ST 高升日 K 线图

图 12.14 所示为浪潮信息（000977）日 K 线图中的 MACD 指标与股价运行趋势形成的底背离。从图中可以明显看出股价在不断下行，但同时 MACD 指标中 DIF 线和 MACD 柱状线构建的底部却呈现不断上升的形态。底背离形成后，股价由 15.15 元上涨至 30.82 元，上涨一倍有余。

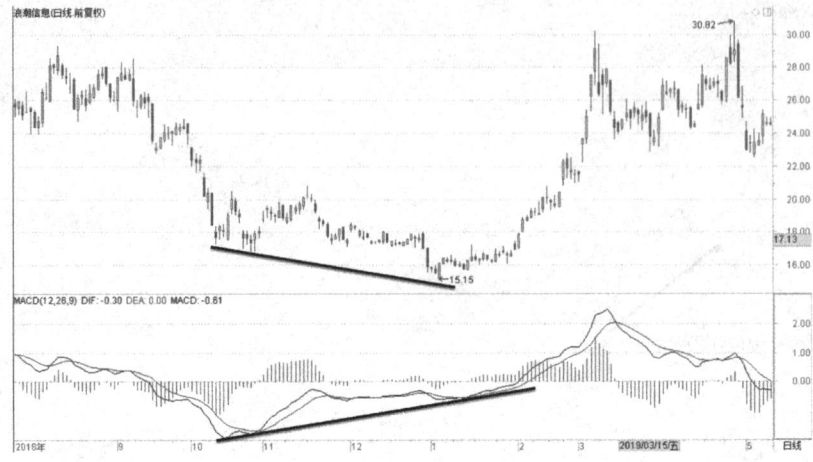

图 12.14 浪潮信息日 K 线图

【结构分析】

　　MACD 指标在股价不断下降的趋势中容易出现连续的底背离，此时 MACD 指标会出现多个不断上升的底部，一般在出现第三个底部时是获取利润的上佳时机。

　　MACD 双曲线与股价运行趋势形成的底背离的可信度弱于 MACD 柱状线与股价运行趋势形成的底背离。底背离信号最强的是 MACD 指标中的双曲线、柱状线共同与股价运行趋势形成的底背离。

　　当 MACD 柱状线与股价运行趋势形成底背离时，柱状线会逐渐萎缩并接近 0 轴，此时往往是短线操作中的上佳买点。

12.3　MACD 指标的卖点

　　在 12.2 节中，我们对 MACD 指标的买点进行了分析，而本节则将为投资者介绍经典的卖点信息。在本节中，我们将对 MACD 死亡交叉、高位 MACD 柱状线萎缩时的卖点和高位 MACD 指标的顶背离形态进行全面的讲解，帮助投资者掌握合适的卖点，实现止盈的目标。

12.3.1　MACD 死亡交叉

【形态概述】

　　MACD 死亡交叉是指 DIF 线由上向下快速运行，同 DEA 线形成的交叉。此

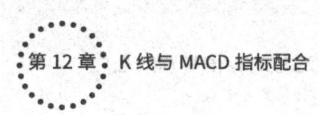

时 DIF 线和 DEA 线形成交点,因而 MACD 柱状线近乎没有。当死亡交叉处于 0 轴以上时,是多头市场接近尾声的信号;如果死亡交叉处于 0 轴以下,则是下降趋势中途反弹结束的标志,此时离开市场往往是上佳选择。图 12.15 所示为 MACD 死亡交叉示意图。

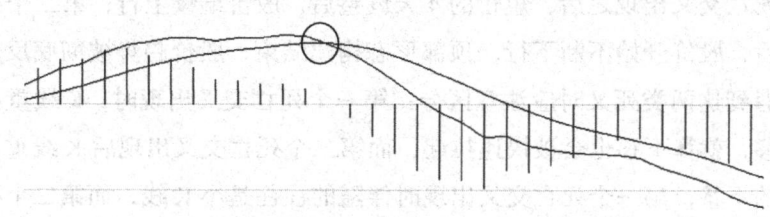

图 12.15 MACD 死亡交叉示意图

【K 线实战】

图 12.16 所示为众泰汽车(000980)2019 年 8 月 23 日至 11 月 1 日日 K 线图中的 MACD 死亡交叉。从图中可以看出,前期股价处于下降趋势,在实现小反弹后股价继续拐点向下,同时 MACD 双曲线也在 0 轴之下,由 DIF 线向下对 DEA 线形成死亡交叉,预示着股价反弹的彻底结束。投资者在此时应该果断斩仓,从而规避风险。

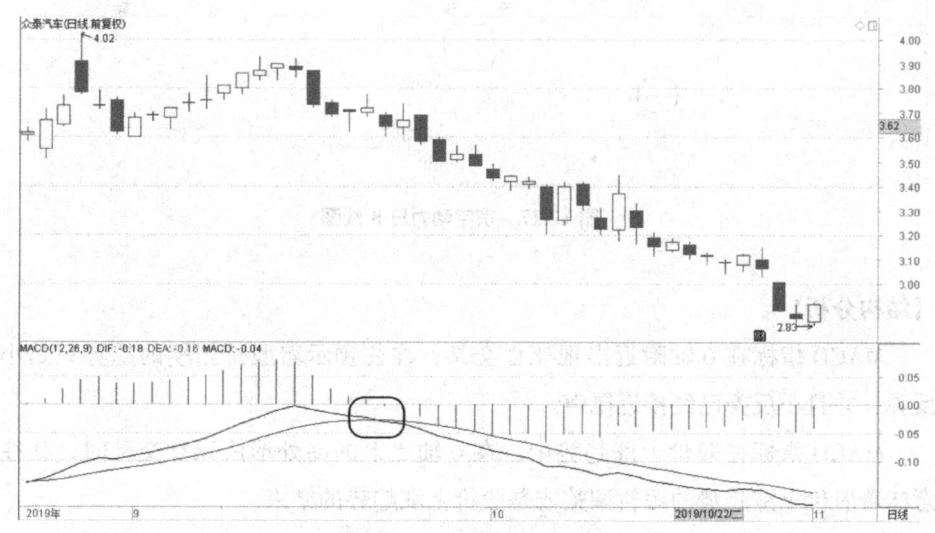

图 12.16 众泰汽车日 K 线图

【K线实战】

图12.17所示为宗申动力（001696）2018年12月18日至2019年8月17日日K线图中的两个死亡交叉。从图中可以清晰地看出，两个死亡交叉形态分别出现在股价上涨趋势的中途和尾声，而且两个死亡交叉都出现在0轴之上。在第一个死亡交叉出现之后，短暂的4天调整后，股价继续上行；第二个死亡交叉出现后，股价开始不断下行，顶部形态构建结束，股价趋势被彻底反转。投资者在遇到这两类死叉时应注意区分：第一个死亡交叉出现时，K线重心没有明显下移，就算下移也会被快速拉起，而第二个死亡交叉出现后K线重心出现了明显的下移；第一个死亡交叉出现时伴随的往往是小K线，而第二个死亡交叉出现时伴随的往往是大阴大阳线，有明显的大震幅。

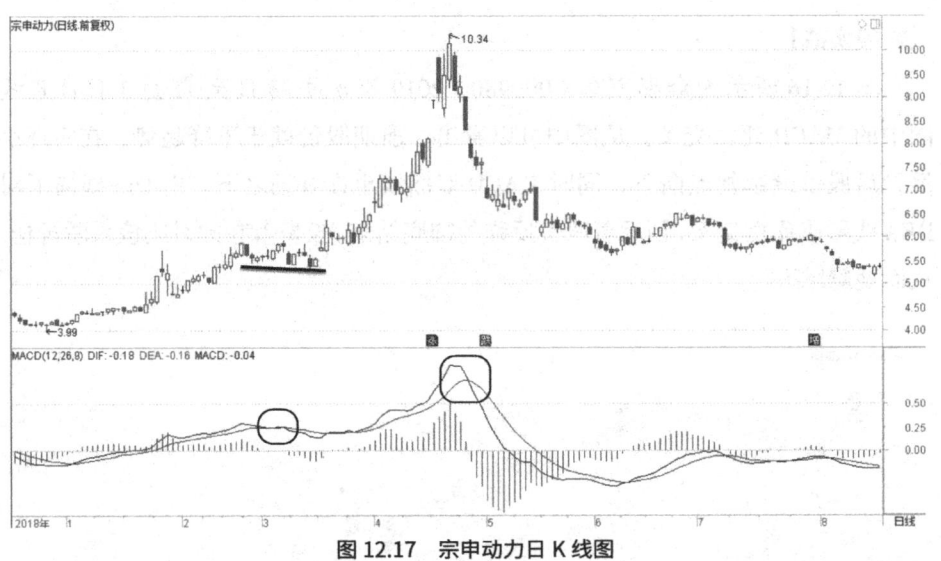

图12.17　宗申动力日K线图

【结构分析】

MACD指标在0轴附近出现死亡交叉，往往预示着股价当期的趋势只是小反弹，并且小反弹已经接近尾声。

MACD指标在股价上涨趋势中，在0轴之上的高处形成死亡交叉时，往往意味着股价上涨趋势的短暂调整或是股价上涨趋势的结束。

12.3.2 MACD 柱状线的卖点

【形态概述】

前文我们已经介绍了 MACD 柱状线的形态和功能，图 12.18 所示为 MACD 柱状线的卖点示意图。

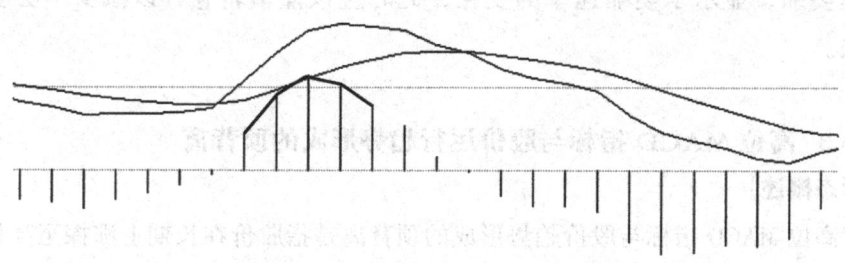

图 12.18　MACD 柱状线的卖点示意图

【K 线实战】

图 12.19 所示为新和成（002001）2019 年 8 月 6 日至 11 月 1 日日 K 线图中的 MACD 柱状线的卖点。可以看出，当 MACD 柱状线不断萎缩时，DIF 线和 DEA 线均位于 0 轴之上，这正是股价在前期涨势之后中途形成的趋势反转，之后出现了一波快跌行情。此类形态往往意味着极大的持有风险，投资者应谨慎规避。

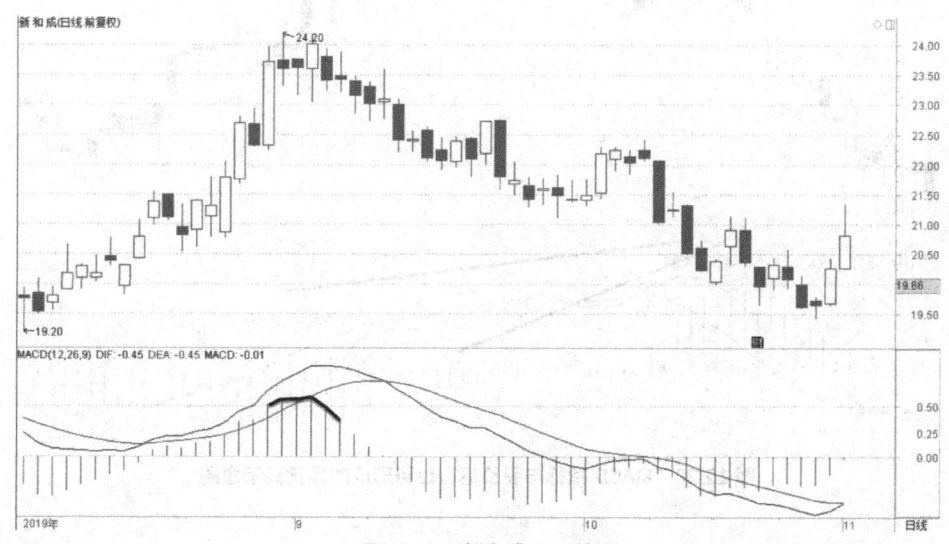

图 12.19　新和成日 K 线图

【结构分析】

股价高涨后，MACD 柱状线萎缩形成的卖点位于 0 轴之下，属于转势卖点，此时顶部的确认往往也需配合 K 线的形态和成交量的放大。

MACD 柱状线萎缩形成的卖点，往往会先进行温和的萎缩，之后再进行快速萎缩，显示了萎缩速率的变化，此时应该谨慎斩仓，以减少不必要的损失。

12.3.3 高位 MACD 指标与股价运行趋势形成的顶背离

【形态概述】

高位 MACD 指标与股价趋势形成的顶背离是指股价在长期上涨探至高价区域后，MACD 指标开始形成和股价走势相反的形态。顶背离分为 3 类：MACD 双曲线与股价运行趋势形成的顶背离、MACD 柱状线与股价运行趋势形成的顶背离和 MACD 双曲线、柱状线共同与股价运行趋势形成的顶背离。图 12.20 所示为 MACD 指标与股价运行趋势形成的顶背离示意图。

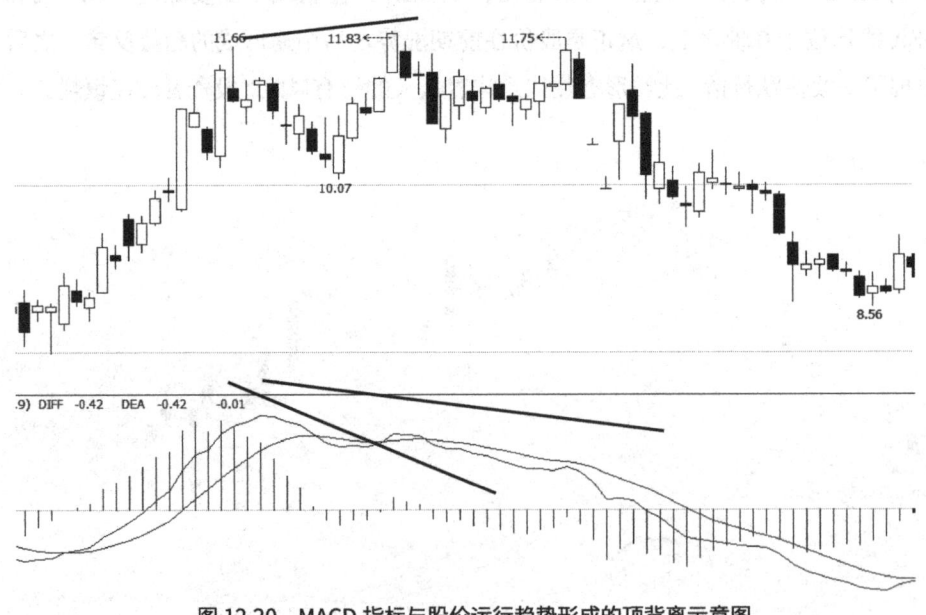

图 12.20　MACD 指标与股价运行趋势形成的顶背离示意图

【K 线实战】

图 12.21 所示为新和成（002001）2019 年 3 月 28 日至 11 月 1 日日 K 线图中的 MACD 双曲线与股价运行趋势形成的顶背离。股价以两个上升的高点形成一个继续向上的趋势，但同时 MACD 指标中两次形成了死亡交叉，DIF 线所构建的两个顶部轻微地向下倾斜，与股价的 K 线形态形成反差。此时 MACD 柱状线没有明显的背离特征，后期股价也一路向下，显示了 MACD 双曲线与股价趋势背离的意义。投资者此时应该准确地选择好卖点，果断斩仓。

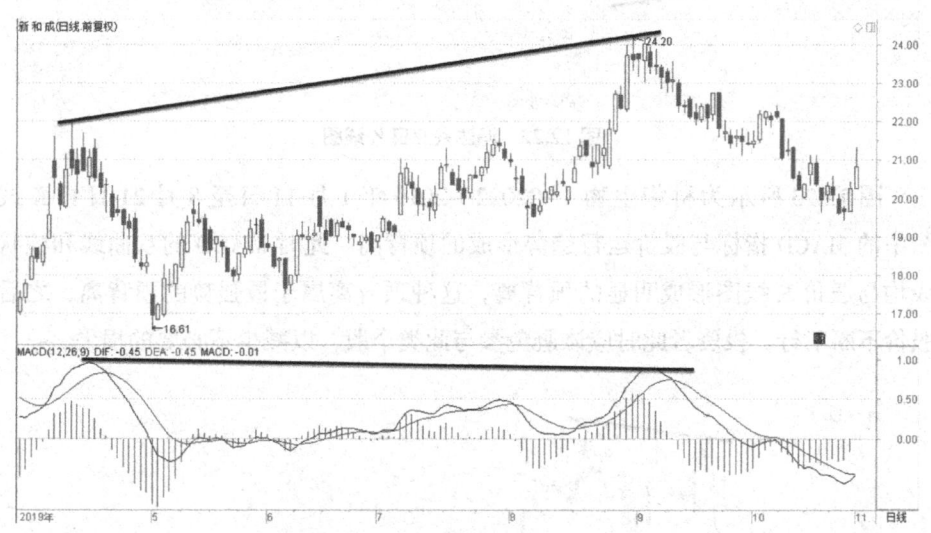

图 12.21 新和成日 K 线图

图 12.22 所示为鸿达兴业（002002）2019 年 1 月 11 日至 11 月 1 日日 K 线图中的 MACD 柱状线与股价运行趋势形成的顶背离。可以清晰地看出，股价在一个长期向上的运行过程中以反复的震荡显示着涨势的疲态。在连续构建两个上升的顶部形态后，MACD 柱状线出现了两个倾斜向下的柱峰，因而可以判断顶背离已经形成。后期股价不断下行，也致使 DIF 线和 DEA 线进入 0 轴之下的空头市场，投资者此时应该警惕清仓。

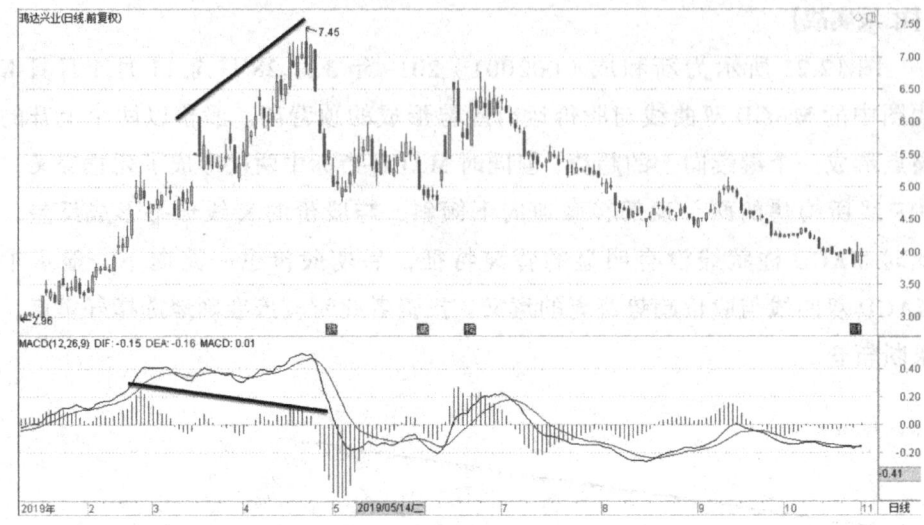

图 12.22　鸿达兴业日 K 线图

图 12.23 所示为科华生物（002022）2019 年 1 月 11 日至 8 月 21 日日 K 线图中的 MACD 指标与股价运行趋势形成的顶背离。此时 MACD 的双曲线和柱状线均与股价 K 线图形成明显的顶背离，这种顶背离属于最强势的顶背离，之后股价不断下行。投资者此时应该避免参与此类个股，以减少不必要的损失。

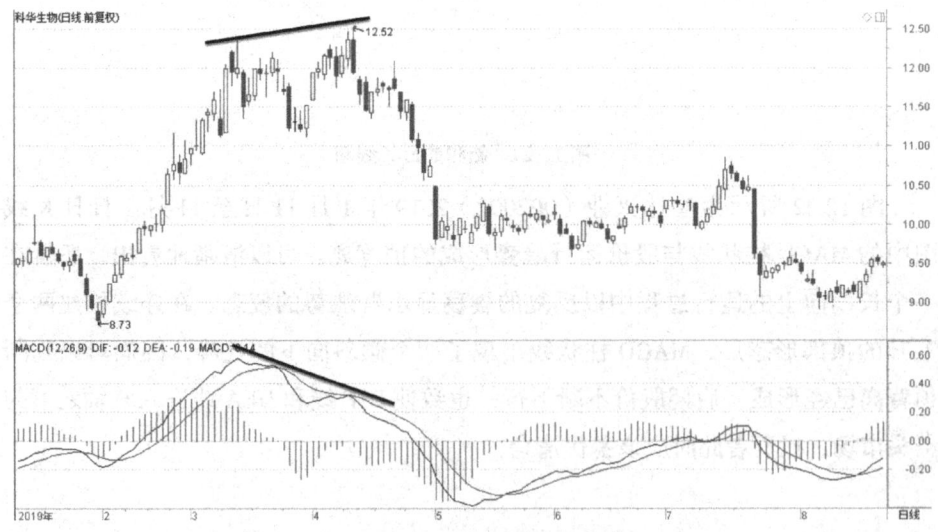

图 12.23　科华生物日 K 线图

【结构分析】

在 MACD 指标与股价运行趋势形成的顶背离形态当中，MACD 双曲线、柱状线共同与股价运行趋势形成的顶背离对股价的趋势反转信号最强，但其他顶背离指标的指示也同样准确。顶背离信号的可靠性要高于底背离信号。

MACD 指标在股价不断上升的趋势中容易出现连续的顶背离，此时 MACD 指标会出现多个不断上升的顶部，一般在出现第三个顶部时是止盈清仓的上佳时机。

当 MACD 柱状线与股价运行趋势形成顶背离时，柱状线会逐渐萎缩并接近 0 轴，此时往往是短线操作中的上佳卖点。

第 13 章

K线与分时图配合

股市中的另一重要参考内容当属分时图中的宝贵信息,分时图因其看似简略却内含丰富信息而备受推崇。本章将对分时图中的股价、均价线、内外盘、量比、换手率和成交明细等进行分析,帮助投资者掌握分时图的基础知识,看清主力的操作手法及动向,投资者也应该更多地观察并思考分时图的深层含义。

13.1 分时图的基础知识

本节将对分时图的基础知识予以详解,帮助投资者打好基础,了解其原理。希望投资者可以认真研习,以提高自身投资水平。

13.1.1 股价与均价线

【形态概述】

分时图中出现的白线为股票的即时价格,也就是当前最新的主买或主卖的价格;黄线是股票盘内的平均价格,是当前已出现的价格进行平均运算后的值。股价与均价线的关系表现为3种:股价位于均价线之上,股价围绕均价线进行反复的波动震荡或缠绕,股价位于均价线之下。股价位于均价线之上意味着股价处于较强势的价格走势当中;股价与均价线缠绕或反复波动震荡属于普通的价格走势,略显疲弱;股价位于均价线之下意味着股价处于较弱势的价格走势当中。图13.1所示为股价与均价线示意图。

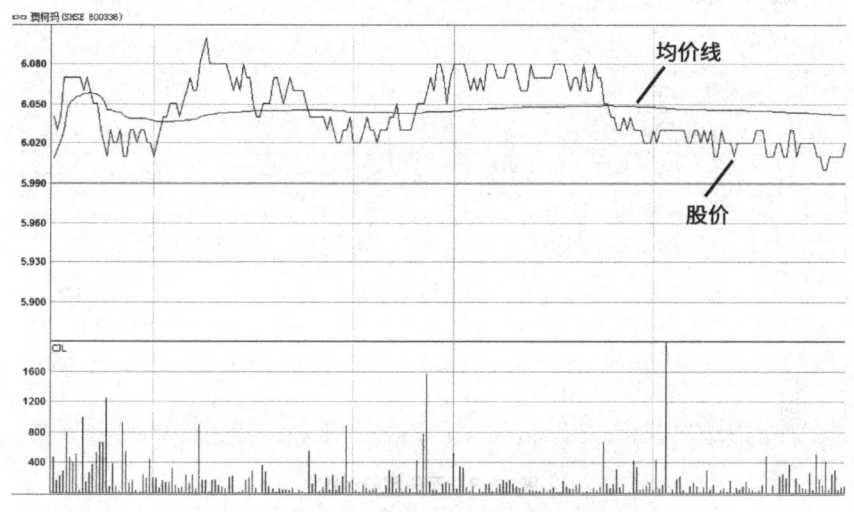

图13.1 股价与均价线示意图

【K线实战】

图 13.2 所示为银之杰（300085）2019 年 11 月 1 日的分时图。从图中可以清晰地看出，其股价稳居于均价线之上，显示了该股的强势。

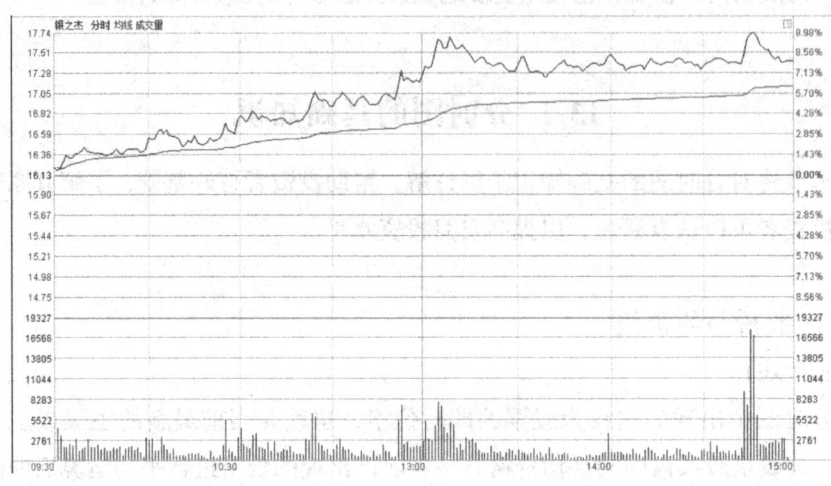

图 13.2　银之杰分时图

【K线实战】

图 13.3 所示为深信服（300454）2019 年 11 月 1 日的分时图。从图中可以清晰地看出，其股价围绕均价线上下波动，显示了该股的疲弱。

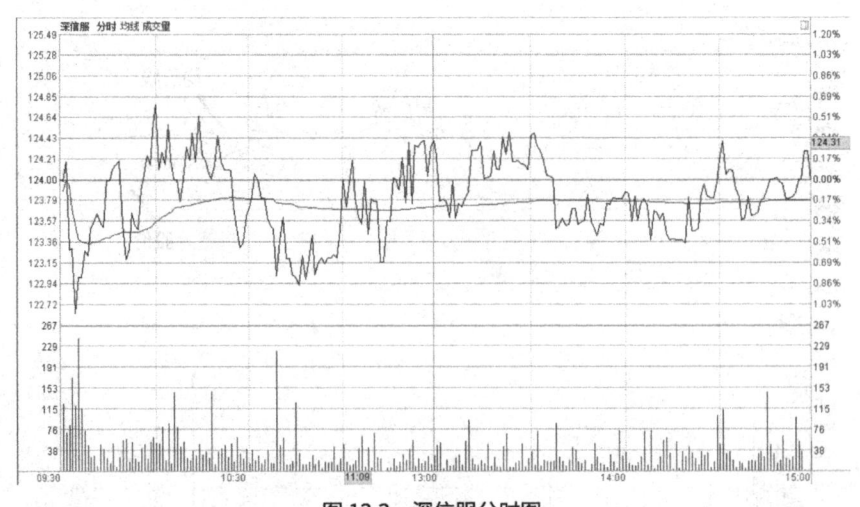

图 13.3　深信服分时图

【K线实战】

图 13.4 所示为四方精创（300468）2019 年 9 月 26 日的分时图。从图中可以清晰地看出，其股价长期位于均价线之下，显示了该股的弱势。

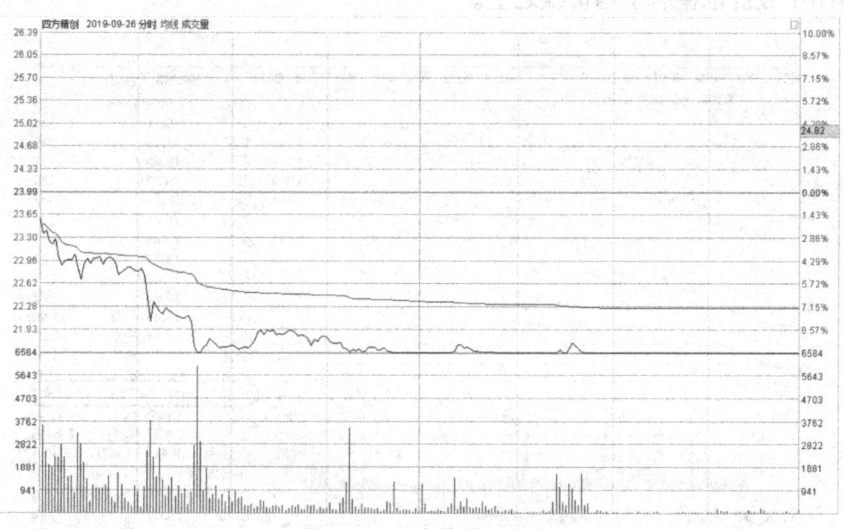

图 13.4　四方精创分时图

【结构分析】

股价和均价线的比值往往代表着股价当天走势的强弱，预示着股价盘内的意图。

13.1.2　内外盘

【形态概述】

内外盘是内盘和外盘的合称，内盘是指股票当日开市期间，主动性卖盘纷纷涌向买盘五档而形成的成交量总和；外盘是指股票当日开市期间，主动性买盘纷纷涌向卖盘五档而形成的成交量总和。根据内外盘的比较，可以分为 3 种情况：外盘大于内盘、外盘等于内盘和内盘大于外盘。外盘大于内盘意味着买盘力量更大，有大量的资金涌入个股；外盘等于内盘意味着多空力量持平；内盘大于外盘意味着卖盘力量更大，有大量的资金涌出个股。

【K 线实战】

图 13.5 所示为天泽信息（300209）2019 年 11 月 1 日的分时图。盘中外盘为 106908 手，内盘为 79204 手，外盘明显强于内盘，因而展现为正常的阳 K 线，分时图中股价也稳居于均价线之上。

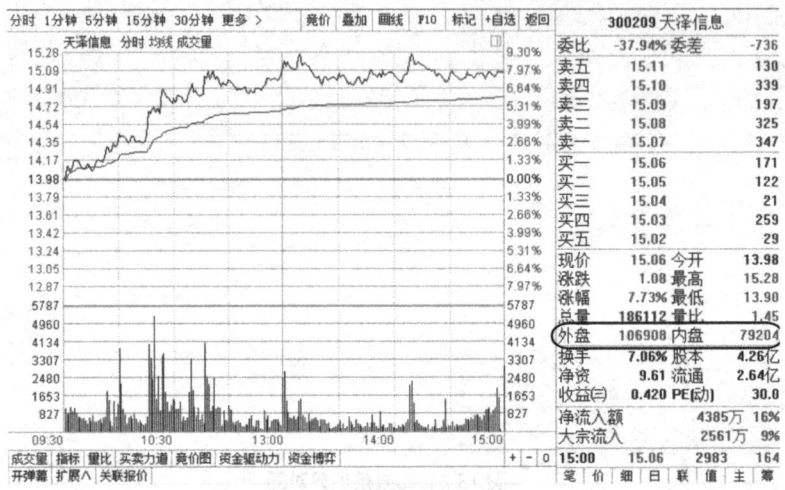

图 13.5　天泽信息分时图

图 13.6 所示为方直科技（300235）2019 年 11 月 1 日的分时图。盘中外盘为 17828 手，内盘为 43067 手，外盘小于内盘，但是我们发现其股价稳居于均价线之上，并且 K 线涨停形成了一根大阳 K 线。这告诉我们，内外盘的数据也只是一种参考，投资者在实际投资中应灵活运用，切勿生搬硬套。

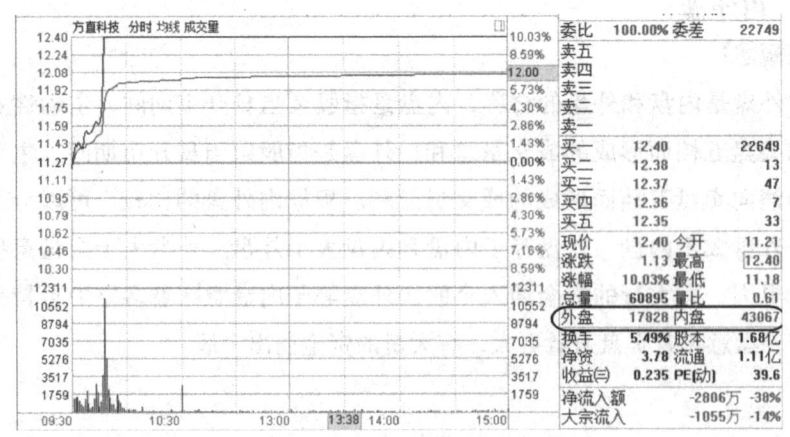

图 13.6　方直科技分时图

【结构分析】

一般情况下，外盘大于内盘会收于一根阳 K 线，内盘大于外盘会收于一根阴 K 线。但在实际操作中，往往会出现一些外盘大于内盘却形成阴 K 线，或是内盘大于外盘却形成阳 K 线的情况。

外盘大于内盘而形成阴 K 线，表示有大量买盘进入却被 K 线所掩饰，比较典型的分时图类型是尾盘大单砸下所致，所透露的信息因具体图形的不同而不同，一般是主力以前期股价为掩饰进行出货或是主力以 K 线图为掩饰进行进仓。

内盘大于外盘而形成阳 K 线时，表示有大量卖盘涌出，比较典型的分时图类型有早盘或尾盘突然快速拉起，所透露的信息也因具体图形的不同而不同，一般可分为主力以阳线为掩饰进行出货或是以前期股价为掩饰进行整理。

13.1.3 量比和换手率

【形态概述】

量比是指开市后平均每分钟的成交量与之前 5 个交易日中平均每分钟的成交量之比。量比在 0.8 以下属于缩量，在 0.8~2.5 之间属于正常成交量，在 2.5~5 之间属于温和放量，在 5~10 之间属于剧烈放量，在 10 以上属于趋势反转的信号，在 20 以上属于趋势反转的信号加强。换手率也是基于成交量建立的指标，是指当期成交量除以股票流通盘的值。大部分股票换手率处于 3% 之下均属于正常值；换手率处于 3%~7% 时，表示该股开始进入活跃状态；换手率在 7%~10% 时属于强势股，表示股价在高度活跃中；换手率在 10%~15% 时，属于资金量较大的主力密切参与的个股；换手率在 15% 以上时，往往表示该股具备黑马的潜力。图 13.7 所示为量比和换手率示意图。

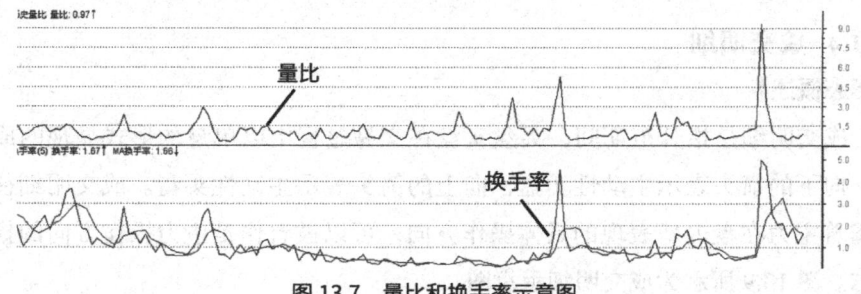

图 13.7 量比和换手率示意图

【K 线实战】

图 13.8 所示为数字认证（300579）2019 年 11 月 1 日的分时图。盘内量比为 1.25，属于正常成交量，换手率为 26.14%，表示该股具备黑马的潜质。

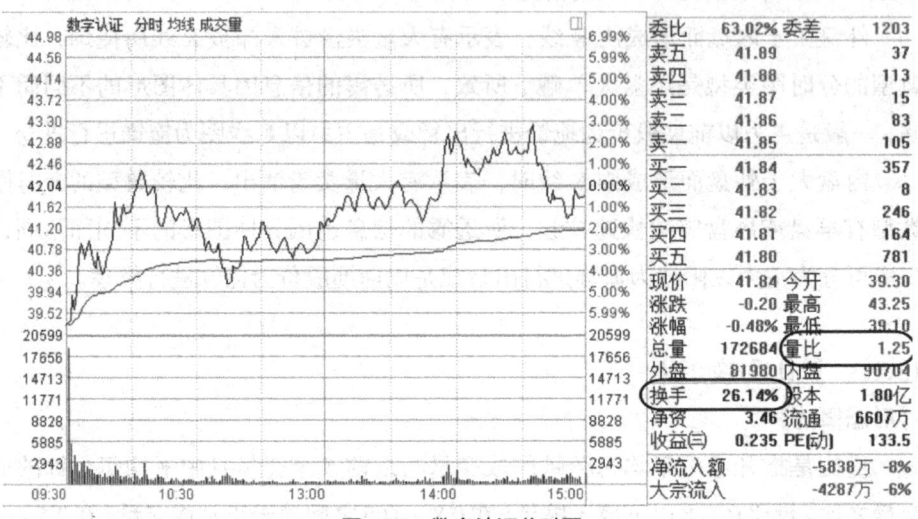

图 13.8　数字认证分时图

【结构分析】

量比作为股票当期每分钟平均成交量与之前一段周期的每分钟平均成交量之比，往往不容易展示出成交量的阶段持续性特征，在放量或缩量持续时间较长时容易失效。

换手率表现的成交量特征往往缺乏与临近交易日的比对，因而难以表现出股价的拐点区。

13.1.4　成交明细

【形态概述】

成交明细是指开市期间，买盘卖盘在交易过程中以单量的形式显现的成交单，向下的箭头表示主动性卖盘，向上的箭头表示主动性买盘。成交明细往往透露着主力在盘内所表现的具体操作方向，可以被看作是主力操作方向的指示标志。图 13.9 所示为成交明细示意图。

海量数据 603138 成交明细

时间	成交	现手	笔数	时间	成交	现手	笔数	时间	成交	现手	笔数	时间	成交	现手	笔数
14:52	78.11	1↑	1	14:54	78.16	17↑	1	14:56	78.20	55↑	1	14:58	78.49	54↑	1
14:52	78.10	21↓	1	14:54	78.16	6↑	1	14:56	78.20	30↑	1	14:58	78.49	12↑	1
14:52	78.10	1↓	1	14:54	78.16	1↓	1	14:56	78.20	66↑	1	14:58	78.50	11↑	1
14:52	78.11	1↑	1	14:54	78.17	82↑	1	14:56	78.19	85↓	1	14:58	78.55	142↑	1
14:52	78.14	6↑	1	14:54	78.13	9↑	1	14:56	78.21	8↑	1	14:58	78.49	35↓	1
14:52	78.10	10↓	1	14:54	78.15	7↑	1	14:56	78.20	3↓	1	14:58	78.50	18↑	1
14:52	78.14	22↑	1	14:54	78.13	6↓	1	14:56	78.25	22↑	1	14:58	78.54	7↑	1
14:52	78.15	60↑	1	14:54	78.13	22↓	1	14:56	78.28	12↑	1	14:58	78.54	17↑	1
14:52	78.16	4↑	1	14:54	78.15	18↑	1	14:56	78.27	15↓	1	14:58	78.50	66↓	1
14:52	78.14	9↓	1	14:54	78.13	4↓	1	14:56	78.30	7↑	1	14:58	78.55	30↑	1
14:52	78.16	9↑	1	14:54	78.15	8↑	1	14:57	78.29	38↑	1	14:58	78.55	20↑	1
14:52	78.15	8↑	1	14:55	78.14	16↓	1	14:57	78.28	18↓	1	14:59	78.55	16↑	1
14:53	78.15	1↓	1	14:55	78.13	45↓	1	14:57	78.30	25↑	1	14:59	78.49	1↓	1
14:53	78.15	8↓	1	14:55	78.15	11↑	1	14:57	78.30	10↓	1	14:59	78.50	21↓	1
14:53	78.17	44↑	1	14:55	78.15	8↓	1	14:57	78.35	11↑	1	14:59	78.55	27↑	1
14:53	78.16	6↓	1	14:55	78.15	8↓	1	14:57	78.37	9↑	1	14:59	78.50	12↑	1
14:53	78.17	11↑	1	14:55	78.15	8↑	1	14:57	78.35	1↓	1	14:59	78.55	63↑	1
14:53	78.16	3↓	1	14:55	78.16	11↑	1	14:57	78.38	15↑	1	14:59	78.54	6↑	1
14:53	78.18	35↑	1	14:55	78.16	29↑	1	14:57	78.39	22↑	1	14:59	78.55	53↑	1
14:53	78.18	8↑	1	14:55	78.16	8↓	1	14:57	78.43	4↑	1	14:59	78.50	25↓	1
14:53	78.15	88↓	1	14:55	78.16	2↓	1	14:57	78.48	12↑	1	14:59	78.55	72↑	1
14:53	78.17	20↑	1	14:55	78.17	74↑	1	14:57	78.48	12↑	1	14:59	78.54	22↑	1
14:53	78.17	11↓	1	14:55	78.18	6↑	1	14:57	78.48	17↓	1	14:59	78.52	15↑	1
14:53	78.17	11↓	1	14:55	78.17	5↓	1	14:57	78.50	7↑	1	14:59	78.50	21↓	1
14:53	78.18	14↑	1	14:55	78.18	55↑	1	14:57	78.50	25↑	1	14:59	78.50	17↓	1
14:53	78.16	9↑	1	14:55	78.18	16↓	1	14:58	78.50	2↑	1	14:59	78.50	68↓	1
14:53	78.13	6↓	1	14:55	78.18	18↑	1	14:58	78.50	33↑	1	14:59	78.54	61↑	1
14:54	78.15	54↓	1	14:56	78.16	47↓	1	14:58	78.50	44↓	1	14:59	78.50	33↓	1
14:54	78.16	5↑	1	14:56	78.17	10↑	1	14:58	78.55	14↑	1	15:00	78.50	9↑	1
14:54	78.14	8↓	1	14:56	78.17	2↑	1	14:58	78.50	41↓	1	15:00	78.50	22↑	1
14:54	78.12	5↓	1	14:56	78.20	38↑	1	14:58	78.49	34↓	1	15:00	78.52	0↑	0

3134.57 +5.04 +0.16% 1741亿|深 10165.22 +73.33 +0.73% 2128亿|创 1818.87 +8.96 +0.50% 543.1亿|道琼斯 21007.17 +243.28 +1.17%

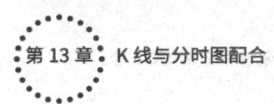

图 13.9 成交明细示意图

【K 线实战】

图 13.10 所示为创业环保（600874）2019 年 11 月 1 日分时图的成交明细。在开市早盘，该股买盘的连续性明显强于卖盘，同时还有大单成交。但在最后 30 分钟，基本没有大买单出现，如图 13.10 所示。

× 600874 创业环保 分时成交明细 Up/PageUp:前翻 Down/PageDown:后翻

时间	价格	成交			时间	价格	成交			时间	价格	成交			时间	价格	成交			时间	价格	成交		
14:30	7.15	4	B	2	14:37	7.13	8	S	1	14:44	7.13	2	S	1	14:48	7.13	10	S	2	14:52	7.15	408	B	14
14:30	7.15	1	B	1	14:37	7.14	1	B	1	14:44	7.13	3	S	1	14:48	7.14	15	B	1	14:52	7.15	92	B	2
14:30	7.15	3	B	1	14:37	7.14	11	B	1	14:45	7.14	2	B	1	14:48	7.13	3	S	1	14:52	7.15	38	B	2
14:31	7.15	3	B	2	14:38	7.14	209	B	5	14:45	7.14	4	B	2	14:48	7.14	1	B	1	14:52	7.15	143	S	3
14:31	7.15	6	B	3	14:38	7.13	20	S	1	14:45	7.13	3	S	1	14:48	7.14	3	B	1	14:52	7.16	6	B	2
14:31	7.15	2	B	2	14:38	7.14	1	B	1	14:45	7.13	2	S	1	14:49	7.14	60	B	3	14:53	7.15	4	B	1
14:31	7.15	2	B	1	14:38	7.14	202	B	18	14:45	7.13	7	S	2	14:49	7.14	3	S	1	14:53	7.15	61	S	2
14:32	7.15	150	B	9	14:39	7.14	6	B	2	14:45	7.13	5	S	2	14:49	7.15	8	B	2	14:53	7.14	28	S	3
14:32	7.15	7	B	3	14:39	7.13	100	S	1	14:45	7.14	3	B	2	14:49	7.15	138	B	7	14:53	7.14	111	B	2
14:32	7.15	10	B	1	14:39	7.14	1	B	1	14:45	7.13	3	S	1	14:49	7.15	1	B	1	14:53	7.14	40	S	1
14:32	7.15	5	B	3	14:39	7.14	11	B	2	14:45	7.14	106	B	14	14:50	7.15	2	B	1	14:54	7.16	108	B	4
14:32	7.14	6	S	2	14:40	7.13	2	S	1	14:46	7.14	1	B	1	14:50	7.15	35	B	6	14:54	7.15	25	B	2
14:33	7.15	13	B	1	14:40	7.14	1	B	1	14:46	7.14	1	B	1	14:50	7.14	16	S	1	14:54	7.15	1	B	1
14:33	7.14	4	S	1	14:41	7.14	11	B	2	14:46	7.13	3	S	1	14:50	7.14	3	S	1	14:54	7.15	30	B	2
14:33	7.15	62	B	1	14:41	7.14	5	B	1	14:46	7.13	6	S	1	14:50	7.15	2	B	2	14:55	7.15	25	B	3
14:33	7.15	4	B	3	14:41	7.14	1	B	1	14:46	7.14	5	B	3	14:50	7.15	2	B	1	14:55	7.14	2	S	1
14:33	7.15	6	B	3	14:41	7.13	2	S	1	14:46	7.14	240	B	21	14:50	7.14	10	S	2	14:55	7.15	10	B	1
14:33	7.14	4	S	1	14:42	7.13	50	S	1	14:46	7.14	54	S	8	14:50	7.15	32	B	9	14:55	7.15	2	S	1
14:34	7.14	20	S	4	14:43	7.14	1	B	1	14:46	7.14	6	S	2	14:50	7.14	206		3	14:55	7.15	10	B	1
14:34	7.15	5	B	3	14:43	7.13	16	S	2	14:46	7.14	1	S	1	14:50	7.15	3	B	1	14:55	7.14	2	S	1
14:34	7.15	1	B	1	14:43	7.14	57	B	3	14:46	7.14	1	B	1	14:50	7.15	5	B	2	14:55	7.15	88	B	1
14:34	7.15	5	B	3	14:43	7.13	3	S	1	14:47	7.13	11	S	2	14:50	7.15	2	B	1	14:55	7.15	10	S	1
14:35	7.14	11	S	1	14:43	7.13	3	S	1	14:47	7.13	1	S	1	14:51	7.15	7	B	2	14:56	7.15	89	S	2
14:35	7.15	0	S	–	14:43	7.14	6	B	1	14:47	7.13	3	S	1	14:51	7.14	15	S	2	14:56	7.14	5	S	1
14:35	7.14	0	S	–	14:43	7.13	3	S	1	14:47	7.13	1	S	1	14:51	7.14	35	B	1	14:56	7.15	1	B	1
14:35	7.14	2	S	1	14:43	7.13	3	S	1	14:47	7.15	1	B	1	14:51	7.14	33	S	2	14:56	7.15	52	B	3
14:35	7.14	16	S	2	14:43	7.14	1	B	1	14:47	7.15	4	B	2	14:51	7.14	4	B	1	14:56	7.15	1	B	1
14:35	7.14	11	S	4	14:44	7.13	3	S	1	14:47	7.15	5	B	2	14:51	7.14	59	B	5	14:56	7.15	30	B	2
14:35	7.14	10	S	1	14:44	7.14	1	B	1	14:47	7.15	1	B	1	14:51	7.14	10	S	2	14:56	7.15	23	B	1
14:35	7.14	128	S	8	14:44	7.14	6	B	2	14:47	7.15	6	B	2	14:51	7.15	13	B	3	14:56	7.15	2	B	1
14:36	7.14	11	B	1	14:44	7.14	23	B	2	14:48	7.15	2	B	2	14:51	7.15	1	B	1	14:56	7.14	2	S	1
14:37	7.13	8	S	1	14:44	7.13	3	S	1	14:48	7.15	2	B	1	14:51	7.15	1	B	1	15:00	7.14	166		23

图 13.10 创业环保分时图

【结构分析】

成交明细单中，早盘开市后前 30 分钟、午盘开市后前 30 分钟和尾盘收市前30分钟表现尤为突出，投资者应该予以重视。

成交明细单中，连续的买单越多，连续买盘持续的时间越长，出现大单买盘的数量越频繁，市场做多的力量越充足；相反，卖盘越多，连续卖盘持续的时间越长，出现大单卖盘的数量越频繁，市场做空力量就越充足。买单和卖单的对攻越强烈，股价后期运行的方向就越模糊，此时投资者应该予以观望。

13.2 K线与分时图配合的买点

K线所处趋势发生改变时，分时图中往往也会出现相似的形态变化。上涨中的个股往往会在分时图中埋下伏笔，为投资者提供充分的买入机遇。投资者在认真学习本节内容后，可以较好地掌握分时运行的基本思路。

13.2.1 个股分时走势强于大盘走势

【形态概述】

在分时图中，个股分时走势强于大盘分时走势，意味着个股涨势强于大盘，属于强势股。这类个股往往会更加受到市场资金的青睐，投资者要把握好强势个股的买点机遇，积极参与。图13.11所示为个股分时走势强于大盘走势的示意图。

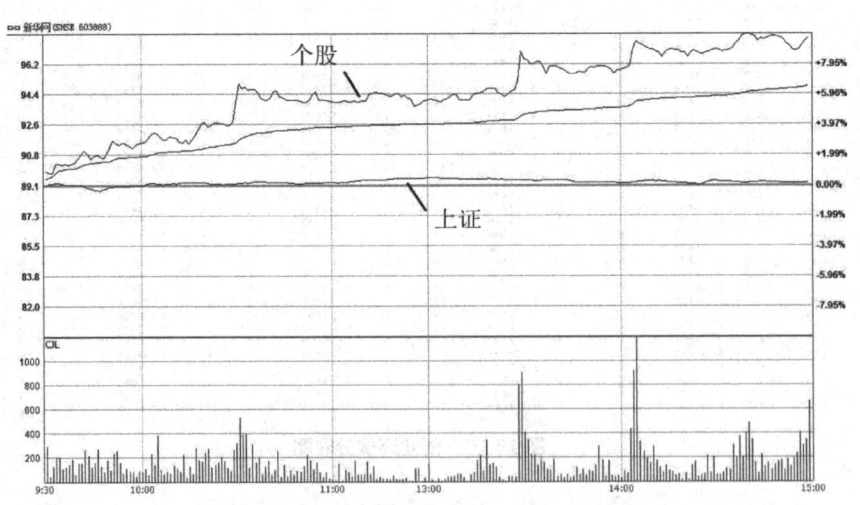

图13.11 个股分时走势强于大盘走势示意图

【K 线实战】

图 13.12 所示为英飞特（300582）2019 年 11 月 1 日的分时图。盘中个股全天股价均位于大盘之上，显示了该股的强势走势。

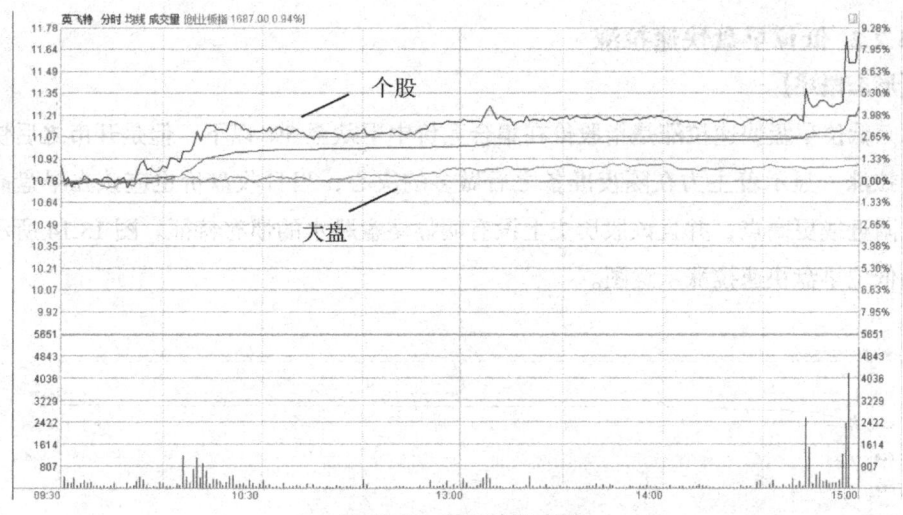

图 13.12　英飞特分时图

图 13.13 所示为奥联电子（300585）2019 年 11 月 1 日的分时图。早盘前期，个股股价弱于大盘走势，并开始逐渐与大盘走势线进行缠绕。在 10:10 左右，个股分时走势突破了大盘走势线且收盘价高于大盘，因而也是强势股。

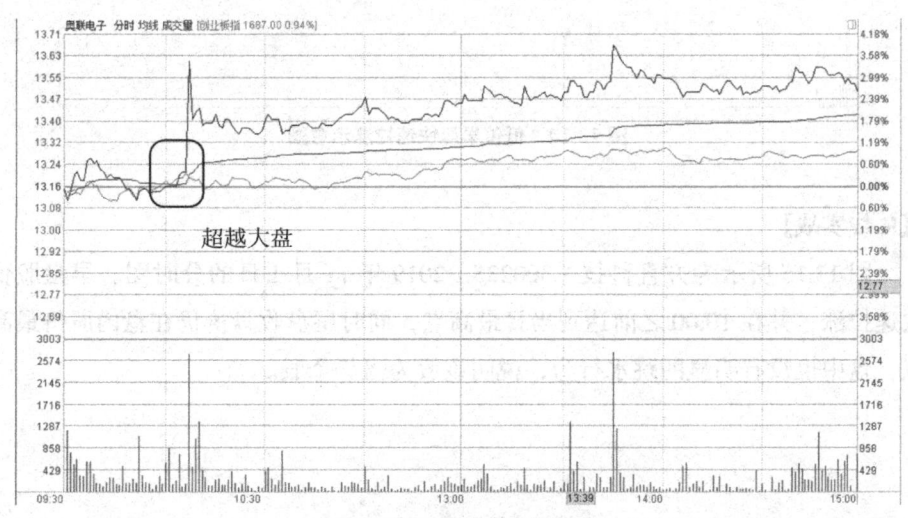

图 13.13　奥联电子分时图

【结构分析】

强势个股早盘在 10:30 前应该强于大盘，同时收盘价也应高于大盘，这样才能显现个股的强势特征。

13.2.2 低位早盘快速拉涨

【形态概述】

低位早盘快速拉涨是指股价在集合竞价中下跌至 5% 以下，但是开市之后快速拉涨，显示着主力在隔夜准备之后做多的决心，当日收盘价也应该在早盘高点附近或更高点，并且该股历史上没有明显尾盘跳水的惯有特征。图 13.14 所示为低位早盘快速拉涨示意图。

图 13.14　低位早盘快速拉涨示意图

【K 线实战】

图 13.15 所示为方直科技（300235）2019 年 11 月 1 日的分时图。早盘股价快速拉涨，并在 10:00 之前达到当日最高点，同时尾盘收盘价仍在盘内股价最高点，盘中也没有明显的跳水行为，说明该股为强势个股。

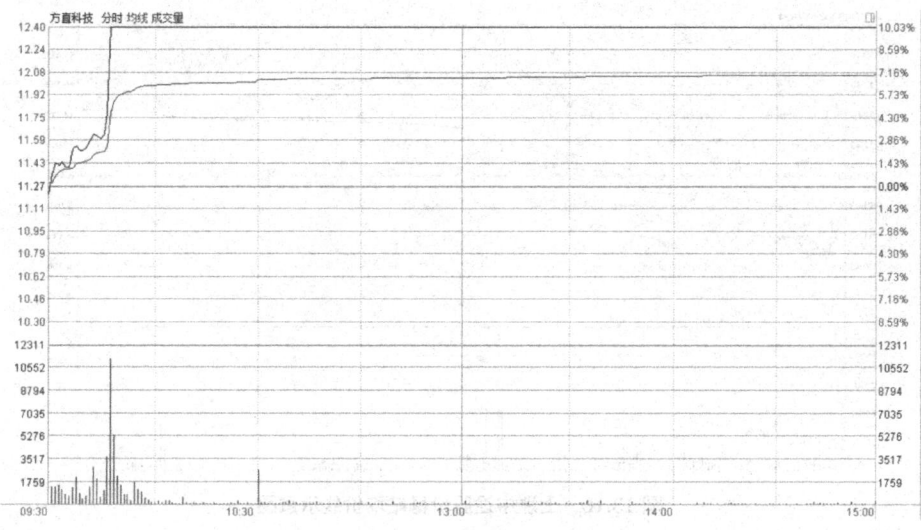

图 13.15 方直科技分时图

【结构分析】

个股早盘快速拉涨的势头越猛,显示主力做多实力越强。

个股尾盘保持良好的稳定性,指在早盘快速拉涨的同时收盘价保持在股价最高点附近,往往显示着主力做多的强势。

13.2.3 上涨中途股价稳站均价线

【形态概述】

若股价上涨中途不断以均价线为强力支撑线,则显示着主力在做多的同时不愿在技术位降低股价,也显现了股价盘内所处的强势特征。在实际股市当中,常会出现股价对均价线向下突破后急速反拉的情况,而那些来不及等 K 线运行完的投资者会在此时卖出,但是股价在均价线下短暂运行后大多会快速拉起,致使很多技术派投资者筹码丢失。图 13.16 所示为上涨中途股价稳站均价线的示意图。

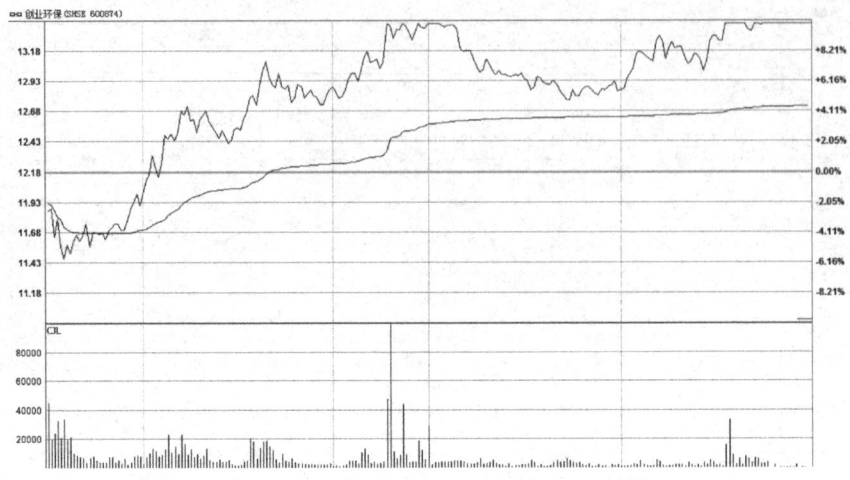

图 13.16　上涨中途股价稳站均价线示意图

【K 线实战】

图 13.17 所示为联络互动（002280）2019 年 11 月 1 日的分时图。盘内股价几乎全天稳居于均价线之上，显示了主力做多实力的强劲。

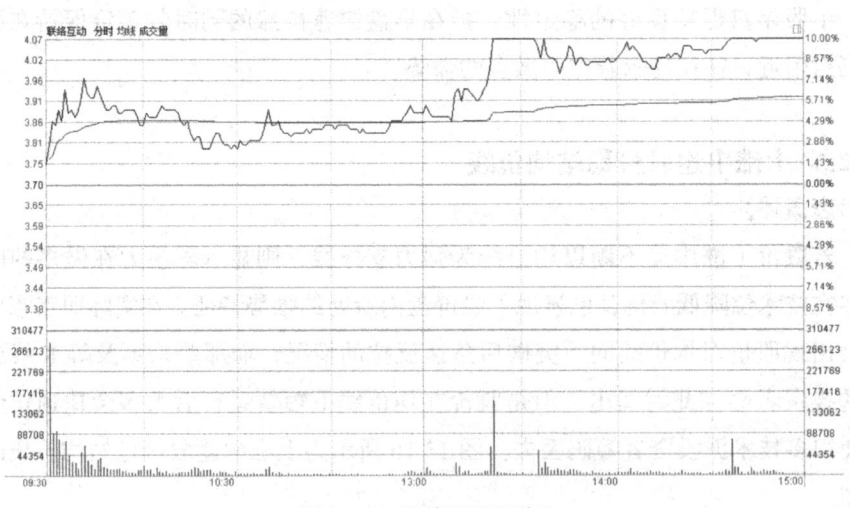

图 13.17　联络互动分时图

【结构分析】

盘内股价处于均价线之上的运行时间越长，个股主力做多实力就越强。

13.3 K线与分时图配合的卖点

与 13.2 节所讲内容相反，本节旨在帮助投资者在分时图中选择好的卖点，指导其在认识分时图的同时看清 K 线形态所处的态势。本节将分析分时图中个股分时走势弱于大盘走势、高位盘内快速跳水和下降中途股价被均价线压制 3 个部分的内容，帮助投资者更清晰地认知市场格局，选择好的卖点。

13.3.1 个股分时走势弱于大盘走势

【形态概述】

在分时图中，个股分时走势弱于大盘分时走势，意味着个股涨势弱于大盘，属于弱势股。这类个股往往会遭遇市场资金的离弃，投资者要把握好弱势个股的卖点时机，尽早规避风险。图 13.18 所示为个股分时走势弱于大盘走势示意图。

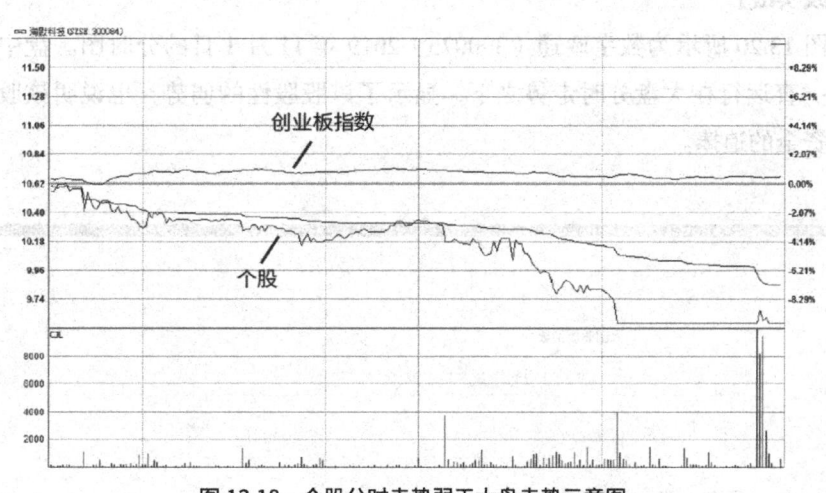

图 13.18　个股分时走势弱于大盘走势示意图

【K 线实战】

图 13.19 所示为立思辰（300010）2019 年 11 月 1 日的分时图。早盘开始之后，该股股价在短暂缠绕大盘走势线之后开始向下突破，显示出了当日的卖点。之后股价一直运行在大盘走势线之下，显示了该股走势的弱势特征。

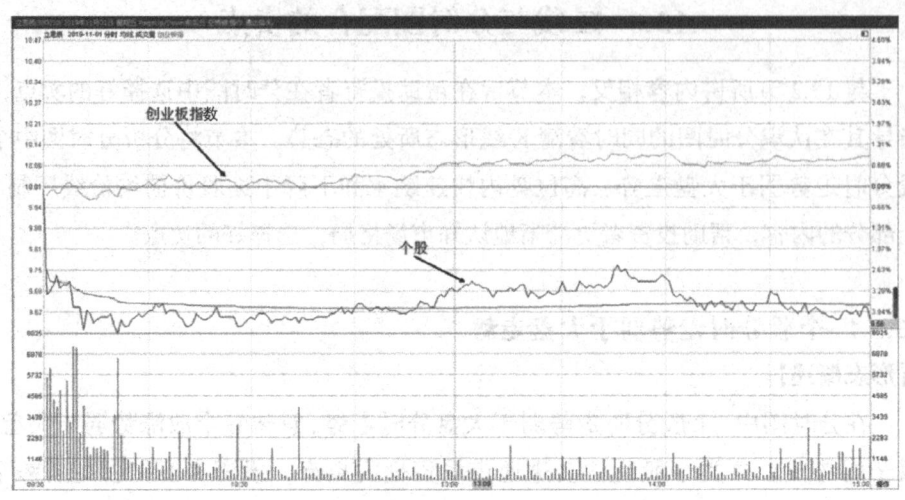

图 13.19 立思辰分时图

【K 线实战】

图 13.20 所示为数字政通（300075）2019 年 11 月 1 日的分时图。盘中个股股价一直运行在大盘分时走势之下，显示了该股股性的弱势，也说明该股不受市场资金的追捧。

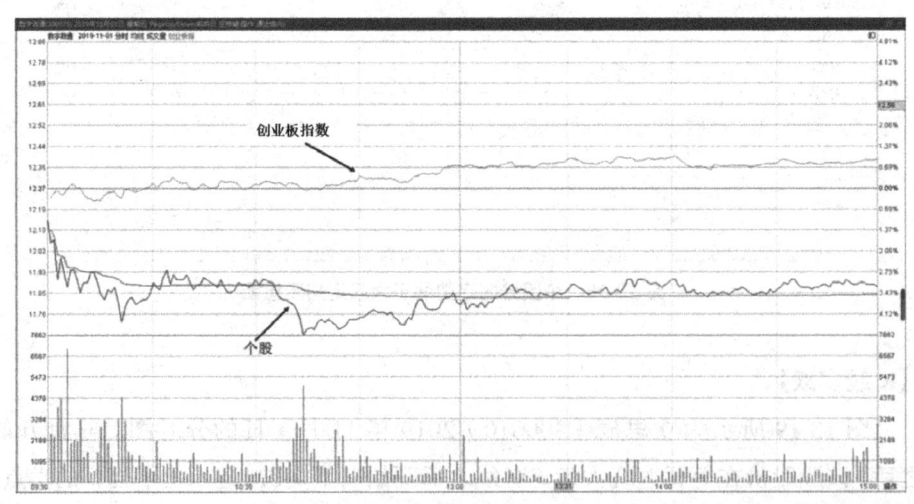

图 13.20 数字政通分时图

【结构分析】

弱势个股早盘在 10:30 前就开始弱于大盘，同时收盘价也低于大盘，清楚显现着个股的弱势特征。

13.3.2 高位盘内快速跳水

【形态概述】

高位盘内快速跳水，是指股价在早盘快速拉涨并升至高位之后，股价开始转势直跌，不断跳水，显示着主力在隔夜准备之后做空的决心。如果该股过去还有明显尾盘跳水的惯有特征，投资者操作时应予以留意。图 13.21 所示为高位盘内快速跳水示意图。

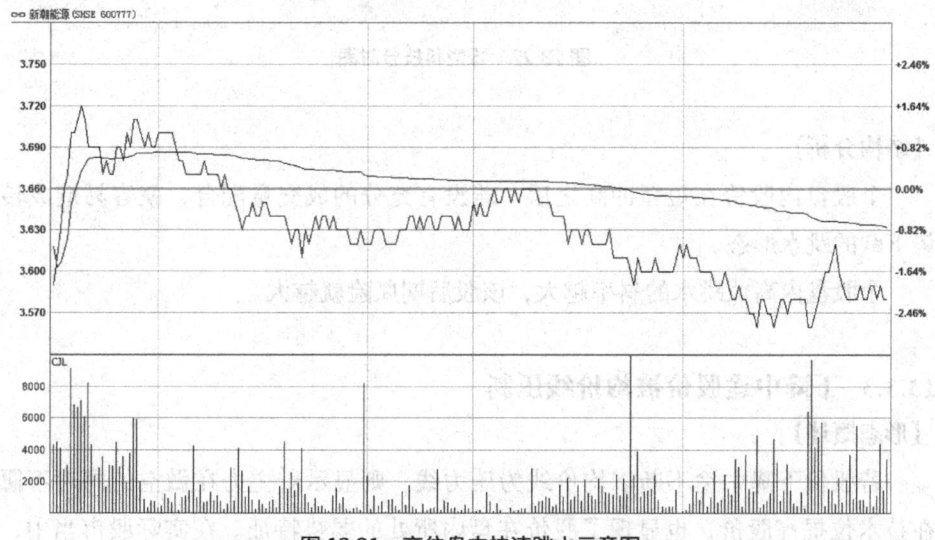

图 13.21　高位盘内快速跳水示意图

【K 线实战】

图 13.22 所示为绿盟科技（300369）2019 年 10 月 31 日的分时图。早盘开市之后，股价在短暂的调整之后快速拉涨，迅速达到高位，但随后股价不断下行跳水，显示了该股的弱势特征。

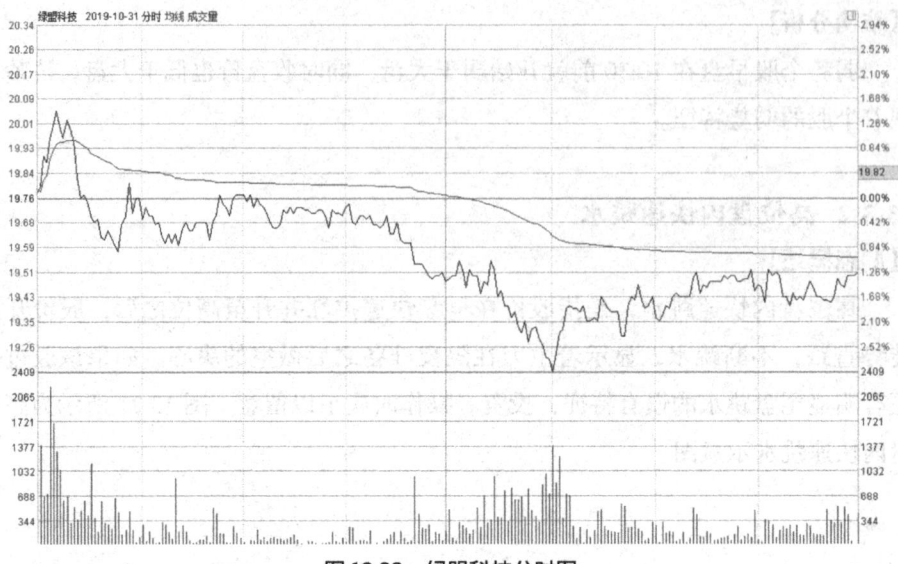

图 13.22　绿盟科技分时图

【结构分析】

个股盘内股价在短暂冲高之后，若没有充分的成交量配合，就容易造成转势下跌的跳水形态。

个股盘内高位跳水的斜率越大，该股后期风险就越大。

13.3.3　下降中途股价被均价线压制

【形态概述】

若股价下降中途不断以均价线为压力线，则显示着主力在做空的同时不愿在技术位提高股价，也显现了股价在盘内所处的弱势特征。在实际股市当中，常会出现股价对均价线向上突破后急速回抽的情况，但是股价在均价线上短暂运行后大都会快速回落，显示了市场资金的抵制性。图 13.23 所示为下降中途股价被均价线压制的示意图。

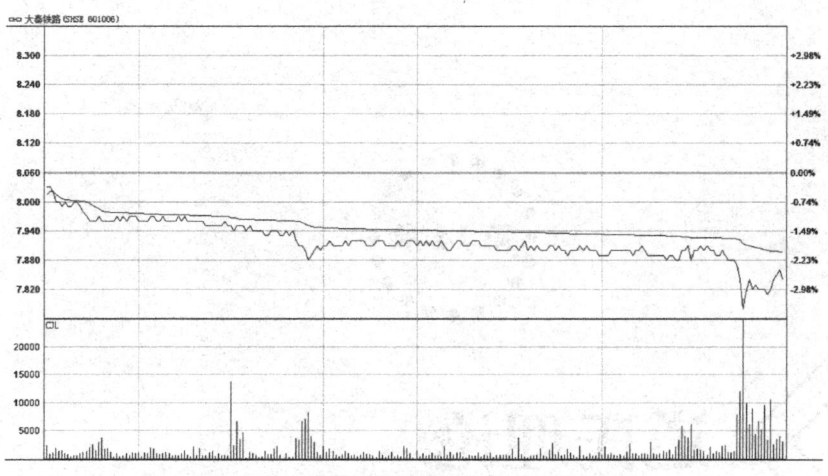

图 13.23　下降中途股价被均价线压制示意图

【K 线实战】

图 13.24 所示为四方精创（300468）2019 年 9 月 26 日的分时图。盘内股价基本全天运行在均价线之下，只有几个短暂的向上小幅回弹，吸引了部分买盘力量，但买盘力量的不持续使得股价很快回落到均价线之下，继续弱势运行。

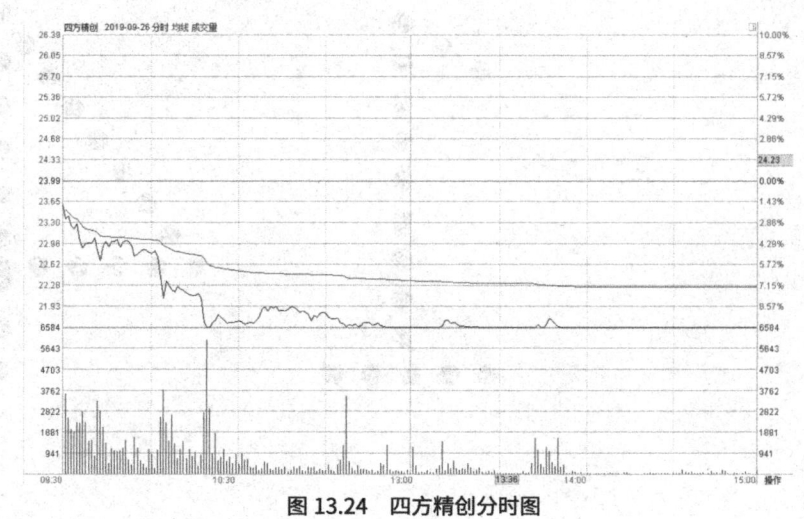

图 13.24　四方精创分时图

【结构分析】

盘内股价处于均价线之下运行的时间越长，个股主力做空实力就越强。

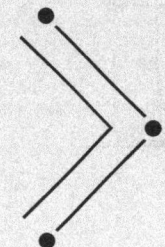 道氏理论

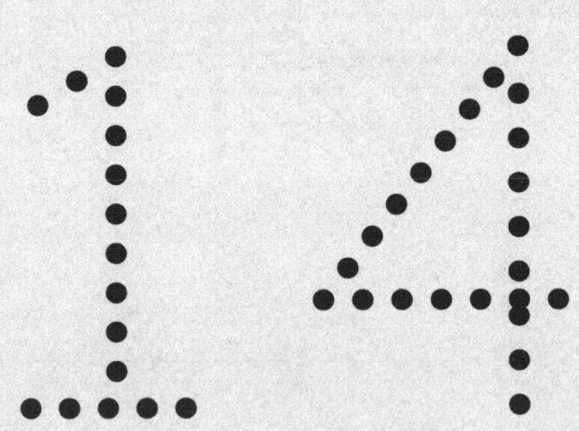

第 14 章 道氏理论

作为技术指标分析流派的鼻祖，道氏理论因其优秀的大局观和建立于基本宏观格局的判断法则而深受世界各地投资者的追捧。"大道至简"在股市当中永远是最有价值的理念。本章我们将以道氏理论的思路，帮助投资者树立基本的投资观，提升自身投资能力。

14.1 道氏理论的精髓

本节将主要围绕道氏理论中最为核心的内容进行研讨。在道氏理论中，股市被清晰地分为3个层次——主要趋势、次要趋势和日间趋势，而它们的划分取决于股市阶段行情运行的周期以及对股市大方向的影响力。主要趋势决定着股票整体走势的方向，其很大程度上取决于宏观基本面的经济格局。次要趋势是在主要趋势出现的同时，以相逆的短暂性对主要趋势的走向进行的短暂整理。而日间趋势是指每日指数上下波动的走势。在3类趋势中，日间趋势是被大资金主体频繁利用且可靠性较低的指标。接下来，本节将对股市运行的规则进行细致讲解。

14.1.1 主要趋势

【形态概述】

道氏理论中的主要趋势是指影响股票主要走向，且能够维持数月乃至数年的长期趋势。主要趋势大体分为牛市和熊市，牛市即指股市趋势长期向上的大幅上涨走势，熊市即指股市趋势长期向下的大幅下跌走势。在中国的A股市场，指数的主要趋势极大地影响着个股的主要趋势。图14.1所示为两种主要趋势示意图。

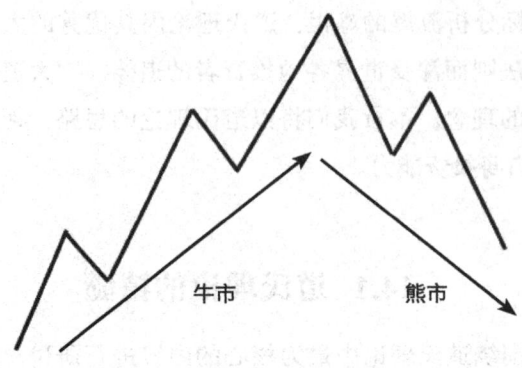

图 14.1　两种主要趋势示意图

【K 线实战】

图 14.2 所示为上证指数（000001）的历次牛市行情。从中可以看出，整个指数明显呈快速上涨态势，期间指数不断创出新高。这是在大的优良的宏观经济格局下，各方利好对指数推涨而形成的。牛市在这个阶段维持了长达几年的时间，印证了道氏理论提及的主要趋势的概念。

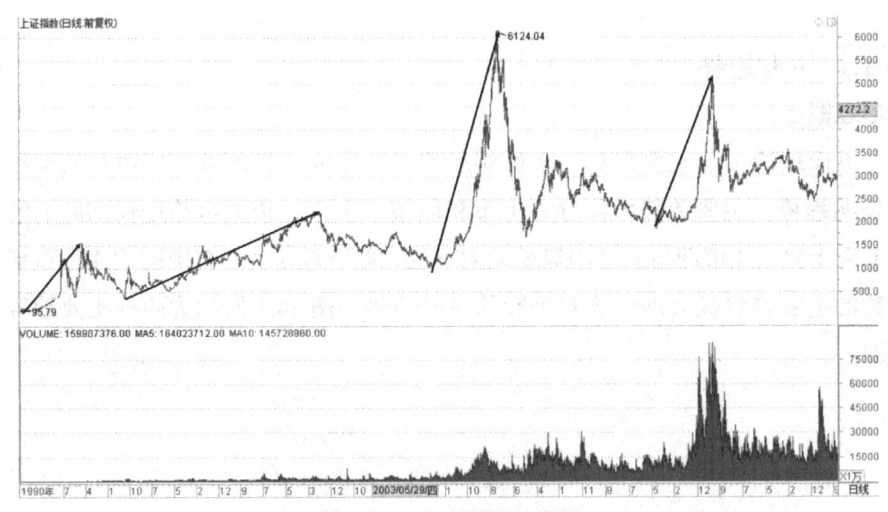

图 14.2　上证指数日 K 线图

图 14.3 所示为上证指数所处牛市期间（2013 年至 2015 年时），日照港（600017）受市场带动形成的股价快速高涨的行情。从图中可以看到，这个阶段的股价从前期的低价位 2.03 元不断冲高至 11.70 元，翻升将近 5 倍。这一特征显示了宏观指数对个股积极的带动作用，也显示了在牛市阶段买盘强盛不衰的特点。

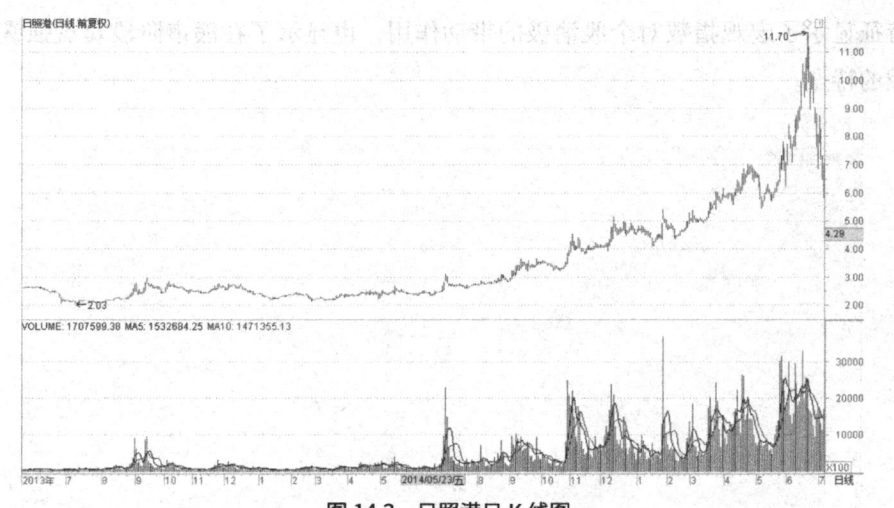

图 14.3　日照港日 K 线图

图 14.4 所示为上证指数的熊市行情。从中可以看出,整个指数明显呈快速下跌态势,期间指数不断创出新低。这是在宏观经济转弱的格局下,各方利空对指数打压而形成的。熊市在这个阶段维持了半年的时间,也印证了道氏理论所提及的主要趋势的概念。

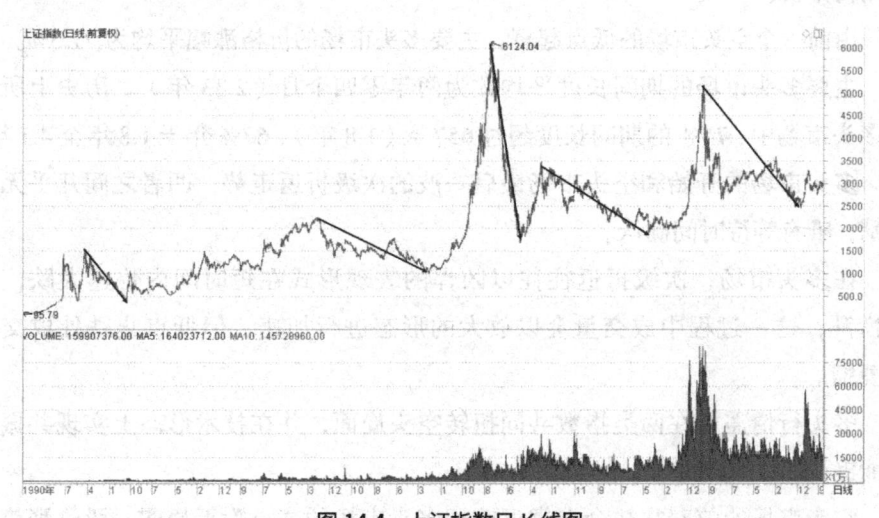

图 14.4　上证指数日 K 线图

图 14.5 所示为上证指数所处熊市期间（2018 年熊市）,首创股份（600008）2017 年 6 月至 2018 年 11 月受市场影响所形成的股价暴跌行情。从图中可以看到,这个阶段股价从前期的高价位 8.20 元不断下跌至 2.90 元,下跌率近 65%。这一

特征显示了宏观指数对个股消极的带动作用，也显示了在熊市阶段卖盘强盛不减的特点。

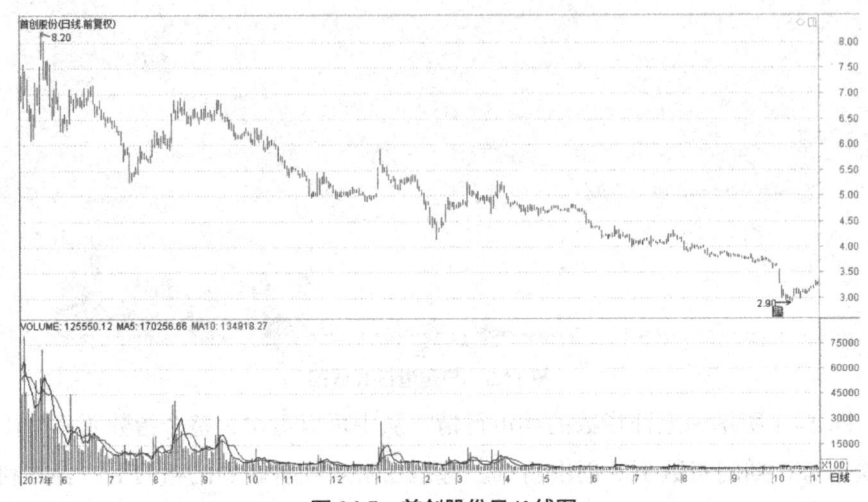

图 14.5　首创股份日 K 线图

【结构分析】

　　由前一个空头市场的低点起算，主要多头市场的价格涨幅平均为 77.5%。

　　主要多头市场的期间长度平均数为两年零四个月（2.33 年）。历史上所有的多头市场中，75% 的期间长度超过 657 天（1.8 年），67% 介于 1.8 年至 4.1 年。

　　多头市场的开始和空头市场最后一波的次级折返走势，两者之间几乎无法区别，唯有等待时间确认。

　　在多头市场，次级折返往往以凶悍的表现形式在短时间内快速大跌，制造慌乱，这一过程中成交量会以放大的形态进行加速，但低点止跌处成交量会萎缩。

　　多头行情需要在两类指数共同扭转空头局面，并在技术形态上实现共振时才能确认。

　　空头市场的前奏往往会在靠近前期多头市场的高点附近暴露，股价涨势会以试探的行径向上试压，但抛压明显时股价走势必然急转直下，随后产生的空头市场也必然是漫长的低迷期的开始。

　　在空头市场中，股份急速下跌之后往往会出现一段时间的休整，作为对下跌行情的中继,之后股价必然继续下行,以延续空头行情。

空头市场的确认与多头市场的确认相似,都是在两类指数向下爆发,并在技术形态上达成共振的那天确认的。

在空头市场的反弹中,以 V 形为特征的反弹行情一般都有中期行情,表现为在低价区域成交量较高但在高价区成交量较低。

14.1.2 次要趋势

【形态概述】

次要趋势是相对主要趋势而言的,指在主要趋势中出现的少量对主要趋势进行逆反整理的短暂趋势。在牛市行情中,次要趋势主要以下跌回调的形式表现多头对上攻行情的休整;在熊市行情中,次要趋势主要以上涨反弹的形式表现空头对下跌行情的休整。次要趋势在运动周期上也小于主要趋势,一般会维持在数周至数月之久。图 14.6 所示为两种次要趋势示意图。

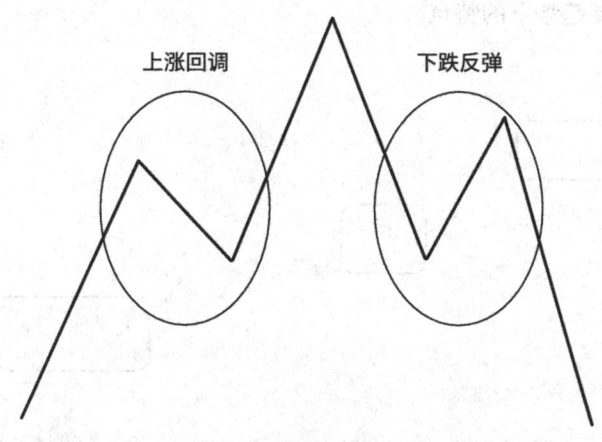

图 14.6　两种次要趋势示意图

【K 线实战】

图 14.7 所示为深证成指(399001)在牛市行情(2015 年牛市)中为期 1 个多月的下跌回调。相对指数所处的主要牛市行情而言,这一回调显得短暂而快速,但也反映了次要趋势在主要趋势下的特点。

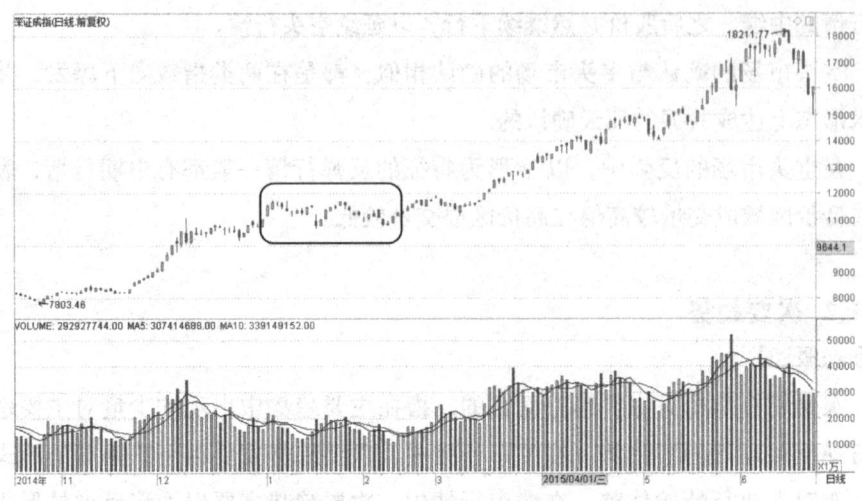

图14.7 深证成指日K线图（1）

图14.8所示为深证成指在熊市行情（2018年熊市）中的3次上涨反弹。相对深证成指所处的主要熊市行情而言，这一反弹显得短暂而快速，但也反映了次要趋势在主要趋势下的特点。

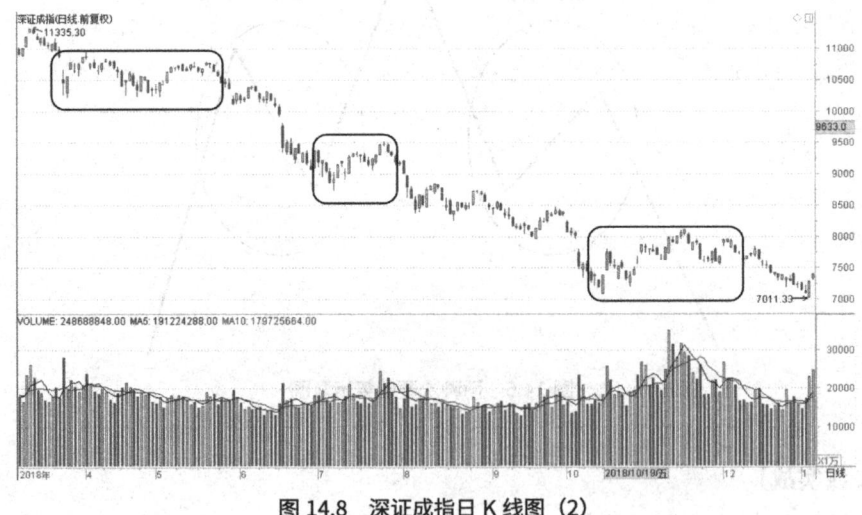

图14.8 深证成指日K线图（2）

【结构分析】

次要趋势的方向一般会逆着前一主要趋势的方向运行至其幅度的1/3至2/3处。

次要趋势的持续时间一般维持在数周至数月，数周之内的短暂行情一般被认为是小型的次要趋势。

次要趋势经常被误以为是主要趋势的改变，因为多头市场转折初期的走势与仅是空头市场的次要折返走势尤为相像，类似于发生在多头市场出现顶部后的情况。

14.1.3 日间趋势

【形态概述】

日间趋势是相对于主要趋势和次要趋势而言的，指运行时间周期更为短暂的走势线，常常在6天以内。日间趋势的典型特征是走势的反复性、波动幅度的快速性，被认为是趋势当中最不具可靠性的一种。在道氏理论中，日间趋势因被认为是对趋势运行没有规模性影响的要素而被剔除在外，所以本书也不予过多分析。

14.2 道氏理论的买入点

在选择买入点时，可以以牛市的起点和次级回调的终点作为理想的买入位置。而对这一态势的把握还需要结合个股和大盘指数的分化走势，准确把握转折点出现的时机。本节将介绍一套实用的操作法则，帮助投资者更好地理解买点信号的时效性。

14.2.1 牛市主要趋势的起点

【形态概述】

在主要趋势中的牛市阶段，起步点往往是获利空间最大的买点，在这个阶段买入股票意味着可以最大限度地提高收益率，使盈利空间被放大。而此时进入股市的资金往往被认为是聪明资金，说明了投资者高瞻远瞩的眼光和高超的投资技巧。图14.9为牛市起点的买点示意图。

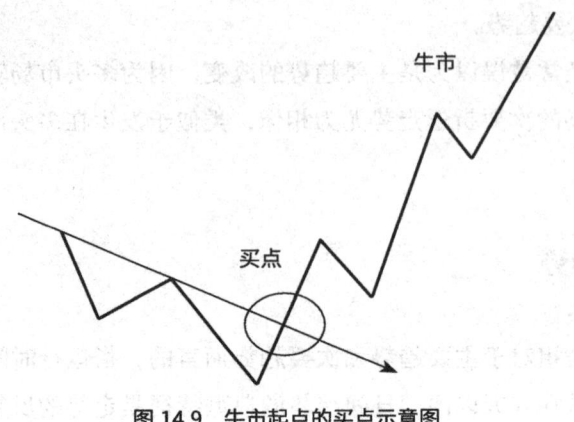

图 14.9 牛市起点的买点示意图

【K 线实战】

图 14.10 所示为深证成指的小牛市行情（2019 年 1 月至 4 月）。可以明显看出，指数在这个阶段从 7011.33 的低点一路涨至 10541.2 的高点，表明市场中有充分的做多力量，而作为低点的 7011.33 点恰恰是牛市开涨的起点。而买点应在突破前期下跌趋势线之后。

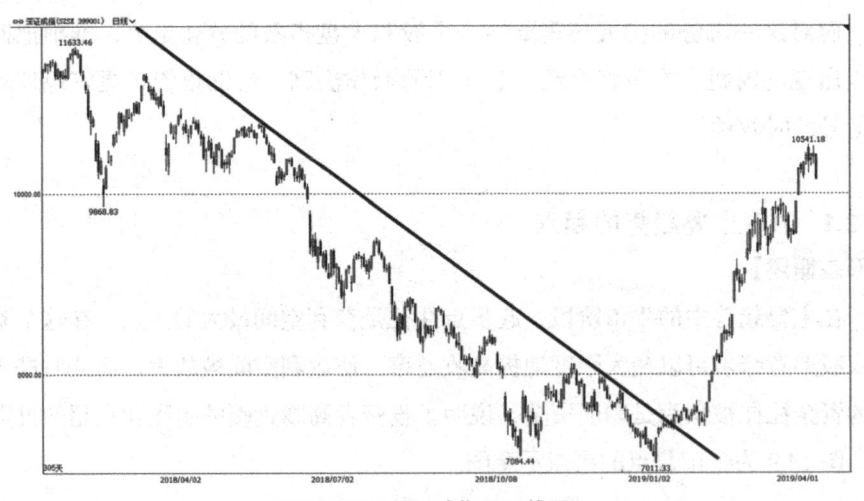

图 14.10 深证成指日 K 线图

图 14.11 所示为深科技（000021）2017 年 1 月至 2019 年 9 月日 K 线图中的牛市起点的买点。从图中可以看出，前期股价低点在 4.65 元附近。指数在开始上扬并呈现牛市起点的同时，也提供了良好的买点信号。之后股价一路走高，

在宏观行情较好、市场氛围大举做多的情境下，股价最终涨至 14.17 元。投资者若能在牛市的起点买进个股，往往意味着投资回报的高速增长。

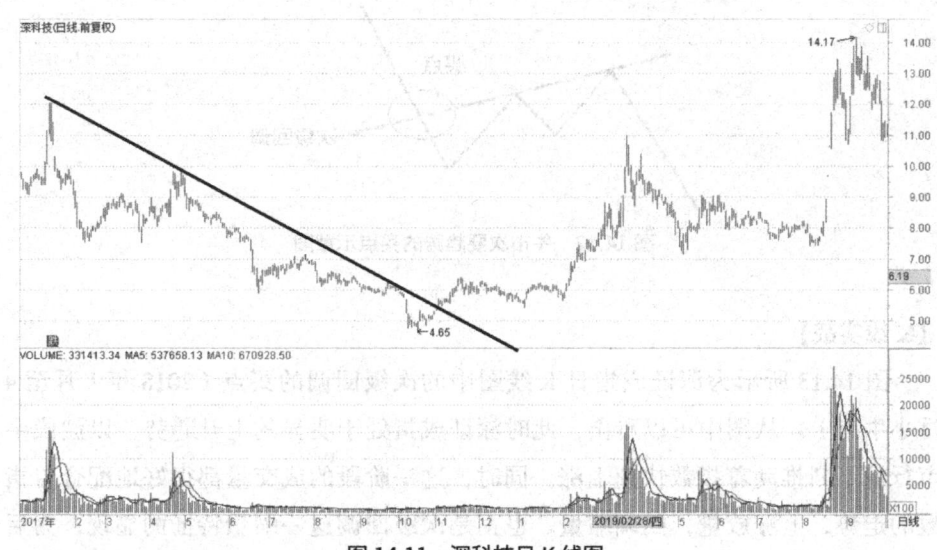

图 14.11　深科技日 K 线图

【结构分析】
　　指数走势作为判断主要趋势的标准，往往影响着对个股买点的选择。投资者应注意把握个股走势与指数走势的协同性，在恰当的时机参与牛市行情，这样自然会带来可观的利润。
　　宏观向好的牛市行情意味着绝大多数的个股投资都具备相当可观的预期回报率，投资者应及时参与。

14.2.2　牛市次要趋势的终点
【形态概述】
　　牛市次要趋势的终点是指当主要趋势是牛市行情时，往往会有次级回调的行情，行情的终点为趋势中显现的第二买点信号。此时股价在次级回调的影响下降到次低位，一方面可以清洗部分获利盘，从而减少进一步上涨行情中的抛压，另一方面可以吸引新的买盘在次低位进入，从而提高市场份额的平均成本，为股市上行寻找新动力。图 14.12 所示为牛市次要趋势的买点示意图。

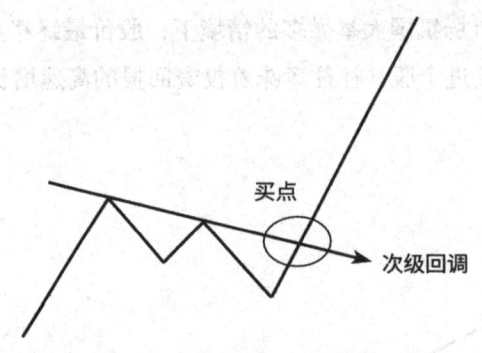

图 14.12　牛市次要趋势的买点示意图

【K 线实战】

图 14.13 所示为深证成指日 K 线图中的次级回调的买点（2018 年 1 月至 4 月小牛市）。从图中可以看出，此时深证成指处于明显的上升趋势，以波段牛市行情不断推动着指数快速上涨。同时，这一阶段的成交量都很好地配合着指数的走势，上涨放量，回调缩量。也正是次级回调这一缩量特征的显现，为后市快涨行情埋下了伏笔。

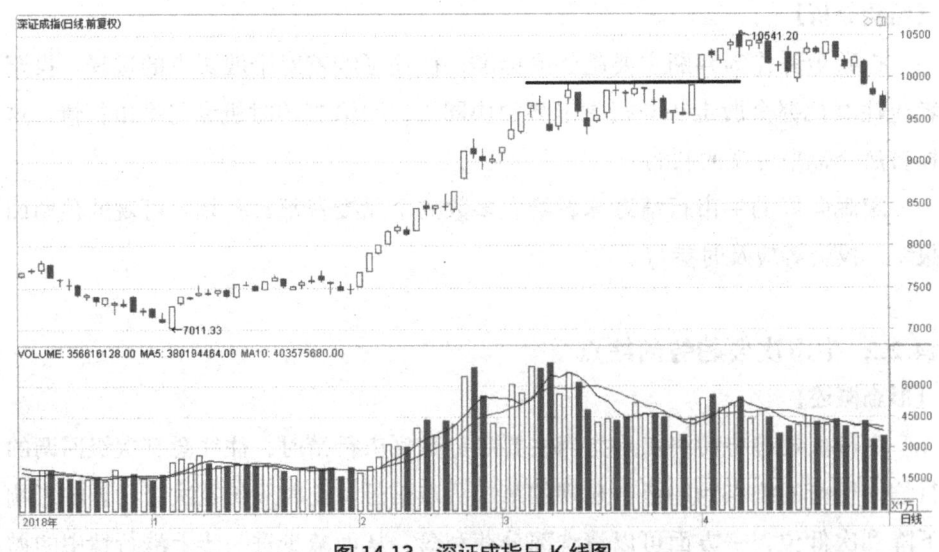

图 14.13　深证成指日 K 线图

图 14.14 所示为大悦城（000031）2018 年 9 月至 2019 年 10 月日 K 线图中的次级回调的买点。从之前股价运行的走势来看，股价上行坡度呈快涨态势，

成交量也随之不断放大。但此时大盘指数以次级回调的震荡形式出现，带动个股进入了调整阶段。股价在短暂的缩量下调后又快速高涨，延续着前期走势，因而在此阶段的次级回调是不可错过的又一买点。

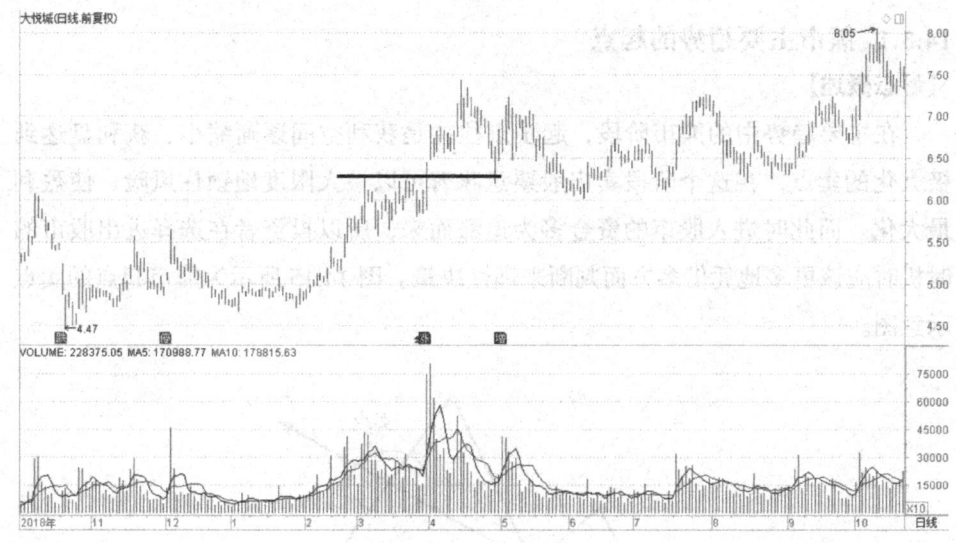

图 14.14　大悦城日 K 线图

【结构分析】

次级回调的买点同第一个牛市起点的买点不同，牛市起点的买点不易于被资金发现，各种市外资金都处于被动状态，只有待趋势明朗之后才容易判断最初的起点位。而次级回调的买点是以清洗部分短期获利盘、拉高市场平均成本、为股市后期进一步上涨空间进行铺垫的前期行为，次级回调的形式往往在斜率和时间周期上都可以明显地从牛市趋势当中分析出来。

次级回调的出现，是择期换股的良好时机，此时借助股价在趋势上的短暂调整，投资者可以轻易地选择好其他初始启动的股票，从而实现利润的最大化。

14.3　道氏理论的卖出点

14.2 节对道氏理论的买入点进行了比较透彻的分析。本节将从另外一个角度，帮助投资者在熊市期间更好地选择有利的卖点，从而保障资金的安全，为后市做良好的资金储备。道氏理论的卖出点选择以熊市起步的顶部拐点和下降趋势中途的次级反弹顶部为信号提示，给投资者以警示。学完本节后，投资者将可以较好地掌握股票的卖点，实现个股操作的精准化。

14.3.1 熊市主要趋势的起点

【形态概述】

在主要趋势中的熊市阶段，起步点往往是获利空间逐渐缩小、获利盘达到极大化的卖点，在这个阶段卖出股票意味着可以最大限度地锁住风险，使盈利最大化。而此时进入股市的资金多为追涨而来，所以投资者在选择进出股市的时机时应该更多地凭借多方面判断来理性决策。图14.15所示为熊市起点的卖点示意图。

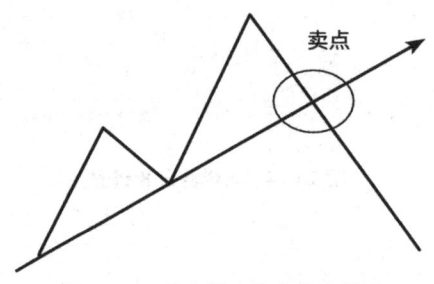

图14.15　熊市起点的卖点示意图

【K线实战】

图14.16所示为上证指数的牛市顶部（2019年1月至4月小牛市）。之后指数趋势反转直下，该顶部成为熊市阶段的第一起步点。可以清晰地看出，这个阶段的成交量呈现不规则的变化特征。在熊市阶段，对指数趋势的预判难度会更高，失误率也会更高。

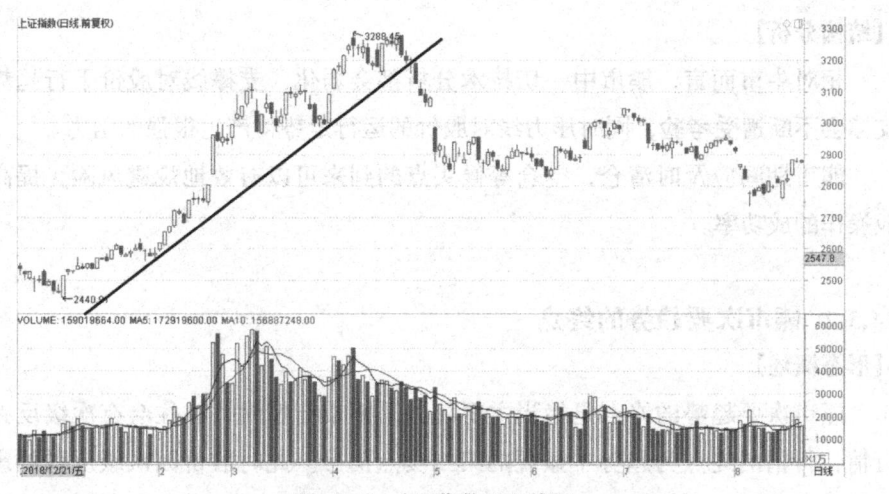

图 14.16　上证指数日 K 线图

图 14.17 所示为日照港（600017）2018 年 9 月至 2019 年 8 月日 K 线图中的熊市起点的卖点。从图中可以看出，股价在达到 3.89 元的近期最高价之后，上涨走势岌岌可危。其中原因除了获利主力开始进入出货形态之外，还有大盘指数发出的转弱信号预告了弱化的宏观格局特征。因而主力此时选择弃仓而去，只是为了避免这一强势的大盘弱势风波。投资者在观察到大盘指数转弱时要谨慎持有手中个股，因为大盘指数的转弱必将使个股受到影响，及时选择清仓才能使投资者在熊市中尽可能地规避风险。

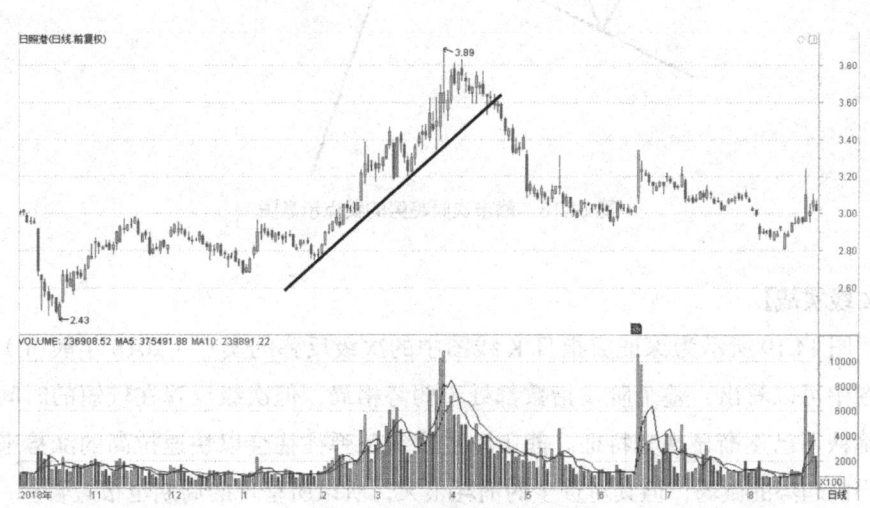

图 14.17　日照港日 K 线图

【结构分析】

相对牛市而言,熊市中一切技术分析都会弱化,支撑线对股价下行趋势的支撑会不断遭受考验,同时压力线对股价的运行走势将产生很强的阻力。

熊市期间应及时清仓,空仓等候买点的到来可以有效地规避风险,提高个股操作的成功率。

14.3.2 熊市次要趋势的终点

【形态概述】

熊市次要趋势的终点是指当主要趋势是熊市行情时,往往会有次级反弹的行情,行情的终点为趋势中显现的第二卖点信号。此时股价因次级反弹的影响上升到次高位,一方面便于主力进一步拉高出货,另一方面可以吸引新的买盘进入,为主力出货创造足够的时间和空间。图14.18所示为熊市次要趋势的卖点示意图。

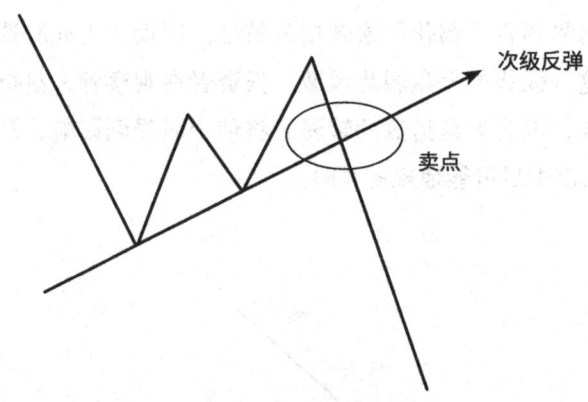

图14.18 熊市次要趋势的卖点示意图

【K线实战】

图14.19所示为深证成指日K线图中的次级反弹的卖点(2018年熊市)。从图中可以看出,整个阶段指数都处于弱势格局,但次级反弹在较短的时间周期确认下已逐渐显现其特征。熊市中的次级反弹往往会以快速拉高的涨势来掩盖当前趋势的微弱,但其对资金的消耗很大,所以所呈现的周期也很短暂。

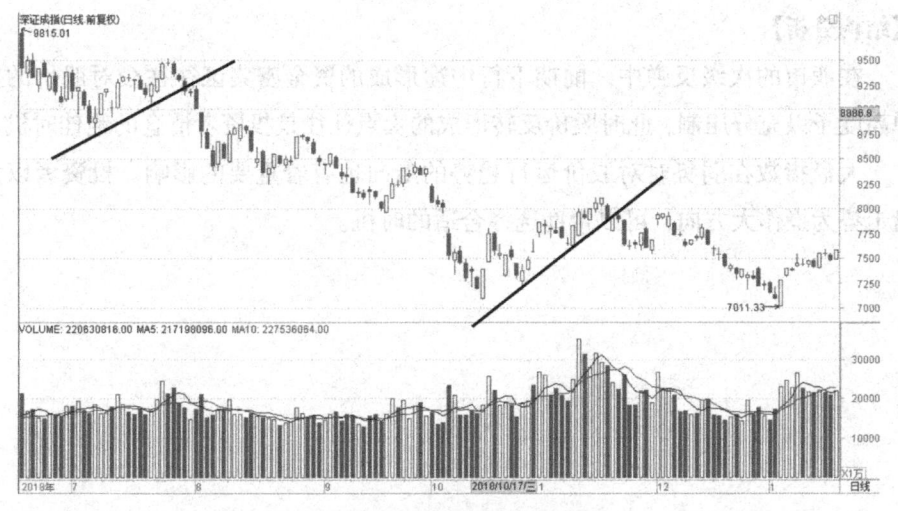

图 14.19 深证成指日 K 线图

图 14.20 所示为平安银行（000001）2018 年 2 月 8 日至 7 月 31 日日 K 线图中的次级反弹的卖点。从该股前期的走势看，在达到近期高点 12.64 元之后，该股持续放量的态势有所转变，股价也随即开始下行。在短暂下跌之后，股价在区间内反复震荡，形成了短期的资金密集区，该资金密集区在后期的次级反弹中成为上行运动的有效阻力，因而第二卖点在此时的次级顶部构造中尽显其弱势，后期股价一路下行，尽显颓势。

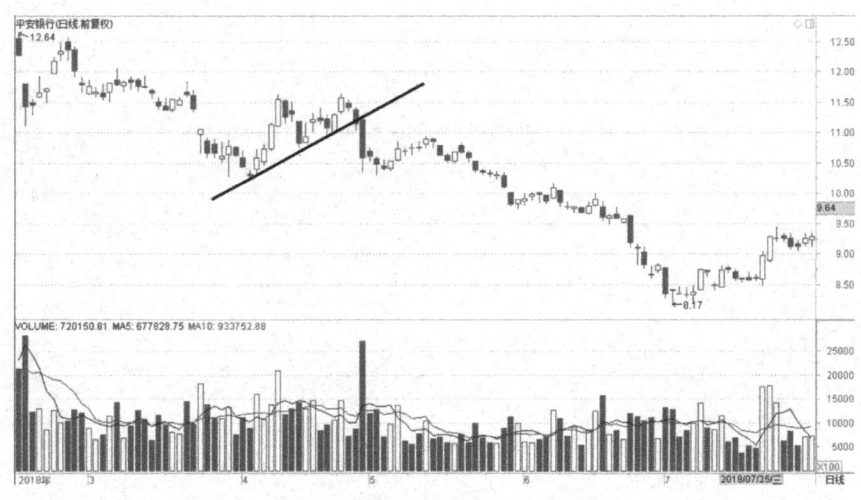

图 14.20 平安银行日 K 线图

【结构分析】

在熊市的次级反弹中,前期下行中途形成的资金密集区往往会对股价的反弹高度予以充分压制,此时股价反转形成的卖点往往是投资者清仓的绝佳时机。

大盘指数在弱势时对股价运行趋势的走向也有着重要的影响。投资者以大盘走势为操作大方向,可以帮助选择合适的时机。

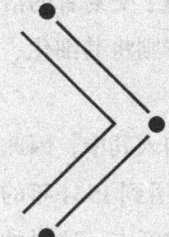

艾略特波浪理论

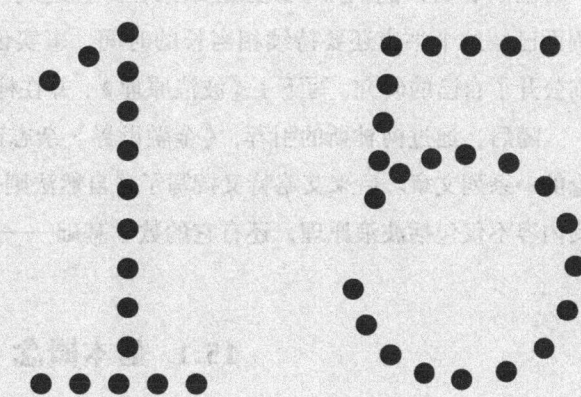

波浪理论的创立者是拉尔夫·纳尔逊·艾略特（Ralph Nelson Elliott），他是一位专业会计师，晚年卧病在床后仍致力于研究市场的价格变化。经过长期的研究，他发现股市中也有相同的现象。根据这一现象，他提出了著名的波浪理论，并且利用道琼斯指数验证了这套理论。

波浪理论是基于道氏理论而产生的。与道氏理论相结合，艾略特发展并完善了波浪理论，波浪理论在可操作性上大大超越了道氏理论。

查尔斯·亨利·道（Charles Henry Dow）与艾略特两人都发现了交易者的活动控制着市场的走向，道在大范围内反映并描述了这一点，艾略特则将其细化、量化，使之更为具体。

20世纪30年代，柯林斯创办了一个股市周刊，艾略特希望加入其中，因此与柯林斯有很多的书信往来。当时，股市从1933年的高峰一路下滑到1934年的谷底，1935年第一季度，道琼斯铁路平均指数再度打破1934年的低点。这时的投资者、经济学家、市场分析人员还没有从1929年至1932年大萧条的市场环境中走出来，对1935年的这一次指数下跌更是心有余悸。

在这样的环境下，柯林斯接到了艾略特的一封电报。电报中，艾略特强调了自己的看法，他认为下跌已经结束，并且这次的下跌仅仅是牛市的第一个回调而已，这个牛市还要持续相当长的时间。事实证明他的见解是正确的。他详细公开了自己的研究，写下了《波浪原理》，并在柯林斯的帮助下立足于华尔街。

随后，通过柯林斯的引荐，《金融世界》杂志连续刊登了艾略特关于波浪理论的一系列文章。后来艾略特又撰写了《自然法则——宇宙的秘密》这部著作，其内容不仅包括波浪原理，还有它的数学基础——斐波那契数列。

15.1 基本概念

波浪理论的基本概念只有两个：一个是推进浪，另一个是调整浪。由小级别的推进浪和调整浪可以组成更大级别的推进浪和调整浪，级别可以无限小，也可以无限大——这是一个周而复始的过程。

15.1.1 推进浪和调整浪

我们说波浪理论基于道氏理论，道氏理论中有主要趋势和次要趋势，在波浪理论中，推进浪就是主要趋势，调整浪就是次要趋势。推进浪的特点是时间短、干净利落、幅度大、角度陡，而调整浪的特点是反复、区间震荡、缓慢，它是对前期快速而大幅度走势的修正和调整。图15.1所示为最基本的推进浪和调整浪示意图。

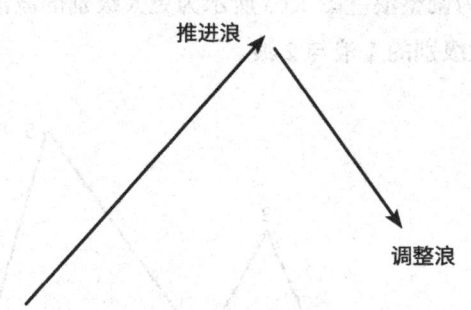

图15.1 最基本的推进浪和调整浪示意图

一般而言，当3次推进完成后，就会出现1次大的回调。在3次推进浪中夹杂着2次调整浪，我们将3次推进、2次调整的全部过程归总为更大级别的推进浪，在大级别的推进浪后会出现1次大回调。图15.2所示为大级别的推进浪和调整浪示意图。

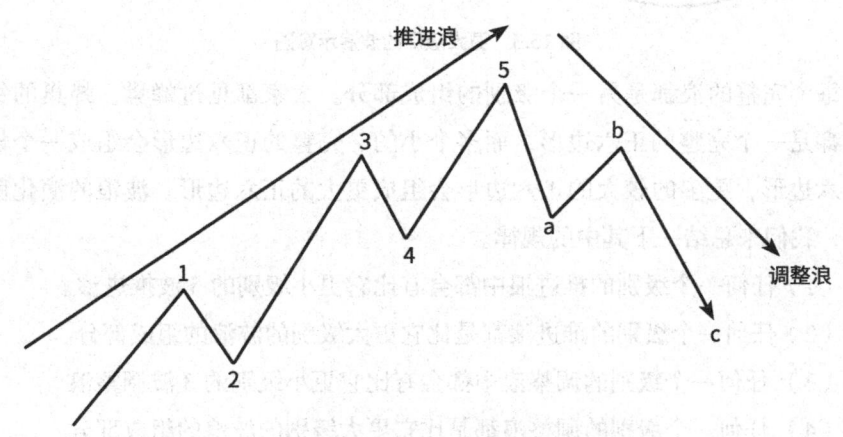

图15.2 大级别的推进浪和调整浪示意图

大级别的推进浪包含小级别的3次推进和2次调整，我们用数字1、2、3、4、5来表示。大级别的调整浪中的2次向下推进和1次向上反弹，我们用字母a、b、c来表示。小级别浪共有8个，那么一个级别内的完整走势就有8浪，其中5浪推进，3浪调整。

15.1.2 更大级别的波浪

当我们只看推进浪的时候,可以把上涨看作是主要趋势,那么1浪、3浪、5浪为推进浪,而2浪和4浪为调整浪。2浪为1浪的调整,4浪为3浪的调整。反过来,在大级别的调整浪中,下跌是主要趋势,上涨是次要趋势,那么a浪、c浪为推进浪,b浪为调整浪。图15.3所示为更大级别的波浪示意图,其中小级别的完整8浪是更大级别的1浪与2浪。

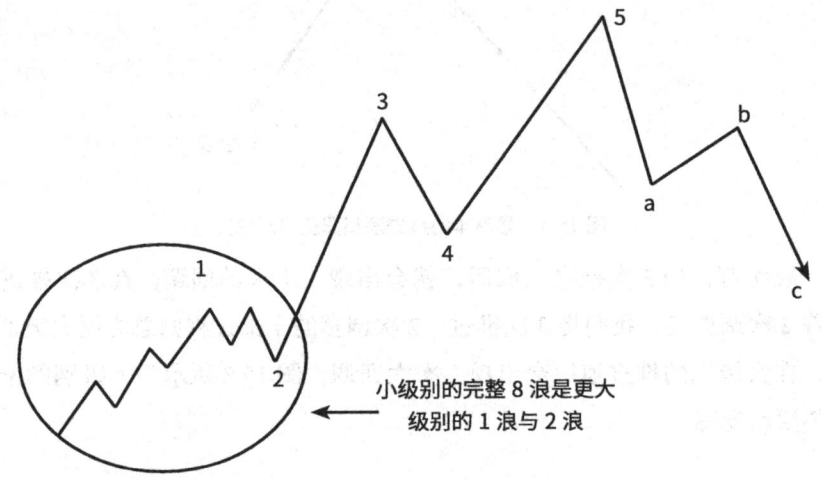

图15.3 更大级别的波浪示意图

每个完整的浪都是另一个级别的组成部分。大家都见过蜂巢,蜂巢的每个小格都是一个完整的正六边形,而多个小的、完整的正六边形会组成一个较大的正六边形,更多的较大的正六边形会组成更大的正六边形。波浪的演化就是这样,我们来总结一下其中的规律。

(1)任何一个级别的推进浪中都会有比它更小级别的5波推进浪。

(2)任何一个级别的推进浪都是比它更大级别的波浪的组成部分。

(3)任何一个级别的调整浪中都会有比它更小级别的3波调整浪。

(4)任何一个级别的调整浪都是比它更大级别的波浪的组成部分。

来看一个极致的演化,让我们尽可能地画出更多级别的组合来。图15.4所示为144个子浪构成的大级别完整8浪示意图。

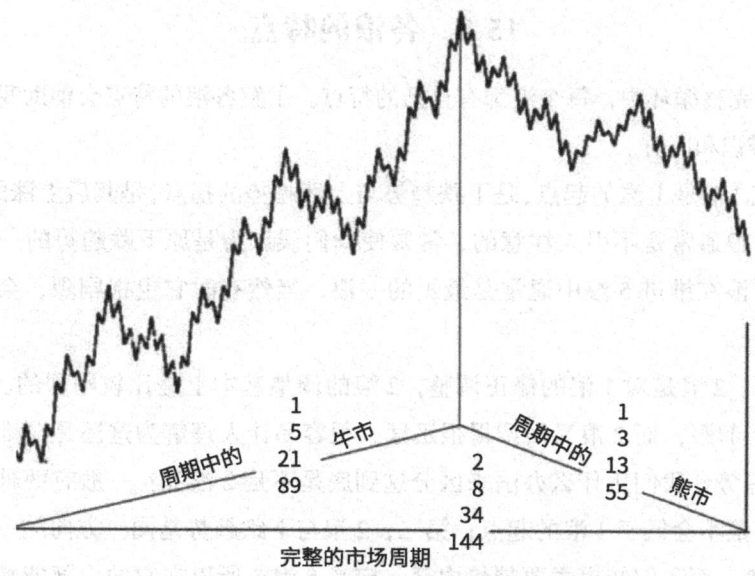

图 15.4 144 个子浪构成的大级别完整 8 浪示意图

在图 15.4 中有很多数字，这些数字来自斐波那契数列，而斐波那契数列就是波浪理论的数学基础。

（1）一个推进浪对应的是数列中的 1，一个调整浪对应的是数列中的 1。

（2）一个推进浪与一个调整浪为最基本的形态，一涨一跌，对应数列中的 2。

（3）调整浪中分为 a 浪、b 浪、c 浪 3 浪调整，对应数列中的 3。

（4）推进浪中分为 1 浪、2 浪、3 浪、4 浪、5 浪，对应数列中的 5。

（5）一个级别的完整周期为 1 浪、2 浪、3 浪、4 浪、5 浪、a 浪、b 浪、c 浪，对应数列中的 8。

（6）大一个级别的调整浪中的 a 浪分为 5 个下跌推进浪，b 浪分为 3 个调整浪，c 浪分为 5 个下跌推进浪，共为 13 个子浪，对应数列中的 13。

（7）大一个级别的推进浪中 1 浪分为 5 个上升推进浪，2 浪分为 3 个调整浪，3 浪分为 5 个上升推进浪，4 浪分为 3 个调整浪，5 浪分为 5 个推进浪，共为 21 个子浪，对应数列中的 21。

....

依此类推下去，我们把更小一个级别的浪加到一起，就会得到 34、55、89、144 等，直至无穷大。

15.2 各浪的特点

8浪完整循环中,每个浪都有自己的特点。了解各浪的特点会辅助我们更好地进行辨识和区分。

1浪。1浪是上涨的起点,是下跌趋势与上涨趋势的拐点,是其后上涨的零点。所以,1浪通常是不引人注意的,常常使我们误认为是原下跌趋势的一次反弹走势。1浪在推进5浪中通常是最短的一浪,当然有时它也很剧烈,会形成V形反转。

2浪。2浪是对1浪的修正调整,2浪的调整基本上是比较剧烈的。如果1浪非常不起眼,而2浪又回调得很迅猛,很容易让人理解为这还是在维持原有的下跌趋势。我们用什么办法来区分这到底是不是2浪呢?一般有两种方法:第一,2浪不会低于1浪的起点;第二,2浪与下跌趋势是同一方向的,下跌是主要趋势,而我们知道主要趋势内部一定是5浪,所以在它的内部能找出5浪下跌,而不是3浪下跌。

3浪。在股票市场中,3浪通常是最迅猛且角度最陡的,幅度也最大的一浪。而在期货市场中,通常是5浪最为凌厉。当3浪突破了1浪的高点时,我们可以看到某种传统的价格形态,或是头肩底,或是三重底,或是双重底。在3浪中,成交量通常也是最大的,向上跳空出现的次数也是最多的。还有一条规律——3浪即使在整理5浪结构中不是最长的,但也不会是最短的。

4浪。4浪与2浪同样是调整浪,但可能是浪型最复杂、持续时间最长的一浪。在波浪理论中有交替原则,那就是如果2浪是复杂的,那么4浪就会相对简单;若2浪相对简单,那么4浪就会很复杂,各种经典的持续价格形态都会出现在这一浪中。在4浪中,也有一则规律,即4浪的低点绝不会低于1浪的高点。

5浪。在股票市场中,5浪通常要比3浪平静很多;而在商品期货市场中,5浪常常是最凶猛的一浪,许多经典的顶部形态会出现在5浪中,各种摆动指标也都处于超买的位置。或许有些形态已经出现了顶背离,警示我们市场的顶部可能已经出现了。

a浪。同1浪一样,a浪也常被误以为仅仅是原上升趋势的回调而已。我们可以数它的内部结构,如果是5浪,那就一定是回调开始了;如果是3浪结构,那就是上涨还未完。a浪的特点几乎与3浪一样,都是如暴风骤雨一样迅猛运行。

b 浪。b 浪是针对 a 浪的反弹。在调整浪运行的过程中，成交量通常是萎缩的，b 浪是多头逃顶的最后机会。如果在 b 浪的高点不平掉多单的话，那么等待我们的还是下降的 c 浪。b 浪与 4 浪的结构类似，经典价格形态多会出现在 b 浪中。

c 浪。c 浪是调整浪的最后一浪，它的特点与 a 浪恰好相反，c 浪是绵延的、缓慢的阴跌。

15.3 推进浪的变化

推进浪的变化分为延长浪、充当顶部的楔形 5 浪和失败 5 浪。

15.3.1 推进浪的延长浪

在推进浪中，某一浪可能会变得比其他推进浪更长，也就是说在 1 浪、3 浪、5 浪的某一浪中额外地多添加了一个新的 5 小浪结构。图 15.5 所示为 1 浪延长示意图，图 15.6 所示为 3 浪延长示意图，图 15.7 所示为 5 浪延长示意图。

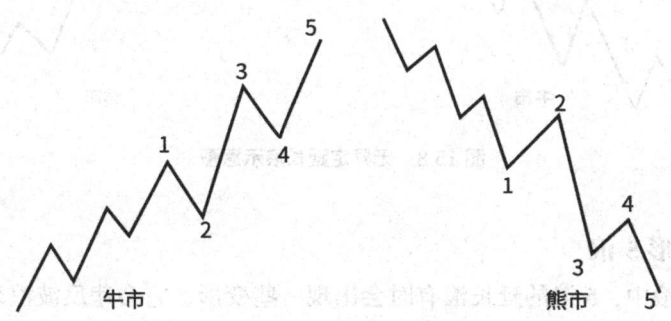

图 15.5　1 浪延长示意图

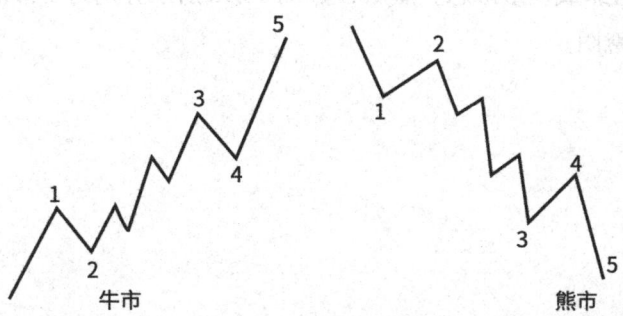

图 15.6　3 浪延长示意图

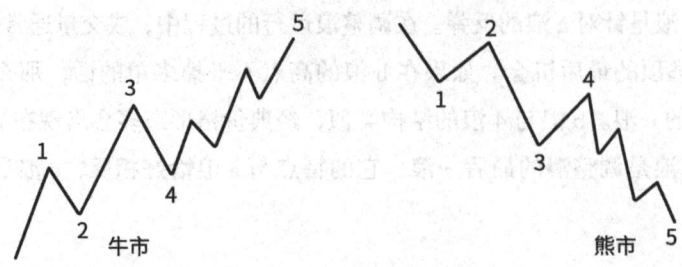

图 15.7　5 浪延长示意图

股票市场中多见 3 浪延长，而期货市场中多见 5 浪延长。有些时候这些延长浪很明显，而有些时候则很难分清到底谁是延长浪。分不清无所谓，我们只要知道出现延长浪后，推进浪共有 9 个子浪就足够了。我们将这种延长浪称为无界定延长浪，如图 15.8 所示。

图 15.8　无界定延长浪示意图

15.3.2　楔形 5 浪

在推进浪中，5 浪的延长浪有时会出现一些变形，它会违反波浪理论的 4 浪低点不能击穿 1 浪高点的规律，仅呈现出了 5 浪结构而已。5 浪的内部子浪都是 3 浪结构，并且组成楔形形态。图 15.9 和图 15.10 所示分别为牛市楔形 5 浪和熊市楔形 5 浪示意图。

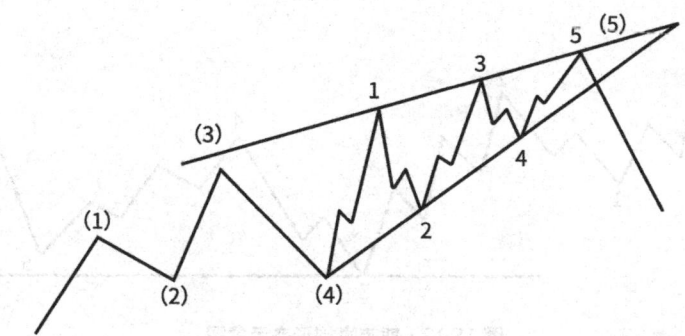

图 15.9　牛市楔形 5 浪示意图

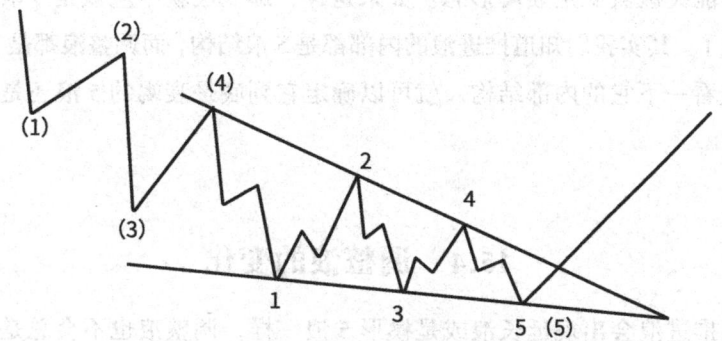

图 15.10　熊市楔形 5 浪示意图

15.3.3　失败 5 浪

正常情况下的推进浪都是一浪更比一浪高，如 3 浪高于 1 浪，5 浪高于 3 浪。但也有些特殊情况，有时 5 浪的高点会比 3 浪的高点低一些，我们称这种 5 浪为衰竭形态。图 15.11 和图 15.12 所示分别为牛市衰竭形态和熊市衰竭形态示意图。

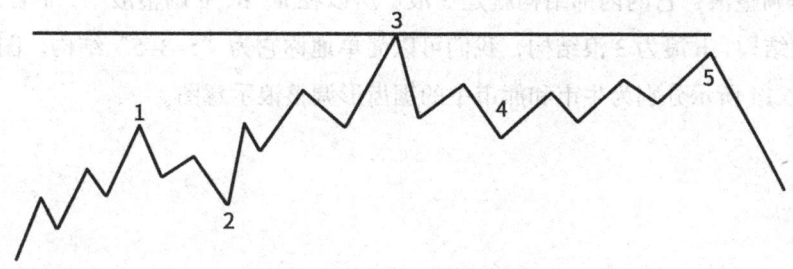

图 15.11　牛市衰竭形态示意图

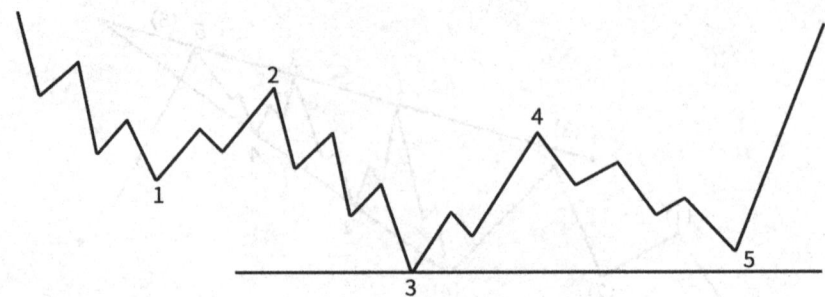

图 15.12 熊市衰竭形态示意图

初学波浪理论的人可能会认为，如果 5 浪突破了 3 浪的高点，那就是正常形态，不能突破就说是衰竭形态。如果这样，那 5 浪就不应该是 5 浪，而是下跌的某浪了。其实我们知道推进浪的内部都是 5 浪结构，而调整浪都是 3 浪结构，只需要查看一下它的内部结构，就可以确定它到底是衰竭的 5 浪还是下跌的某浪了。

15.4 调整浪的变化

正如推进浪会出现延长浪或是楔形 5 浪一样，调整浪也不会总是表现出正常 3 浪的调整形态，它有时也会发生变化。

15.4.1 锯齿形调整浪

我们所说的正常情况下的调整被称为"锯齿形调整浪"，它由 a、b、c 3 浪组成。我们以上涨为主推进浪的话，调整浪的方向就是下跌，而下跌就是调整浪的主要趋势。所以不论它的方向是什么，只要是推进浪，它的内部结构就是 5 浪；只要是调整浪，它的内部结构就是 3 浪。所以在 a、b、c 调整浪中，a 浪和 c 浪为 5 浪结构，b 浪为 3 浪结构，我们可以简单地称它为"5-3-5"结构。图 15.13 和图 15.14 所示分别为牛市和熊市中的锯齿形调整浪示意图。

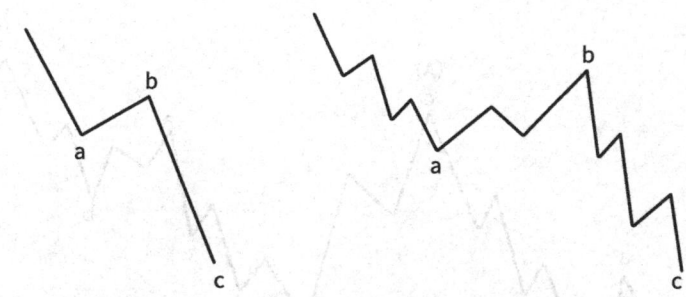

图 15.13　牛市中的锯齿形调整浪示意图

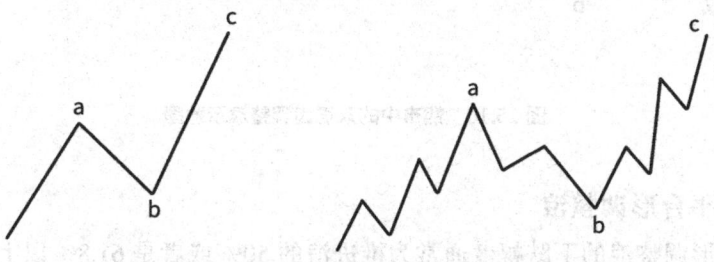

图 15.14　熊市中的锯齿形调整浪示意图

这只是最简单的锯齿形调整浪，现实中还有比这更复杂的，就是将两个锯齿浪连接在一起，形成一个更大、更复杂的锯齿形调整浪。图 15.15 和图 15.16 所示分别为牛市和熊市中的双锯齿调整浪示意图。

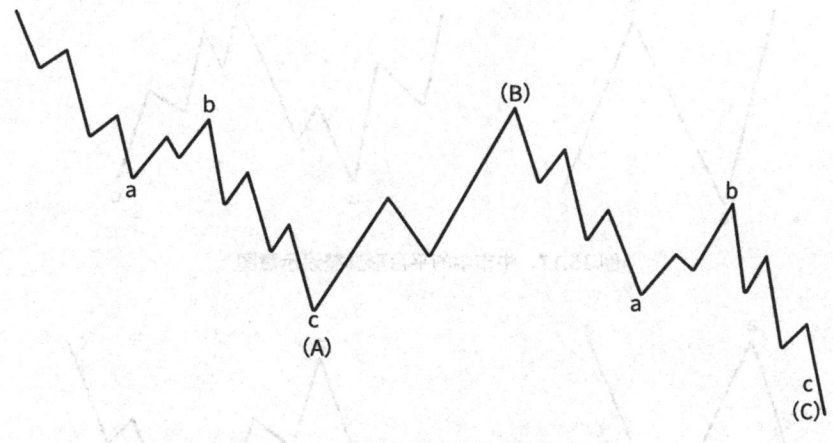

图 15.15　牛市中的双锯齿调整浪示意图

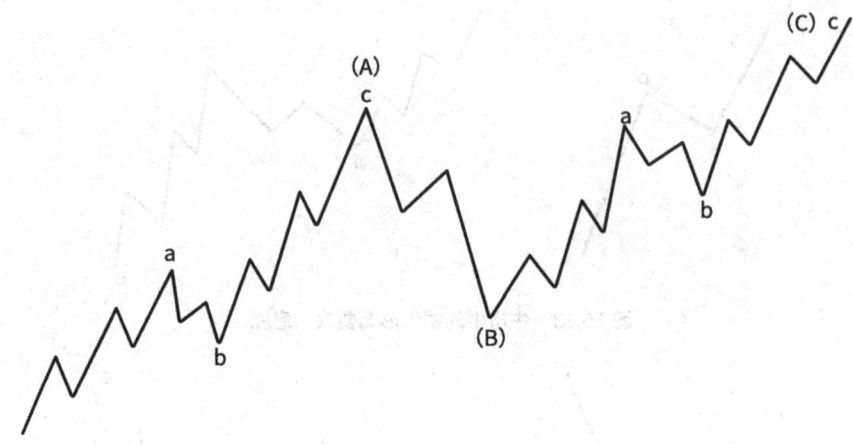

图 15.16　熊市中的双锯齿调整浪示意图

15.4.2　平台形调整浪

锯齿形调整浪的下跌幅度通常为推进浪的 50% 或者是 61.8% 以上，是一种比较剧烈的调整浪。而另外一种调整浪就显得非常温和，a、b、c 调整浪的高点、低点形成了一个平台，我们称它为"平台形调整浪"。图 15.17 和图 15.18 所示分别为牛市和熊市中的平台形调整浪示意图。

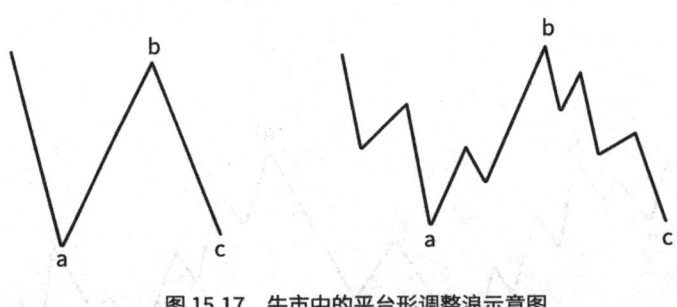

图 15.17　牛市中的平台形调整浪示意图

图 15.18　熊市中的平台形调整浪示意图

正常情况下，平台形调整浪的高低点几乎处于同一水平位置，但有些时候它们也会发生一点变化，但不论怎么变化，它们都属于平台形调整浪。第一种变化情况是，b 浪的低点会更低，c 点的高点会更高，这就形成了类似于喇叭形的调整，也就是扩张型平台调整浪。而另一种情况是，b 点的低点会略高，c 点的高点会略低，这就形成了类似于对称三角形的调整，并被称为内敛型平台调整浪。图 15.19 和图 15.20 所示分别为牛市和熊市中的扩张型平台调整浪示意图，图 15.21 和图 15.22 所示分别为牛市和熊市中的内敛型平台调整浪示意图。

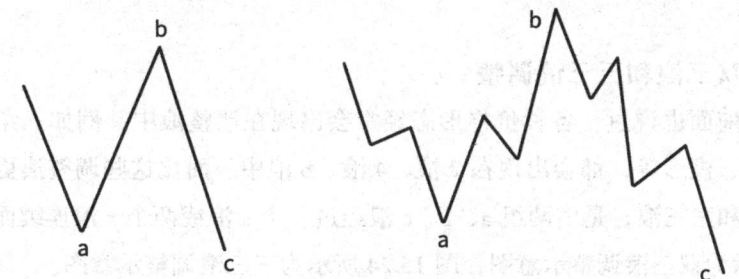

图 15.19　牛市中的扩张型平台调整浪示意图

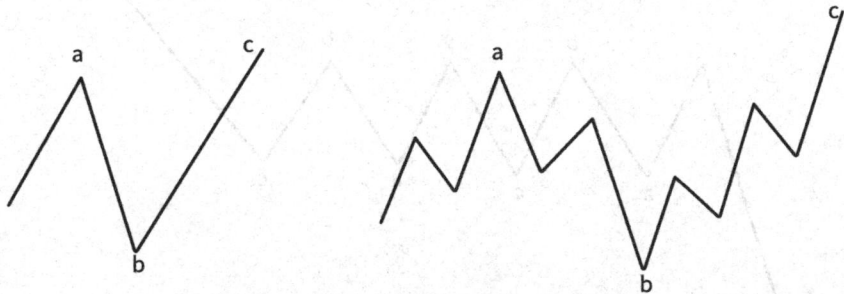

图 15.20　熊市中的扩张型平台调整浪示意图

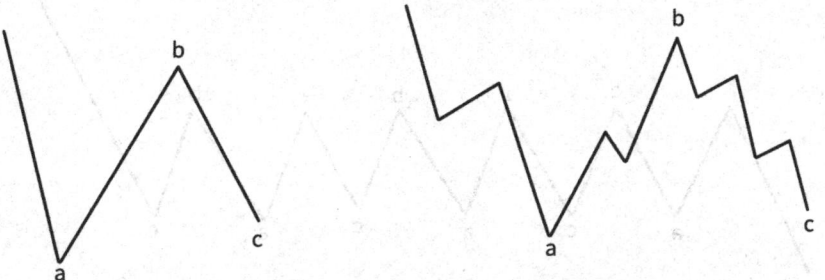

图 15.21　牛市中的内敛型平台调整浪示意图

图 15.22 熊市中的内敛型平台调整浪示意图

15.4.3 双三浪和三三浪调整

我们前面也说过，各种价格形态经常会出现在调整浪中，例如三角形、旗形、矩形、楔形等，都会出现在 2 浪、4 浪、b 浪中。而比这些调整浪更加复杂的双三浪和三三浪，是由两组 a、b、c 浪经过一个 x 浪或两个 x 浪连续而成。图 15.23 所示为双三浪调整示意图，图 15.24 所示为三三浪调整示意图。

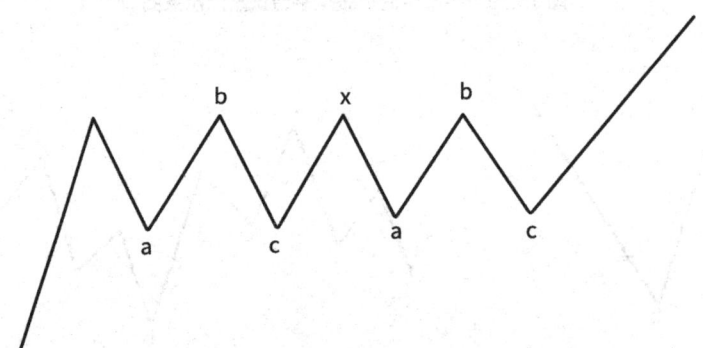

图 15.23 双三浪调整示意图

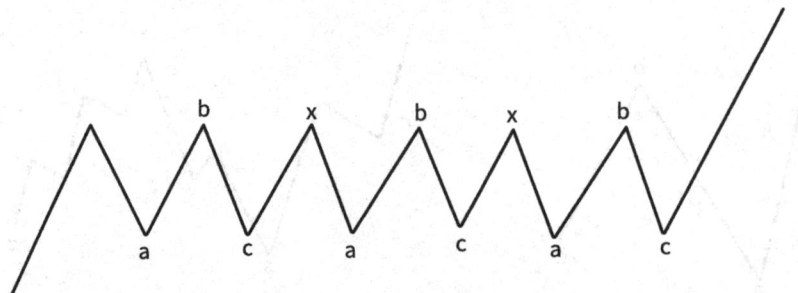

图 15.24 三三浪调整示意图

15.5　各浪之间的数学关系

波浪理论的数学基础是斐波那契数列，我们谈及它们之间的关系时，只讲到了大级别中的子浪个数的关系。而斐波那契数列的另一个神奇之处在于它的黄金分割率，波浪理论中每个浪之间的幅度关系与黄金分割率有着不可分割的联系。

例如，在1、3、5推进浪中只会出现一个延长浪，而不是每个推进浪都能出现延长浪。如果某一浪出现了延长浪，那么另外两个推进浪的幅度基本上相等。也就是说，如果1浪延长，那么3浪和5浪的幅度大致相等；如果3浪延长，那么1浪和5浪的幅度大致相等。

用1浪的长度乘以1.618后，加上2浪的最低点，得出的结果大致为3浪的最小目标价位。

用1浪的长度乘以3.236后，分别加到1浪的最高点和最低点处，可以得出5浪的最高目标价位和最低目标价位。

如果1浪和3浪的幅度大致相等，那么几乎可以推断出5浪会出现延长。将1浪起点到3浪顶点的高度乘以1.618，再加上4浪的最低点，可以得出5浪大致的目标价位。

如果调整浪为锯齿形，那么c浪与a浪的长度可能大致相等，或者也可能c浪是a浪的0.618倍，或者还可能c浪是a浪的1.618倍。

我们可以用黄金分割找出任何两个浪之间的数学关系，但这也只是在理想状态下的情况。在真实的走势中，这种数学关系只能用于参考，不能将其当作一种定论。

第16章

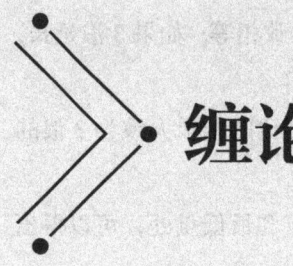

缠论

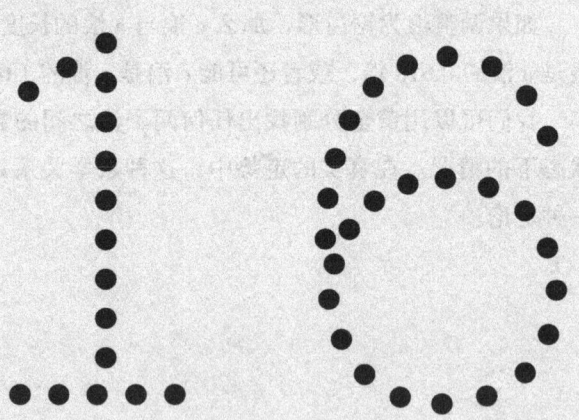

第16章 缠论

缠论出自网名为"缠中说禅"的一名网民,这一理论由其独创,并发表于各大股市论坛和博客中,因其缜密的逻辑性和细节观察,被广大投资者所研究、探讨。"缠中说禅"以平静沉稳的心态,将股市法则全部融入技术层面,以单纯的技术形态来判断整个 K 线格局的走势。缠论的两个核心内容是中枢和区间套理论,两者因为对趋势判断的缜密性颇受好评。本章将围绕"缠中说禅"的经典思路进行深入探讨,为投资者提供更多可行的操作手法,使投资者实现利润最大化。

16.1 缠论的核心

缠论主要有两个核心:形态学和动力学。形态学围绕的是脱去股价走势 K 线的重叠点,进行净化处理后的变动 K 线可帮助投资者在不同的走势格局中整理思路;动力学围绕的是股价走势 K 线在行进中爆发的力量,因为中枢的变动而相互影响。两者息息相关,形态学提供基础的走势关系,动力学讲解运动法则。投资者在阅读本节时应该反复试验,以便透彻地理解股市走势 K 线的思路。

16.1.1 由分型到笔再到线段

形态学以分型、笔、线段、中枢和走势为基础知识,要求对 K 线走势的判断从小周期开始进行解读;以小走势的线段向更大级别的笔转化,按此逻辑不断向大级别的趋势进行扩展,实现不同周期 K 线走势之间的串联。从分型到笔再到线段的判断中,有较为详细的对它们的区分解读。

分型分为顶分型和底分型,顶分型是指在 3 根 K 线中,中间 K 线的高点比相邻两根 K 线的高点更高,同时其低点也比相邻两根 K 线的低点更高;底分型与此相反,是指中间 K 线的低点比相邻两根 K 线的低点更低,而且其高点也比相邻两根 K 线的高点更低。

笔是指在两个分型之间的走势,同时要求两个分型之间至少有一根 K 线。笔分为向上笔和向下笔,向上笔是指底分型上升到顶分型的连线,向下笔是指顶分型下降到底分型的连线。

线段是由奇数个笔组成,最少需要 3 笔且 3 笔必须有重叠部分。线段其实就是笔和特征序列的结合体，而特征序列是指与笔的方向短暂相反的笔，同时在顶分型或底分型前两个元素中的特征序列间是否有缺口会影响到线段的终点。当特征序列之间存在缺口时，线段的终点将出现在之后逆向笔的分型的顶部或底部；当特征序列之间不存在缺口时，那么线段的终点将出现在顶分型的顶部或底分型的底部。图 16.1 所示为分型、笔和线段示意图。

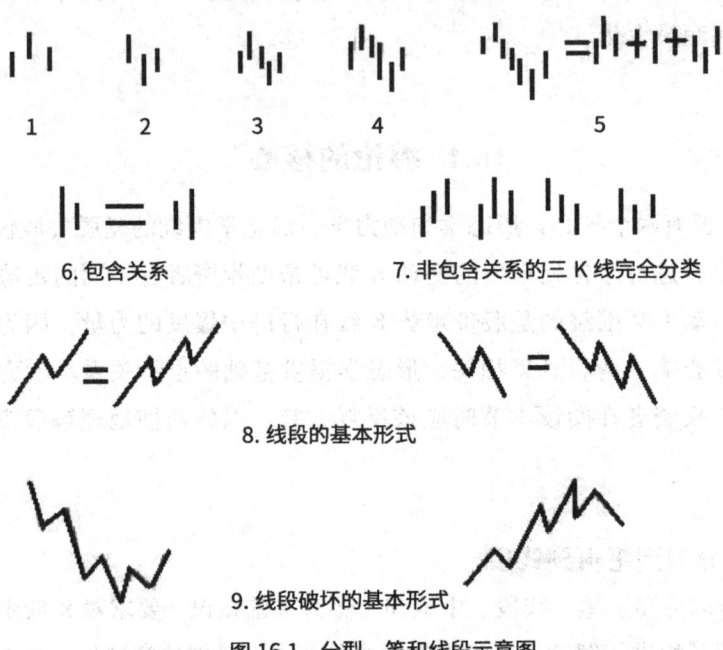

图 16.1　分型、笔和线段示意图

图 16.2 所示为基本的分型示意图，分型分为顶分型和底分型。

第二根 K 线高点是相邻三 K 线高点中最高的，而低点也是相邻三 K 线低点中最高的，定义为顶分型，顶分型的高点叫该分型的顶

第二根 K 线低点是相邻三 K 线低点中最低的，而高点也是相邻三 K 线高点中最低的，定义为底分型，底分型的低点叫该分型的底

图 16.2　分型示意图

图 16.3 所示为基本的笔示意图,笔分为向下笔和向上笔。

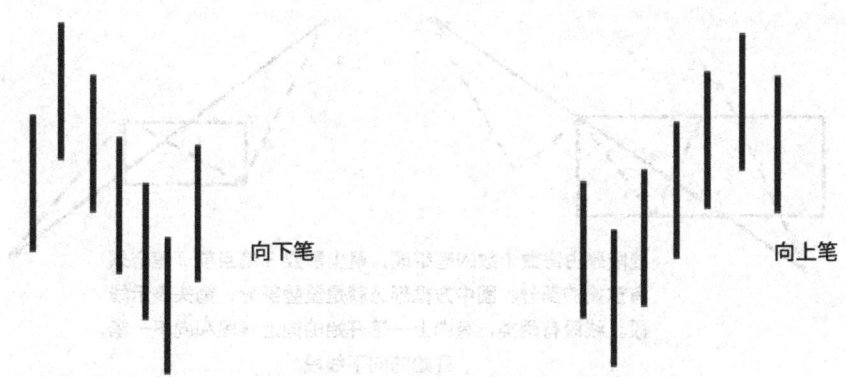

两个相邻的顶和底,并且顶和底之间有至少一根 K 线相隔,这样就构成一笔,从构成的 K 线走向看,分为向下笔和向上笔

图 16.3 笔示意图

图 16.4 所示为特征序列示意图,特征序列分为向上特征序列和向下特征序列。

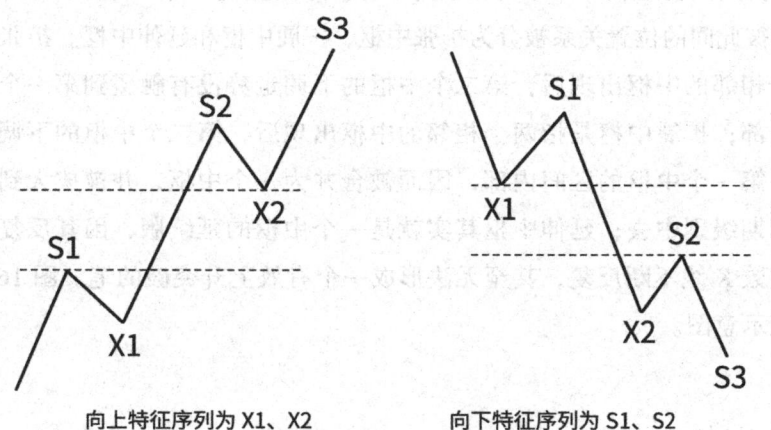

向上特征序列为 X1、X2 　　向下特征序列为 S1、S2

图中两条虚线之间的缺口:特征序列两相邻元素间没有重合区间,成为该序列的一个缺口

图 16.4 特征序列示意图

图 16.5 所示为线段示意图,分为向上线段和向下线段。

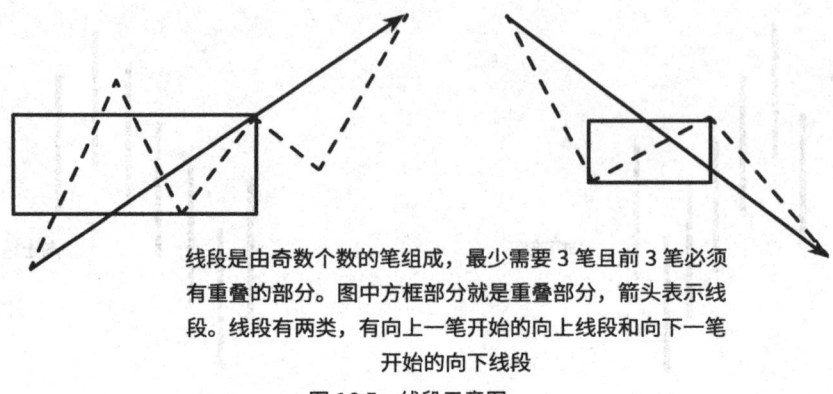

线段是由奇数个数的笔组成,最少需要 3 笔且前 3 笔必须有重叠的部分。图中方框部分就是重叠部分,箭头表示线段。线段有两类,有向上一笔开始的向上线段和向下一笔开始的向下线段

图 16.5 线段示意图

线段破坏一定要先分清有无缺口的情况,投资者在进行划分的时候很容易忘记这个前提。

16.1.2 定义中枢和分析走势

中枢其实就是相邻两个向上或向下特征序列重叠的那一部分。相邻两个中枢根据彼此间的位置关系被分为扩张中枢、扩展中枢和延伸中枢。扩张中枢是指两个相邻的中枢出现后,第二个中枢的下调走势没有触碰到第一个中枢的区间内部;扩展中枢是指两个相邻的中枢出现后,第二个中枢的下调走势触碰到了第一个中枢的区间内部,因而被合并为一个中枢,并被放大到一个更高的周期级别中去;延伸中枢其实就是一个中枢的延续版,因其反复震荡而使得指数 K 线不断反复,甚至无法形成一个有效上升突破的笔。图 16.6 所示为中枢示意图。

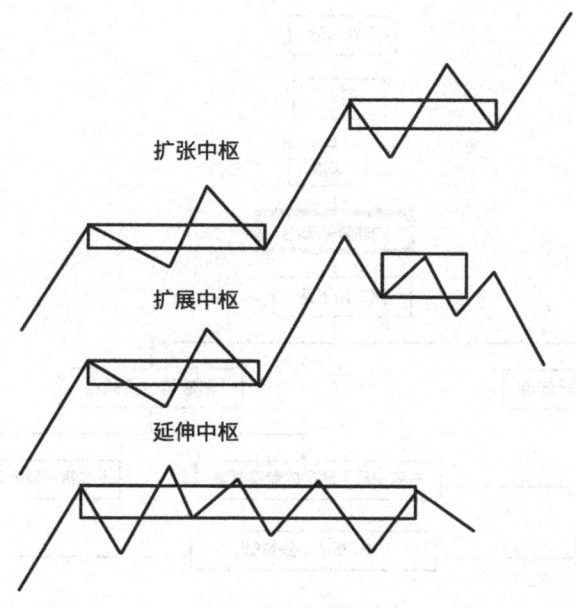

图 16.6 中枢示意图

在多个中枢有重合价位意味着更高规模的中枢形成,也暗示着在这一中枢背后有更高规格的走势,因而耗费的时间也必然更长。

一般而言,如果在一个趋势的走势中走出 3 个左右的中枢,趋势就会发生转变。所以,无论是大级别的中枢走势还是小级别的中枢走势,我们都要注意中枢形成的数量,以便判断后期股价的走势方向。

16.1.3 区间套理论

区间套就是根据背离段,从高级别向低级别逐级寻找背离点的方法。区间套的理论依据是,高级别的背离是以低级别的背离作为前提的,但低级别的背离未必会转化成高级别的背离。区间套获利情况可以分为三种:第一种情况是高级别背离出现后,向低级别逐次寻找背离点;第二种情况是由低级别出现的背离逐渐向高级别的背离扩展;第三种情况是反复背离,就是高级别进入背离阶段之后,次级别以下却长期地进行反复背离,这往往是处于筑顶或者筑底的阶段。图 16.7 所示为区间套理论示意图。

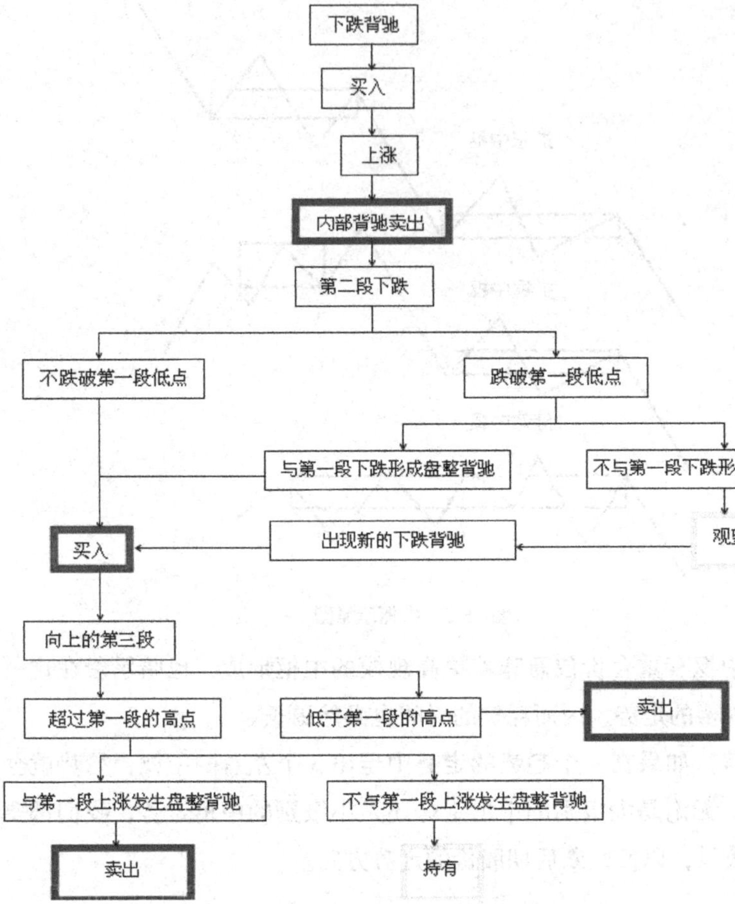

图 16.7　区间套理论示意图

区间套理论是缠论中的核心内容，主要探讨的是在不同级别上的背离产生买卖点后，如何向小级别深入，去寻找最接近理想价位的 K 线点，从而实现最理想化的操作思路。在选择操作方案时，投资者应该根据自己的习惯特性选择合适的级别，并严格按照级别进行操作。中长期投资者可以选择月线或周线级别，短线投资者可以选择周线或日线级别，超短线投资者可以选择日线或 60 分钟 K 线级别。

16.2 缠论的买点

本节将阐述缠论的中心思想,对围绕在上涨结构中的中枢附近的相关买点进行剖析举例,以便投资者更好地理解股价走势 K 线的原理。在缠论中,因为级别的可扩充性,在不同级别的走势中往往会显现不同的买点,而在低级别当中显现的买点将会更加敏锐,这对短线投资者有着极为重要的参考作用。

16.2.1 不创新低的买点

股价走势出现底背离后,开始进行向上行走的一波行情,途中一笔下调但未创新低的底分型便是第一买点。此时投资者在分型确认时,可在所选周期的内部进行买点选择。图 16.8 所示为不创新低的买点示意图。

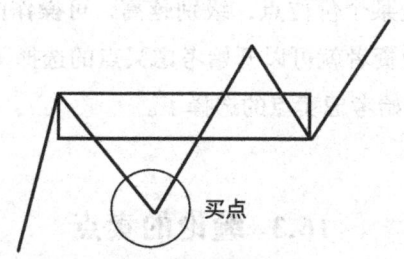

图 16.8　不创新低的买点示意图

底背离是选择买点的前提,股价走势 K 线在向下跌破最后一个中枢之后做的底背离,往往会有一个同级别的向上行情。此时投资者要关注在股价 K 线上涨途中回调的低点是否有创新低,倘若未创新低,则意味着此时的股价 K 线买点已显现。

16.2.2 不破前中枢的买点

在股价走势 K 线的第一买点形成后,同时也形成了上涨走势中的第一个中枢。在第一个上涨中枢形成后,股价走势在形成第二个中枢时向下回调却未破前期的中枢上沿时,则意味着第二买点的显现。此时投资者在选择买进时,也应该参考自身所选的时间级别。图 16.9 所示为不破前中枢的买点示意图。

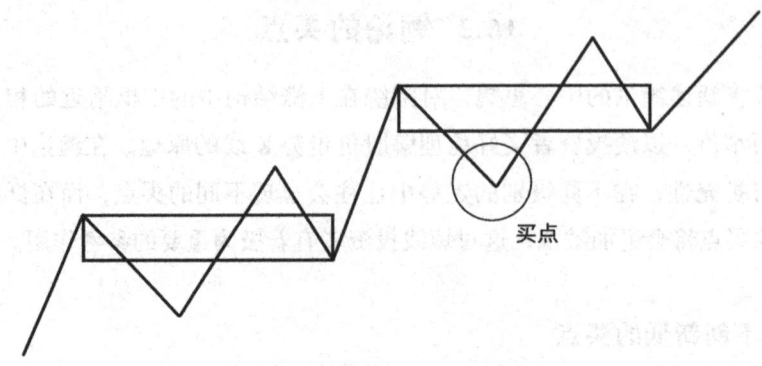

图 16.9　不破前中枢的买点示意图

　　日线级别的买点可能 2 年才出现一次，但 5 分钟级别的买点可能 2 天就会出现一次。

　　买点并非一定要是某个价位点，级别越高，可操作的区间范围越大，因而下跌两三个中枢之后投资者就可以开始考虑买点的选择了，而上升两三个中枢之后，投资者就可以开始考虑卖点的选择了。

16.3　缠论的卖点

　　与 16.2 节相反，本节将介绍的是缠论的卖点。作为对技术要求更高的操作，选择好卖点往往意味着在 K 线走势中对股价进行了合理的判断。同样，根据自身习惯的不同，投资者应选择相应的合适的操作级别，尽可能地避免跨级别操作，因为跨级别操作对技术要求比较高，风险也偏大。

16.3.1　不创新高的卖点

　　股价走势在不断上升并形成最后一个上升中枢之后，在顶部分型会形成背离，此时股价 K 线下行破坏前期中枢，但会以反弹的形式再次进行上攻，在无法创新高之后便形成了卖点，此时的卖点便是同前期顶分型比较之后的次高点。图 16.10 所示为不创新高的卖点示意图。

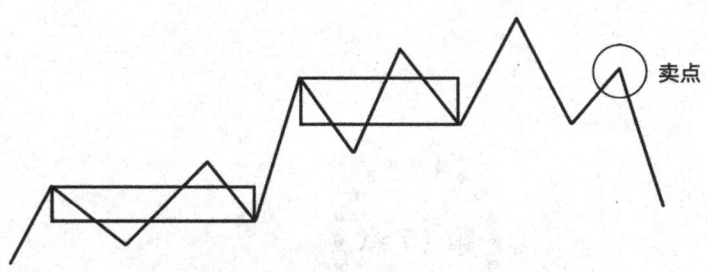

图 16.10　不创新高的卖点示意图

在把握卖点时要注意前期出现的顶背离。在缠论当中，卖点有很多，越低级别的 K 线走势卖点出现越快，适合短线在多个级别间切换，但其对技术要求比较高。

从低级别自下而上地进行升级时，显示着中枢的扩张。一般低级别出现的连续 3 个价格重叠造成的中枢，会构成高一级别的中枢。

16.3.2　不破前中枢的卖点

股价在向下突破前期中枢后，会出现小级别的底背离，因而产生又一个反弹走势，如果这个反弹走势在触及前期中枢下沿附近后调头而下，那么此时便显现了又一卖点，此时对这个卖点的把握便是投资者的又一次逃生机会。图 16.11 所示为不破前中枢的卖点示意图。

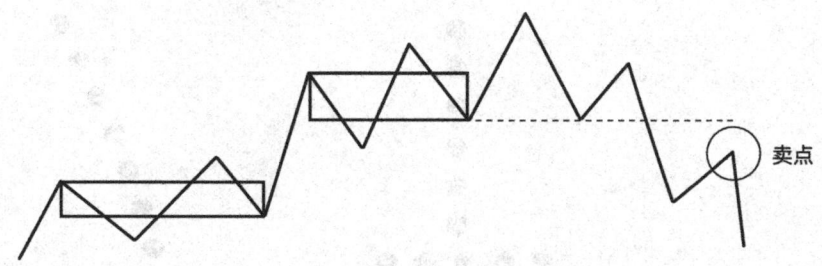

图 16.11　不破前中枢的卖点示意图

在选择卖点时，以中枢作为判断标准是比较可靠的。但看准走势的趋势，在形态上构建出正确的图形往往是在理论之外的又一个要求，需要投资者在投资过程中不停地学习，以便日后的投资生涯能够获取稳定的利润。

第 17 章

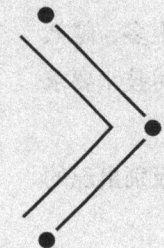

涨停板的处理

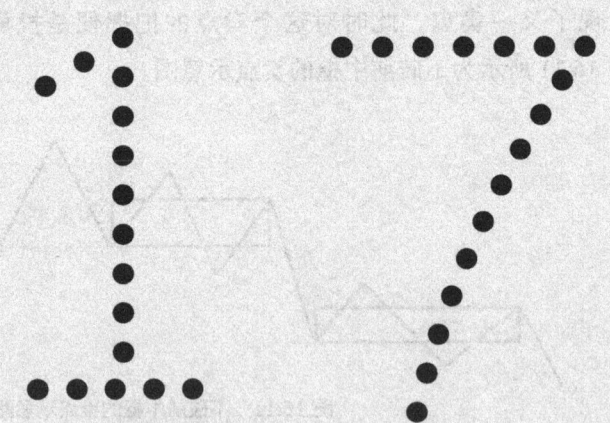

第17章 涨停板的处理

在股市当中，视角不同的股市赢利法则造就了一批又一批充满奇思妙想的炒股技巧，其中被广泛推崇的是因"涨停敢死队"而声名鹊起的涨停板追法。在涨停板中有很多类型的股票，其中不乏涨势凶猛的牛股，因而投资者在追击涨停板时往往需要有更多的耐心，时刻牢记风险与收益并存。通过这一章的学习，希望投资者可以提升投资技巧，实现利润增值。

涨停板和跌停板是两种常见的异动形态，是价格走势极端化的表现，而且往往是主力参与的结果。特别是涨停板，它是我们捕捉黑马股、分析主力行为的重要盘面形态。但涨停并不一定代表机会，跌停也并非一定就是风险，在实盘操作中，我们仍需具体情形具体分析。本章中，我们将结合各式各样的涨停形态、跌停形态，看看如何利用这两种极端的价格走势来把握个股的后期走向。为了方便讲解，我们主要以涨停板为对象，跌停板的分析方法与之相仿。

所谓涨停时间，是指个股在当日的盘口中何时出现了涨停板。有的个股在早盘上封涨停板，有的个股在尾盘才上封涨停板，也有的个股直接以涨停板开盘。封涨停板的时间既是主力操盘能力强势的体现，也是主力做多意愿和市场追涨意愿的体现。

17.1 涨停板的几个要点

一般来说，封涨停板的时间越早越好，原因有以下几点：一是涨停板出现的时间早，说明主力在拉涨停板时并没有刻意看大盘的"脸色"行事，这是主力操盘能力较强、做多意愿较强的体现；二是涨停板出现的时间早，说明市场的追涨盘较多而持股者的抛售意愿则较低，是多方力量显著占优的体现；三是涨停板出现的时间早，很可能与个股符合当前市场中的热点题材有关，而热点题材正成了连续涨停板黑马诞生的催化剂。

有些个股在盘中第一次上探至涨停价位时就被牢牢封住；也有些个股在上探至涨停板后却反复开板、不封牢，但其股价却可以稳稳地停留在涨停价位附近不回落；还有些个股在上封涨停板时并未被封住，反而开始由涨停板处逐渐走低，呈现先涨停、后回落的形态。盘中的封涨停板形态可谓五花八门、各式各样，不了解这些具体形态所蕴含的市场含义，我们就难以有效地利用涨停板。

我们可以依据个股短期涨势的强弱力度来对这些不同的封板形态进行排序。一般来说，出现一波上封涨停板，随后即牢牢封住、不再打开的形态是最强的封板形态，它是主力做多意愿最为直观的体现，也是个股短期上涨势头最强的体现。而在涨停板上反复被打开又反复被封住的形态，则说明个股短期上涨势头相对较弱。个股短期是否可以强势上涨，既取决于它的K线走势也取决于当日的量能大小，需要具体分析、区别对待。先涨停板、后逐波滑落的形态则是最弱的一种，多预示着短期内将有下跌调整走势出现。

K线走势可以体现出趋势运行的信息，也可以体现出主力的操作意图。相同的涨停板分时图形态完全可以出现在主力的不同控盘环节下，因而结合K线走势，我们可以更好地分析主力控盘意图，把握个股走向。

成交量是多空双方交锋力度的体现，也是市场分歧情况的反映。若个股可以在量能缩小的情况下强势涨停，则说明市场呈现出一边倒的看多、做多形势。若在场外买盘能量未充分释放的情况下，个股就可以强势涨停，这也说明随后将有买盘力量不断释放，个股短期强势上涨的概率是较大的。反之，如果涨停板上的量能过大，则说明市场分歧较为明显。这种放量上涨虽然说明买盘较强，但这也是多方力量快速释放的体现，如果后续的买盘无法有效跟进，则短期内上涨势头难以继持。

涨停板与主力的参与有关，但却并不一定是主力参与能力极强而导致个股飙升的信号。在关注涨停板当日的分时图形态及日K线走势情况时，投资者还应关注一下主力在前期是否有明显的活动迹象。例如，通过之前交易日的盘口分时图、每笔平均成交量的变化情况以及前期是否有涨停板出现等，投资者就可以更好地了解主力的活动，从而真正达到把握主力动向、跟踪主力走势的目的。

那些可以出现连续涨停走势的大黑马，往往也是属于热点题材中的个股。这些个股很受主力的青睐，而且易受主力资金的影响，主力在参与这类个股时也容易获得市场的共鸣。既然这些个股既受主力青睐，又受市场追捧，那么出现短期飙升的走势也在情理之中了。

个股的题材多种多样，有政策消息面的题材、上市公司利好消息题材、高送转题材、业绩预增题材、土地增值题材、资产注入题材、股权投资者题材、社会生活重大事件催生的题材、庆典题材等。可以说，社会生活中、政策导向中的焦点，往往也都会成为股市中的焦点。就这一点来说，股市绝不仅是一个买卖双方进行交易的封闭市场，它还是一个接收各种消息并对其作出实时反映的市场。因而，在平常的实盘操作中，投资者一定要多关注那些影响到股市或是影响到相关个股的题材，以此为基础，再结合涨停板形态来进行实盘操作，这样投资者的短线操作的水平就会大幅提升。

17.2 涨停板的分类

根据在涨停价位停留的时间长度以及对涨停价的封单大小，涨停板可以分为两类，一类是开板的涨停板，表明此时主力已经有出货的意图，至少在对筹码的保护上显得动力不足，也表明了主力正在逐渐兑现利润，至于是处在兑现利润的开始还是结尾，需要投资者进行更深层次的判断和考虑。另一类是不开板的涨停板，这类个股以其快速涨停而显现的强劲买盘预示着后市向上的动力惯性，至少短线内会有很大的盈利空间。

17.2.1 开板的涨停板

【形态概述】

开板的涨停意味着有大量的多空分歧产生，此时的涨停板应该结合K线在走势中所处的位置来分析。一般来说，开板的涨停板分为两类。

一是出货涨停板，此时往往会以涨停封死的特征用大单封住股价，但又会突然大幅撤单破开，使股价急速下跌。此时显现的卖盘好像源源不断，最后尾盘再度拉起，便于翌日继续高位出货。这时股价走势凶悍，往往不会顾及一些强势的支撑位，而且此时K线应该处于股价的高位处或关键突破位，因为筹码不足或跟风盘不强，准备调头做差价。

二是整理涨停板，此时股价K线应该处于关键突破位的附近，准备对筹码进行巩固。这类个股的分时走势和出货涨停板很相像。

图17.1所示为开板的涨停板示意图。

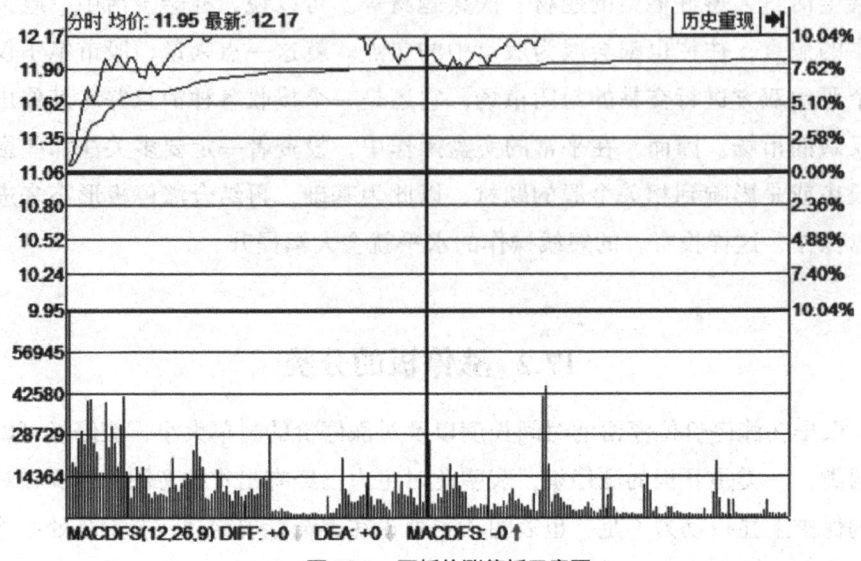

图 17.1 开板的涨停板示意图

【K 线实战】

图 17.2 所示为吴通控股（300292）2019 年 6 月 3 日的分时图。从图中可以看出，盘内走势在涨停后多次反复开板，成交量也放得很大，但更多的信息还要结合日 K 线进行分析。

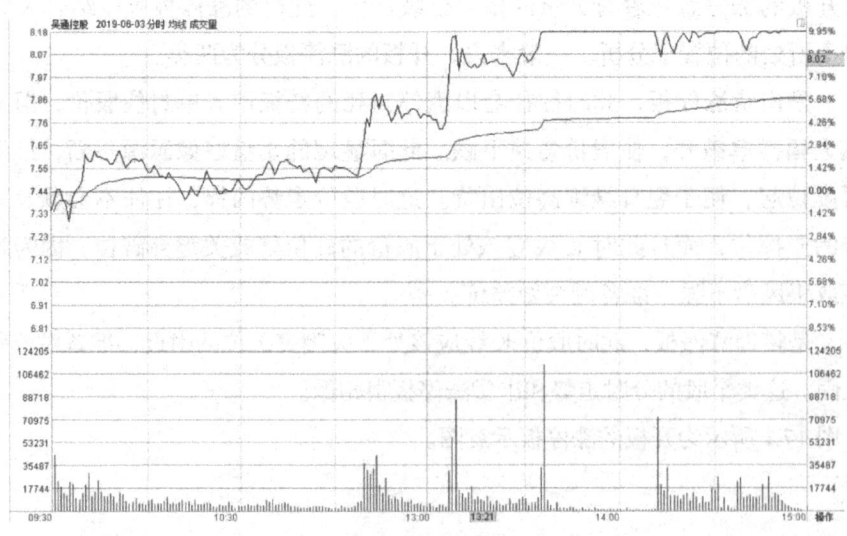

图 17.2 吴通控股分时图

图 17.3 所示为吴通控股日 K 线图。从图中标注处可以看出，此时股价相对而言处于关键的突破位，日成交量也急剧放大。此时股价走势与 MACD 指标形成柱状线顶背离，因而可以认为股价近期中短线下行的概率很大，而当前的格局可以认为是短暂出货，做短差的可能性更大，股价有向下做进一步深幅调整的要求。

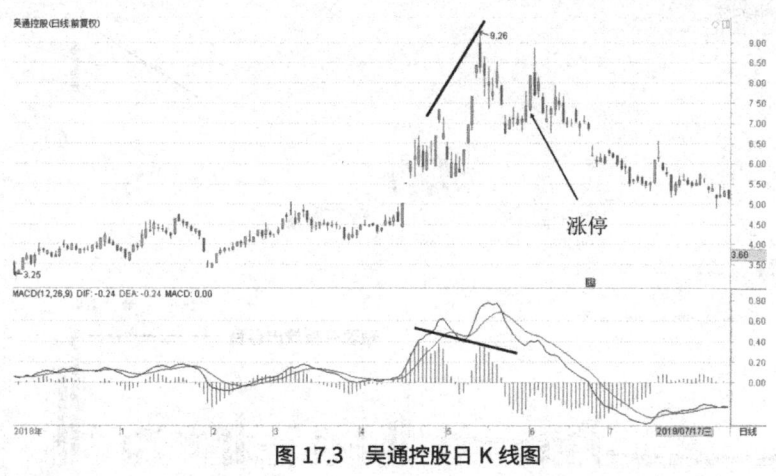

图 17.3　吴通控股日 K 线图

【K 线实战】

图 17.4 所示为先进数通（300541）2019 年 10 月 29 日的分时图。从图中格局来看，股价仅在早盘短暂地破开，但成交量大得惊人。观察日 K 线走势可以更清楚地看出趋势。

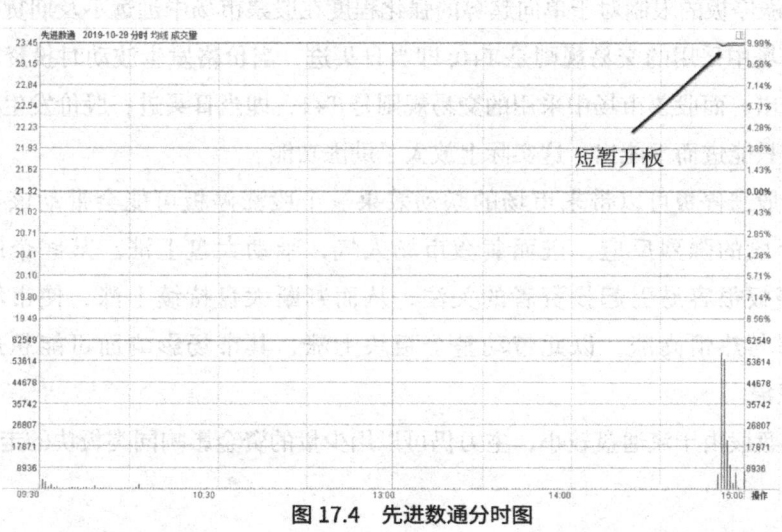

图 17.4　先进数通分时图

图 17.5 所示为先进数通日 K 线图。从图中标注处可以看到，此时股价正位于前期资金密集区，同时在早盘短暂的破开之后放出较大的成交量，因而可以认为这应该是典型的震仓盘口形态。

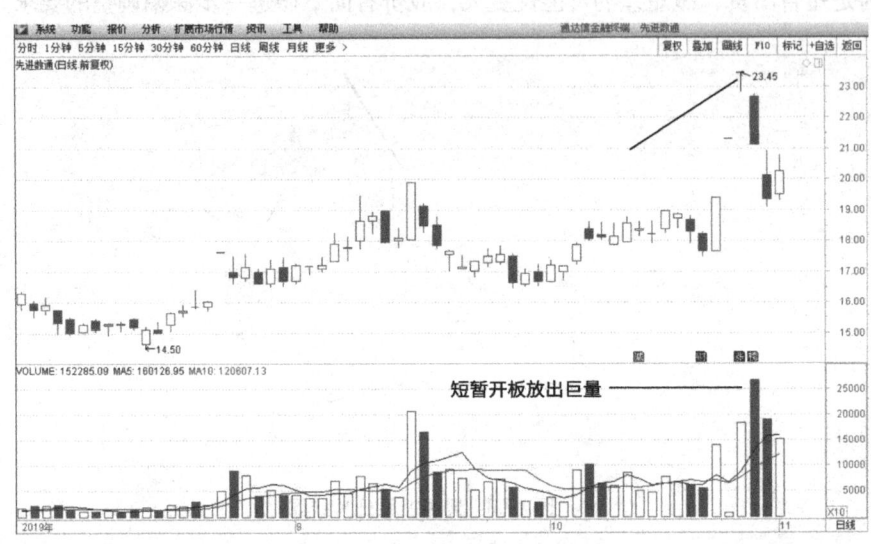

图 17.5 　先进数通日 K 线图

【结构分析】

股票市场中的涨停板与期货市场中的涨停板有较大的区别。期货市场采用双向方向，既可以做空也可以做多；而 A 股股票市场目前只能做多，没有做空机制，涨停板的限制对于单向趋势的强化程度在股票市场中远远不及期货市场。期货市场中采用的交易规则是 T+0，即当日买进，当价格发生波动时投资者能够立即卖出；而股票市场中采用的交易规则是 T+1，即当日买进，股价发生波动时投资者只能进而不能出，这实际上放大了助涨功能。

个股涨停板可以带来市场的联动效果。个股涨停板可能会带动该类板块其他个股的强烈反应，进而刺激市场人气，带动大盘上涨。某些个股的连续涨停板很容易引起投资者的关注，从而判断大盘持续上涨，使市场投资者的参与热情高涨，以此带动整个板块上涨，其市场影响面可能超过投资者的想象。

小盘股由于流通盘较小，主力仍可以用少量的资金影响同类板块的走势。

涨停板对股票成交量的变化也是有影响的。股市中出现涨停板但成交量减少的情况时，并不意味着顺势操作的人在减少，反而可能操作的人在增加，只是在当日受涨停板限制的影响下不可能增加成交量而已。

17.2.2 不开板的涨停板
【形态概述】

不开板的涨停板是指股价因为重大利好或走势强劲而导致买盘旺盛，使得股价在集合竞价或开盘瞬间就实现涨停，并且全天封死在涨停价上，没有丝毫的波动性，使得K线呈一字形。

不开板的涨停板往往意味着涨势非同寻常，说明主力准备快速拉升。此类涨停板分为两种情况，一是缩量封涨，此类个股后期存在连续涨停板的可能，即使没有连续涨停，也还是会保持很强的向上冲击的惯性。若在集合竞价时买进此类个股，必然会带来短线丰厚的利润，但投资者也常因此在集合竞价中被深套，所以在选择投资时不能盲目追涨，必须谨慎判断。二是放量封涨，此类个股后期有继续上冲的惯性，但相比第一类涨停个股稍显弱势。成交量够大时，说明多空已经开始博弈，虽然当前多方主力占优，但并不代表更多的获利盘不会涌出，后期走势有待考量。图17.6所示为不开板的涨停板示意图。

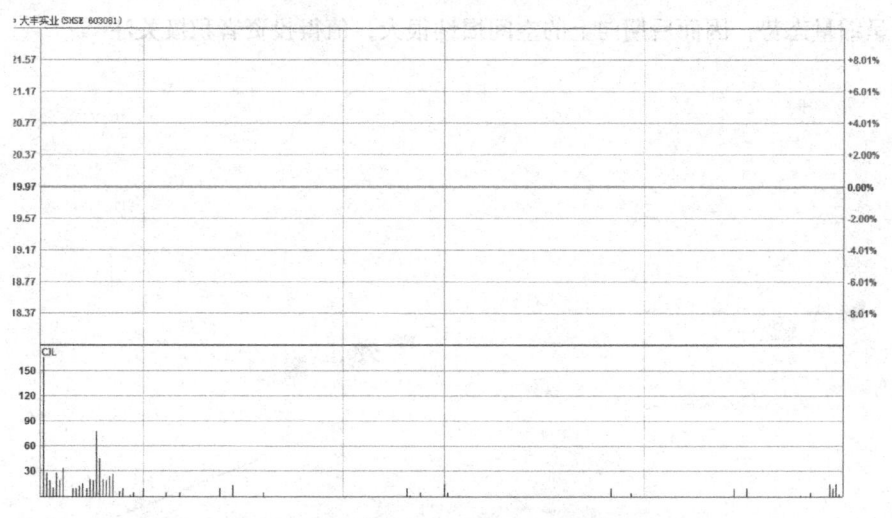

图 17.6　不开板的涨停板示意图

【K线实战】

图 17.7 所示为深科技（000021）2019 年 8 月 19 日的分时图。图中所示为此时盘内走势完全封住的涨停板，表现了买盘力量的强劲，通过对日 K 线的判断，我们可以看出该股向上继续连板的空间很大。

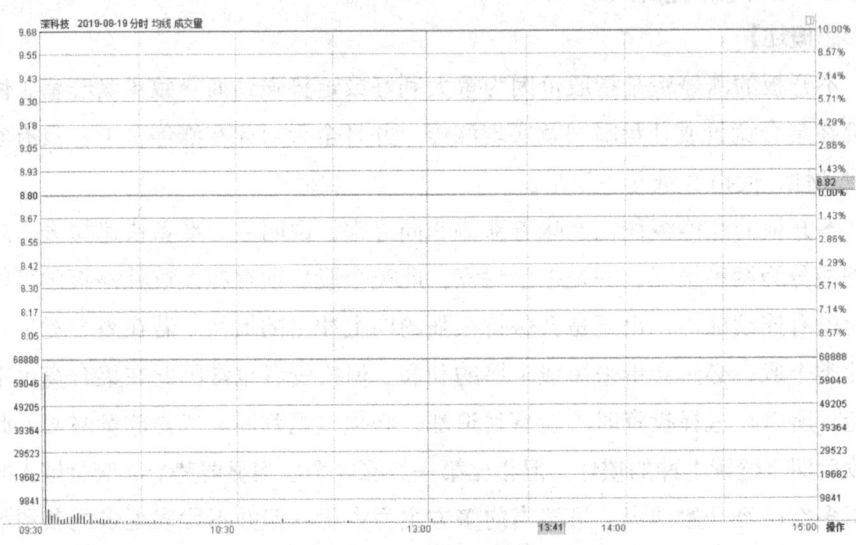

图 17.7 深科技分时图

图 17.8 所示为深科技日 K 线图。从图中可以看出，此时该股走势中的成交量呈缩量态势，因而后期向上的空间惯性很大，值得投资者积极关注。

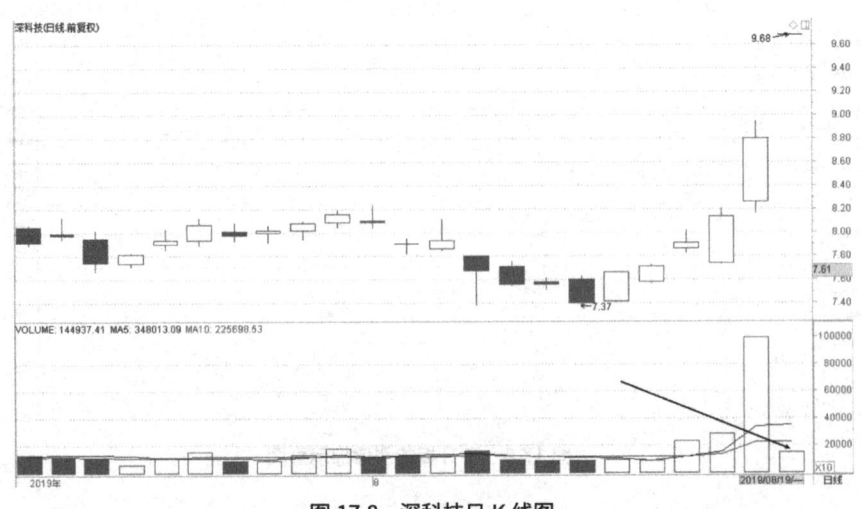

图 17.8 深科技日 K 线图

【结构分析】

根据成交量的变化，开盘涨停所表现的意义不同，在此时成交量的高低便意味着整个力量是集中还是分散。

17.3 涨停板的买点

涨停板因其分类的不同，会在不同的时间段显现买点。同样，此类买点的判断也需要配合各类指标加以分析。在分时图中，选择买点往往需要配合成交量、MACD、走势图、均价线、大盘指数的涨跌和一些经验技巧加以综合判断，因而选择买点对投资者基本技术掌握度的要求较高。

17.3.1 开板后出现强势盘整

【形态概述】

如果个股在连续无量的涨停开板之后，出现了不深幅调整而强势盘整的走势，则说明市场抛压尚在可控范围之内，主力也暂时没有逢高出货的行为，股价随后再涨一层的概率较大。此时，投资者可以适当地进行短线追涨操作。图17.9所示为开板后强势盘整的示意图。

图 17.9 开板后强势盘整示意图

【K 线实战】

图 17.10 所示为易见股份（600093）2018 年 12 月 25 日至 2019 年 5 月 6 日的日 K 线图。该股出现连续 3 个涨停板，其中第二个涨停与第一个涨停之间出现了跳空。第三个涨停开板后，所有回调都被窗口处支撑着，形成强势调整的态势，投资者可以背靠窗口下沿做多。

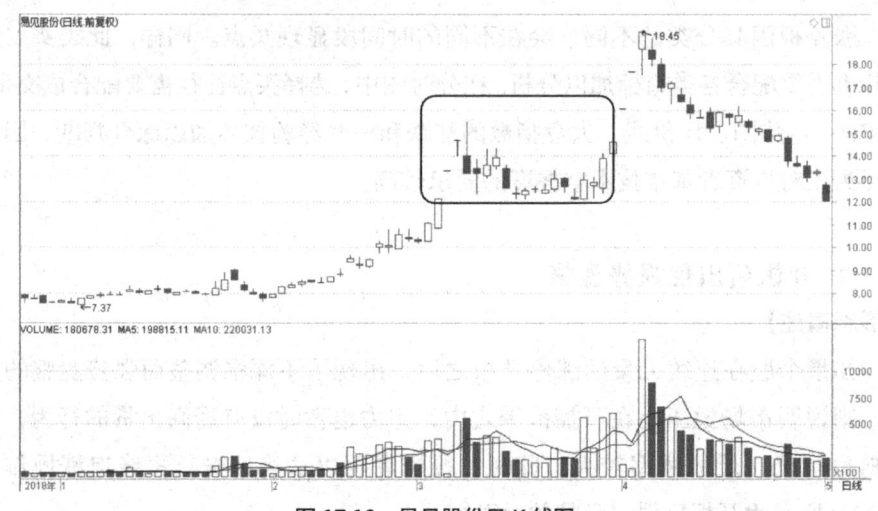

图 17.10 易见股份日 K 线图

【结构分析】

通常连板再开板的风险很大，我们并不建议投资者参与。但如果能通盘进行分析，寻找到大周期大结构的支撑位，并且该支撑位显示了其作用，风险可控的情况下还是可以尝试着吃下一波涨势。

最好配合成交量进行分析，如果开板后没有连续放出较大的成交量并且换手率较低的话，说明拥有较多筹码的资金并没有离开，有较大概率再次出现一波拉涨。

17.3.2 无明显利好、处于回调后的低点

【形态概述】

个股无明显热点题材，并不意味着没有主力参与。如果个股正处于一波调整走势后的低点，则此位置处所出现的开盘后急速涨停形态就很有可能是主力短期内有意强势拉升个股的信号，这也是主力实力较强、控盘能力较强的体现。此时，投资者不妨短线追涨。图 17.11 所示为回调后的低点涨停示意图。

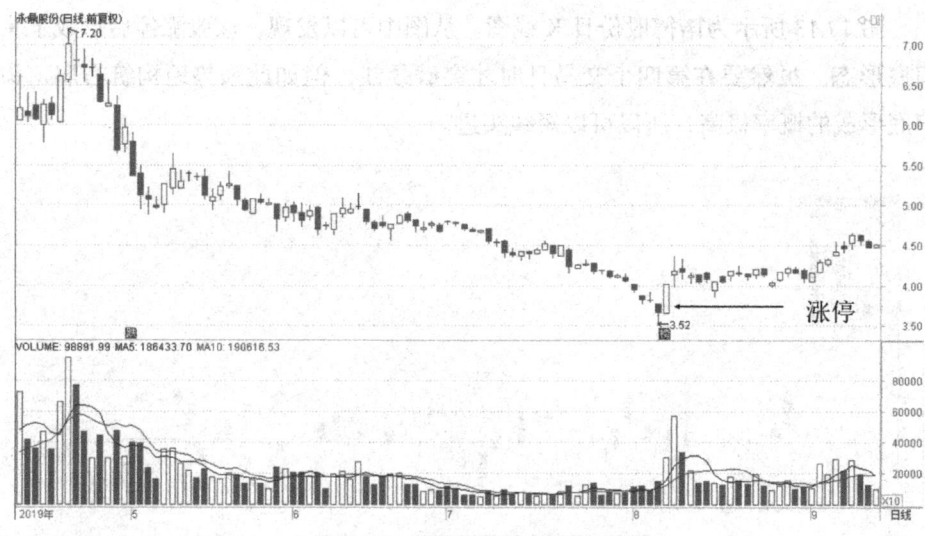

图 17.11 回调后的低点涨停示意图

【K 线实战】

图 17.12 所示为诺德股份（600110）2019 年 7 月 9 日分时图中的早盘快速涨停板。可以看到，该股早盘开盘几乎平开，以此掩饰强大的买盘力量。该股全天股价震荡上扬，在最后半小时稳稳封住。

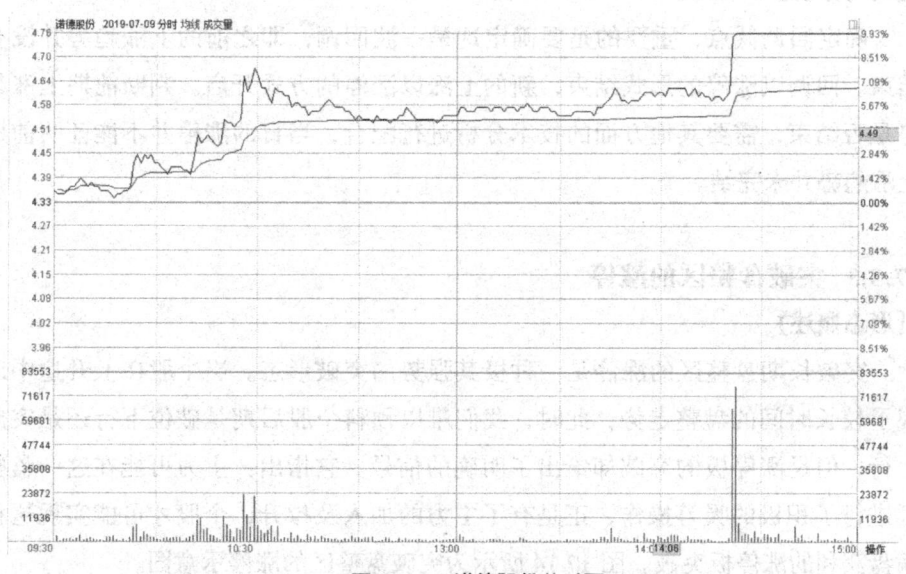

图 17.12 诺德股份分时图

图 17.13 所示为诺德股份日 K 线图。从图中可以发现，该股涨停后形成了头肩底形态。虽然要在第四个交易日时才突破颈线，但如此强势地构筑右肩，头肩底形成的概率极高，所以可以短线买进。

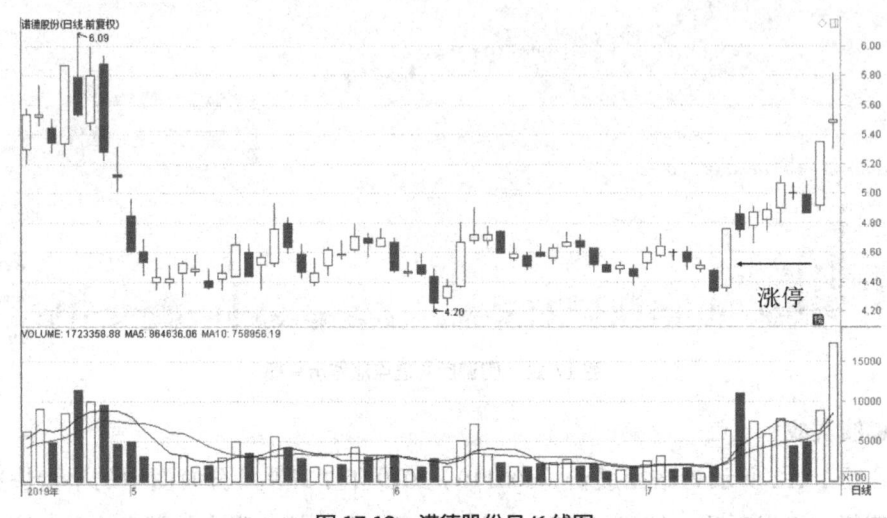

图 17.13　诺德股份日 K 线图

【结构分析】

确定回调低点，重要的是要确定这是一波回调，即之前的上涨趋势并没有结束。回调以涨停的形式结束，新的上涨以涨停的方式开启。判断前期上涨趋势是否结束，需要其他方面的技术分析进行配合，当日的涨停并不能证明前期上涨趋势并未完结。

17.3.3　突破盘整区的涨停

【形态概述】

突破长期盘整区的涨停是一种极其强势的突破形态。当个股在上升途中出现了较长时间的盘整走势，此时，我们难以预料个股后期是破位下行还是突破上行，但是涨停板的突破却给出了明确的信号。它指出：主力可能在这一盘整区进行了积极的吸筹操作，正是有了主力的加入及拉升，个股才可能实现这种满盘获利的涨停板突破。图 17.14 所示为突破盘整区的涨停示意图。

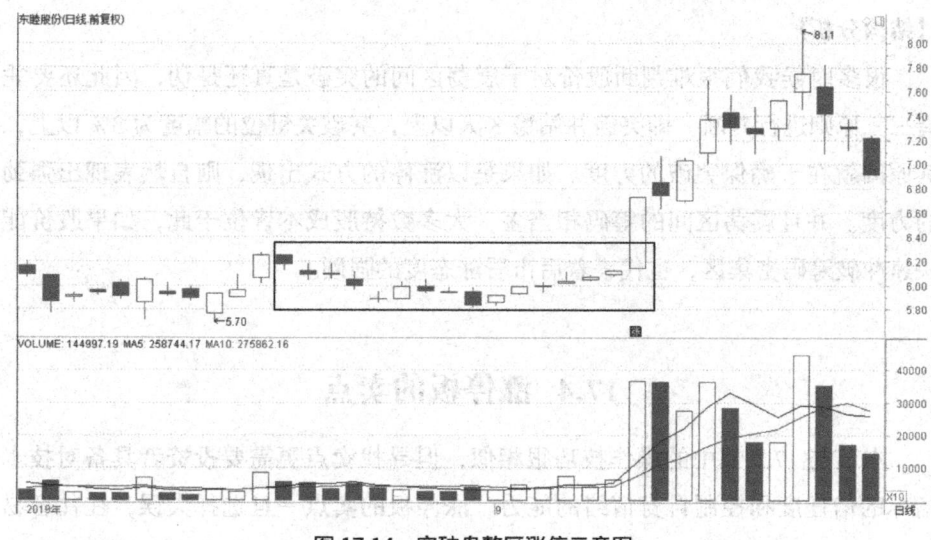

图 17.14　突破盘整区涨停示意图

【K 线实战】

图 17.15 所示为中国卫星（600118）2018 年 9 月 17 日至 2019 年 4 月 12 日的日 K 线图。从图中可以看出，股价以涨停的形式突破了前期震荡的区间。横向震荡区间通常为持续形态，突破区间上限，意味着后市股价将按照原趋势方向行进，以涨停的方式宣告后市的走向，是高强度的看涨信号。

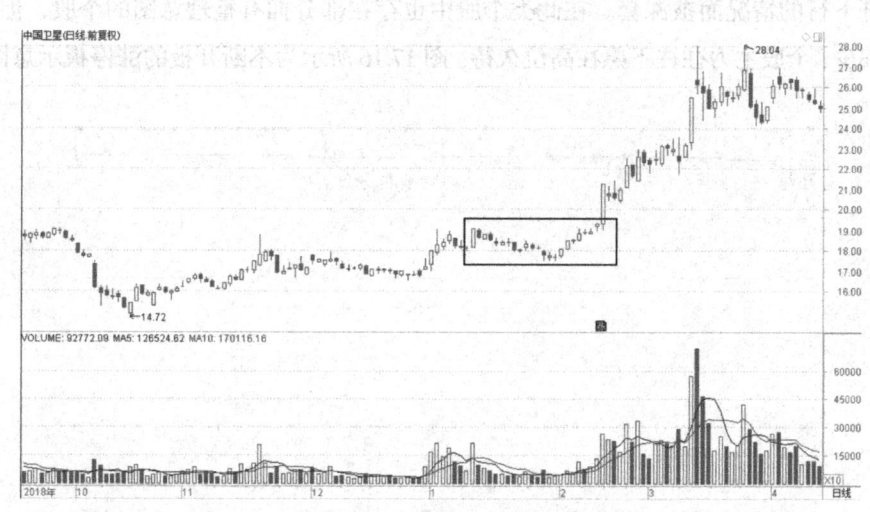

图 17.15　中国卫星日 K 线图

【结构分析】

很多时候我们很难判断股价对于震荡区间的突破是真还是伪，因此还要凭借三三原则进行判断，即突破并站稳 3 天以上，突破关键位的幅度为 3% 以上，其原因就在于确保突破的力度。如果是以涨停的方式出现，则自然表现出强劲的力度。并且震荡区间的筹码相当多，大多数持股成本皆位于此，如果股价能快速冲破筹码密集区，也代表着后市看涨态度的强硬。

17.4 涨停板的卖点

本节与 17.3 节中的操作技巧很相似，但寻找卖点更需要投资者具备对技术指标的信任度和控制自身情绪的能力。涨停板的卖点一旦选择失误，往往容易使多日的利润一天之内尽失，甚至让投资者被深套。因而投资者在选择好买点之后，也应该程序化地设置好止盈点以实现模式化的操作，把利润放至最大。

17.4.1 开板涨停板不断开板

【形态概述】

开板涨停板不断开板意味着有大量的卖盘不断在高位涌出，也意味着此时多空力量已经开始对峙，因而在面临这类个股时应该选择离开，以免遭遇翌日股价低开下行的情况而被深套。在此类个股中也存在部分拥有整理意图的个股，但相对偏少，个股主力往往不愿在高位久待。图 17.16 所示为不断开板的涨停板示意图。

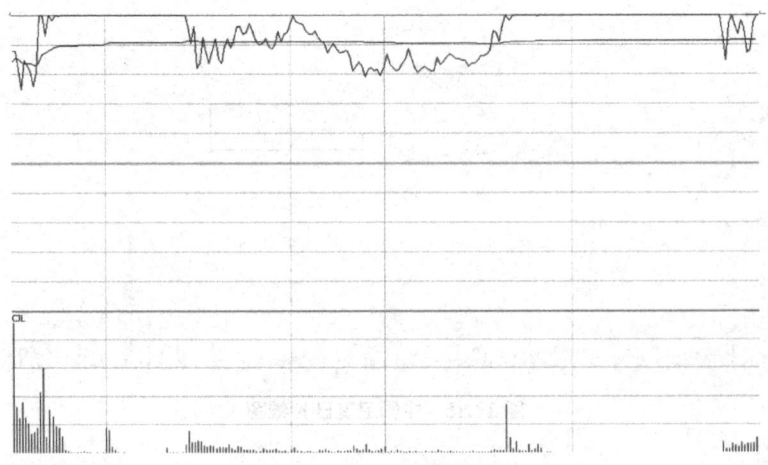

图 17.16　不断开板的涨停板示意图

第 17 章 涨停板的处理

【K 线实战】

图 17.17 所示为恒锋信息（300605）2019 年 6 月 17 日的分时图。从图中可以看出，该股在早盘长期横盘之后，午后快速拉起，期间涨停板不断破开，表明卖盘力量凶悍，主力实力欠佳。

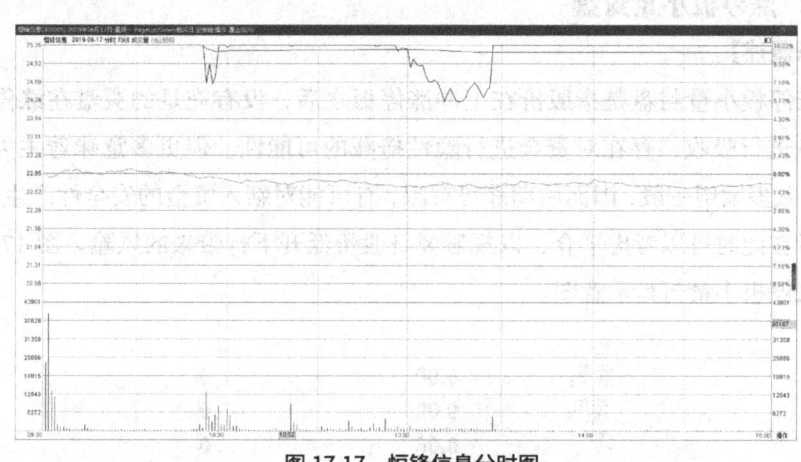

图 17.17　恒锋信息分时图

图 17.18 所示为恒锋信息日 K 线图。从图中可以看出，前期股价一路飙涨，且放出天量，该股涨停意味着更多的高位出货，没有很大的操作意义，后期股价有继续下冲或者长期整理的可能，但做多力量被削弱后，投资者应予以规避。

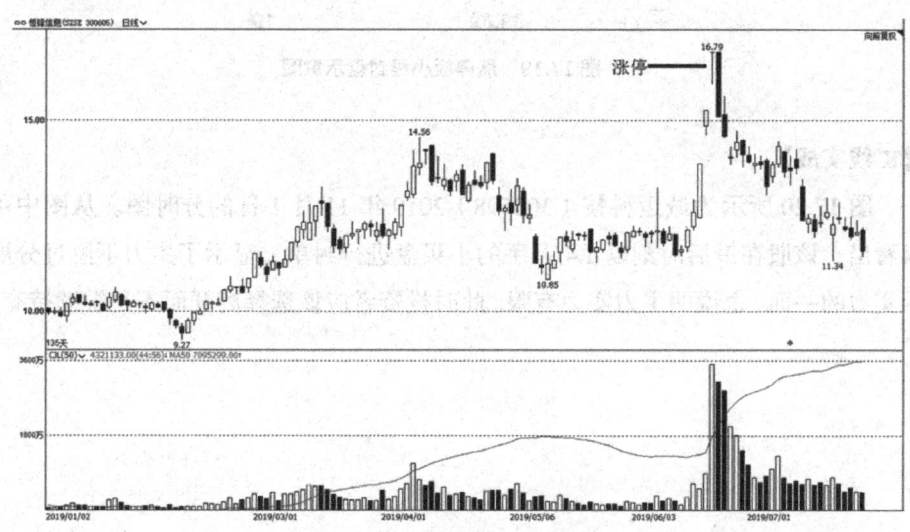

图 17.18　恒锋信息日 K 线图

【结构分析】

分析涨停板的特征时，应该同时结合 K 线及其他指标进行综合判定，不应该过分地依赖部分数据，这样可以提高分析判断的准确性，从而扩大利润。

17.4.2 涨停板小量封盘

【形态概述】

涨停板小量封盘是指股价在上冲涨停板之后，没有充足的买盘在涨停价位对卖盘进行吸收，存在对资金进行隐性掩藏的可能性，但更多意味着主力实力有限、做多欲望一般，因而后期涨势有限，有可能对新入资金的安全性产生影响。投资者在此时可以考虑平仓，以规避翌日股价低开下行带来的风险。图 17.19 所示为涨停板小量封盘示意图。

卖五	0.00	0
卖四	0.00	0
卖三	0.00	0
卖二	0.00	0
卖一	0.00	0
买一	39.90	1101
买二	39.86	5
买三	39.85	30
买四	39.82	7
买五	39.80	10

图 17.19　涨停板小量封盘示意图

【K 线实战】

图 17.20 所示为诚迈科技（300598）2019 年 11 月 1 日的分时图。从图中可以看出，该股在最后时刻以 1.4 万手的小买盘进行封单，显示了主力不愿过分展示实力的一面，也说明主力实力有限。此时投资者应该选择离开而不是继续持有。

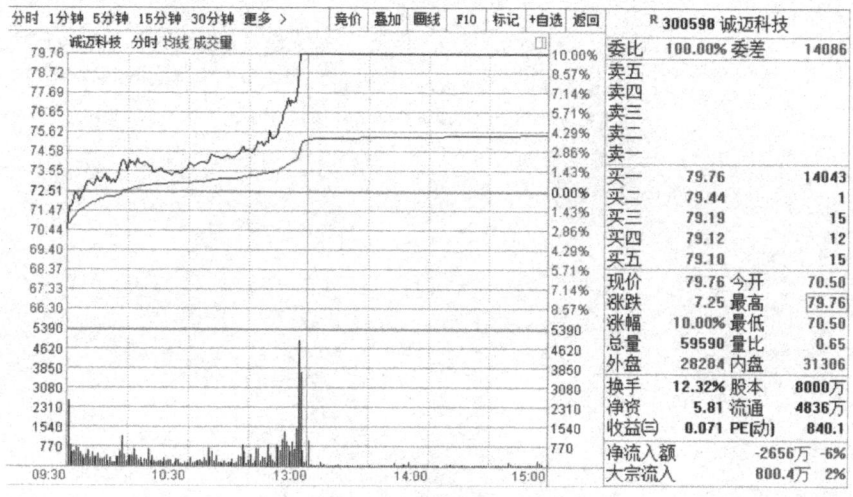

图 17.20　诚迈科技分时图

【结构分析】

大封单的意图有两种，一种是通过不断加单、撤单，对跟进的买盘进行吞噬，达到悄悄出货的目的；另一种是以大资金对抗卖盘，展现自身做多的实力，说明后期涨势可观。